Peter Schreier

IM RÜCKSPIEGEL

Erinnerungen und Ansichten

Peter Schreier

IM RÜCKSPIEGEL
Erinnerungen und Ansichten

Aufgezeichnet von Manfred Meier

Wien 2005

Dieses Buch entstand mit großzügiger Unterstützung durch:

Die Kulturabteilung der Stadt Wien, Wissenschafts- und Forschungsförderung
BUNDESKANZLERAMT ▪ KUNST

Bibliografische Information der Deutschen Bibliothek
Die Deutsche Bibliothek verzeichnet diese Publikation in der Deutschen Nationalbibliografie; detaillierte bibliografische Daten sind im Internet über http://dnb.ddb.de abrufbar.

Edition Steinbauer
Alle Rechte vorbehalten
© Edition Steinbauer GmbH
Wien 2005
Coverabbildung: Aufnahme von Axel Zeininger, Wiener Staatsoper GmbH,
Szene aus „Idomeneo"mit Peter Schreier in der Titelrolle, Premiere vom 21. Februar 1987
Cover, Satz und grafische Gestaltung: Brigitte Schwaiger
Redaktion: Reingard Grübl-Steinbauer
30 Abbildungen im Text
Druck: Druckerei Theiss GmbH
Printed in Austria

ISBN 3-902494-04-2

Inhalt

7 Ein Wort zuvor

9 Salzburg – Beginn einer Karriere
18 Zeit der Kindheit
24 Kreuzchor als Lebensgemeinschaft
37 Urlaubssommer und Konzertwinter
40 Der heilsame Irrtum: Start unter Schwierigkeiten
49 Ist Singen erlernbar?
53 Zum Beispiel Ravinia: Meisterkurse für Interpretation
55 Mit dem Hörer im Dialog: Besonderheiten des Liedgesanges
62 Die Schubertiade – Mekka des Liedes
65 Späte „Winterreise" – Gedanken zur Interpretation
67 Erste Schritte im Rampenlicht
75 Oft totgesagt: die Oper
83 Diktatur der Regisseure?
87 Meine Partner auf Bühne und Podium
90 Begegnungen mit Dirigenten
100 Bach – lebendig musiziert: am Beispiel Matthäus-Passion
108 Technik im Dienst der Kunst
116 Sänger mit Familienleben?
122 Reizwort Karriere
129 Flugreise mit Schnarch-Stopper: Alltag im Künstlerleben
131 Kritik muss sein
138 Das Publikum und seine Gunst
148 In Wien ist vieles anders
153 Verehrung auf Japanisch
156 Beachtet und beobachtet
159 Meine Liebe zum Sport
163 Plädoyer für die leichte Muse
169 Zielscheibe des Witzes: Die „dummen" Tenöre
171 Gesund leben und entspannen

179	Der linke Schuh zuerst: Theaterbräuche
183	Vorzeigekünstler mit Privilegien?
187	Abstieg ans Pult?
197	Wenn Tamino in die Jahre kommt
203	Diskographie
239	Biographische Daten
240	Bildnachweis

Ein Wort zuvor

Wie denn – noch eine Autobiographie? Ist der Buchmarkt nicht schon übersättigt mit zahllosen Künstler-Beichten, mit Ego-Plaudereien? Ist es in der heutigen Zeit, da Medienstars, Playboys und Sportchampions die Bestsellerlisten stürmen, indem sie ihr Intimleben ausbreiten, zumindest nicht ein zweifelhaftes Unterfangen, wenn ein Sänger und Dirigent einfach von seinem Leben erzählt und künstlerische Fragen erörtert? Bedient er damit ein Leserbedürfnis? Schließlich: mit Scheidungskrieg, Partner- oder Ver-einswechsel und anderen spektaku-lären Vorgängen, die das Klatsch-bedürfnis oder die Neugier gewisser Leserkreise befriedigen, kann und möchte ich nicht dienen.

Und trotzdem dieses Buch? Obwohl es das in seinen Grundzügen ja schon einmal gegeben hat? Aus Briefen und persönlichen Begegnungen mit meinem Publikum weiß ich, dass die Zahl derer, die ernsthaft an der Musik und an deren Interpreten interessiert sind, keineswegs gering ist. Ich möchte mich also an jenen Kreis von potentiellen Lesern wenden, die sich mit meiner musikalischen Welt identifizieren können. Zu Beginn der achtziger Jahre, als ich mich mitten in meiner Laufbahn befand, schrieb ich das Buch „Aus meiner Sicht", das in

Traumziel eines jeden Mozart-Sängers: die Salzburger Festspiele. Als Don Ottavio im „Don Giovanni"

Deutschland und Österreich herauskam und anschließend auch ins Japanische, Russische und Tschechische übersetzt wurde.

Inzwischen sind zwei Jahrzehnte ins Land gegangen, einiges hat sich verändert, Neues ist geschehen, das auch auf mich und meine künstlerische Entwicklung Einfluss gewonnen hat. All das hat mich bewogen, mein Widerstreben zu überwinden und dem Vorschlag des Wiener Verlegers Heribert Steinbauer nachzukommen, dieses Buch zu überarbeiten, mit einigen neuen Kapiteln zu versehen, es also „weiterzuschreiben".

Ich neige eher dazu, meine Arbeit nicht so hoch zu bewerten, mich nicht „wichtig zu nehmen". Aber ich muss dann auch in Kauf nehmen, dass mich gute Freunde und Bekannte fragen: Warum hört man nichts von dir? Warum steht so selten etwas über dich in der Zeitung? Ich müsse mich darum kümmern, heißt es. Nun, es liegt mir gar nicht, einer Zeitung von Zeit zu Zeit meine persönlichen Daten weiterzuleiten, etwa: Ich habe soeben in der Carnegie Hall mit großem Erfolg Bachs h-Moll-Messe dirigiert. Das ist nicht mein Stil. Ich habe eine etwa vierzigjährige Karriere als Opernsänger hinter mir, ich habe an führenden Bühnen der Welt und bei bedeutenden Festspielen gesungen. Das genügt mir. Muss ich die Menschen immer aufs Neue daran erinnern, was ich war und wer ich bin? Ich möchte mich nicht in Szene setzen und auch den Anspruch auf meine Privatsphäre bewahren. Aber wenn es Musikfreunde gibt, die etwas vom Wirken und von den Ansichten des Künstlers Peter Schreier erfahren und gewinnen möchten, dann stehe ich gewissermaßen auch in der Pflicht.

Natürlich gebe ich manchmal auch der Versuchung nach, wenn etwa ein mir gut bekannter Journalist mich zu einem Gespräch für ein Boulevardblatt ermuntert. Da geht es dann nicht um künstlerische Projekte oder Probleme, sondern ganz simpel etwa um die Frage: Was macht Peter Schreier zu Weihnachten? Und als der Reporter erfährt, dass ich gern koche und ebenso gern esse, schreibt er eine bunte Story, garniert mit hübschen Fotos, auf welche Weise ich eine „Pute à la Peter Schreier" zubereite und wie genau die Füllung beschaffen ist. Das war eine lustige Episode, aber das sollte eben auch die Ausnahme bleiben.

Erwarten Sie also keine farbigen Schilderungen hübscher Nebensächlichkeiten vom „Startenor aus Dresden", wie ich in den bunten Blättern zuweilen medienwirksam tituliert werde. Das hier ist wohl eher ein Text für Freunde der Musik, deren ernsthafte Fragen ich wenigstens zu einem Teil zu beantworten versuche.

Salzburg – Beginn einer Karriere

In der Laufbahn eines Sängers gibt es mancherlei Höhepunkte, die Anlass bieten, Rückschau zu halten auf die eigene künstlerische Entwicklung. Für einen lyrischen Tenor, zunächst vorwiegend mit Mozart-Partien im Repertoire, gehört es wohl zu den Traumzielen, bei den Festspielen in Mozarts Geburtsstadt Salzburg mitzuwirken, sich in einem Ensemble führender Interpreten der Welt bewähren zu dürfen, in der Konfrontation mit ernsthafter künstlerischer Konkurrenz zu bestehen. Das galt auch für mich als jungen Sänger, und darum sollen die Salzburger Festspiele ein Ausgangs- und Orientierungspunkt für meinen Blick zurück und nach vorn sein.

Wenn ich von meinem Debüt bei den Festspielen spreche, muss ich zugleich ein tragisches Ereignis nennen, mit dem der Beginn meiner Salzburger Karriere verknüpft ist. Durch einen Unglücksfall starb 1966 Fritz Wunderlich, der mit der vielleicht schönsten lyrischen Tenorstimme unserer Zeit begabt war. Ich hatte den Künstler etwa ein halbes Jahr vor seinem plötzlichen Tod noch persönlich kennen gelernt. Das war in Wien während der Proben zur Matthäus-Passion. Ich sang den Evangelisten, und Wunderlich war aus Interesse als Zuhörer erschienen. Bald danach verhalf er mir ganz uneigennützig zum Engagement in Salzburg. Er sollte bei den Festspielen 1967 mehrere Mozart-Partien singen. Aber die große Zahl von Verpflichtungen – neben seiner ständigen Tätigkeit in München und Stuttgart – ließ es ihn geraten erscheinen, sich in Salzburg auf die Neueinstudierung der „Zauberflöte" zu konzentrieren und auf den Belmonte in der „Entführung aus dem Serail" zu verzichten. Und so empfahl er der Festspielleitung einen ihm geeignet erscheinenden jungen Sänger, nämlich mich.

Als ich im Spätsommer 1966 in Dresden die Einladung erhielt, im nächsten Jahr den Belmonte in Salzburg zu singen, empfand ich das als großes Glück. Schließlich gilt Salzburg als ein Musikzentrum, das in der Mozart-Pflege und darüber hinaus in der musikalischen Interpretationskunst international Maßstäbe setzt. So erfüllte mich das ehrenvolle Angebot mit unbändiger Freude. Wenige Wochen danach erfuhr ich von dem so frühen Tod Fritz Wunderlichs, der die Festspielleitung veranlasste, mit einem neuen Angebot an mich heranzutreten: Ich sollte in der Neueinstudierung der „Zauberflöte" den Tamino übernehmen.

Wunderlichs tragischer Tod also bot meinem Beginn in Salzburg größere Möglichkeiten, denn es ist weitaus dankbarer, bei einer Neuinszenierung von Anfang an dabei zu sein und genügend Proben zu haben, als in eine bereits bestehende Aufführung hineingeworfen zu werden und infolge mangelnder Probenzeit ein Fremdkörper im Ensemble zu bleiben. So viel Erfahrung oder Routine besaß ich damals noch nicht, um mich in eine fertige Inszenierung nahtlos einzufügen (während ich beispielsweise 1981 aufgrund meiner inzwischen gesammelten Erfahrungen so weit war, in eine fertige, szenisch komplizierte Einstudierung mühelos einzusteigen).

In der Regie von Oscar Fritz Schuh und unter der musikalischen Leitung von Wolfgang Sawallisch sang ich nun den Tamino in der „Zauberflöte". Übrigens begann meine erste Salzburger Vorstellung mit einem technischen „Fehlstart": Während der Introduktion öffnete sich der Vorhang nicht, irgendein Zugseil klemmte. Der Schaden wurde schnell behoben, und die Vorstellung konnte beginnen. Für mich selbst machte ich die erstaunliche Beobachtung, dass mir die Panne einen Großteil meines Lampenfiebers genommen hatte. Alles lief wie am Schnürchen, mein Debüt war geglückt.

Nur mit meinem Kostüm konnte ich mich schwer abfinden. Der Ausstattungsleiter Teo Otto hatte mir eine sehr unvorteilhafte Garderobe verpasst. Ich wog damals noch etwa zwei Zentner und sah in der wunderlichen Gewandung ziemlich rundlich aus. Zu allem Überfluss trug ich einen Turban, der mein Gesicht wie einen Vollmond erscheinen ließ. Als ich meine Abneigung gegen diesen Kopfputz kundtat, kam es fast zu einem Zerwürfnis mit Teo Otto, der sich von dem nörgelnden Neuling auf der Salzburger Szene gekränkt fühlte. Wer heute die Bilder sieht, wird mir nachträglich Recht geben. Eines dieser Fotos wurde übrigens für eine Schallplattentasche verwendet, so dass ich immer wieder mal an das schaurige Kostüm erinnert werde.

Musikalisch war dieser erste Salzburger Sommer für mich ein schöner Erfolg. Danach bin ich 25 Jahre hindurch in jeder Saison in der Festspielstadt aufgetreten und habe dort nicht nur die Standardpartien des Mozart-Repertoires gesungen, sondern auch weniger bekannte Partien wie die des Mitridate in der gleichnamigen Jugendoper Mozarts, den Idamantes in „Idomeneo" sowie Rollen in weiteren Jugendopern während der Internationalen Mozart-Wochen im Januar – wenn auch nur konzertant, aber in authentischen Darbietungen nach der Neuen Mozart-Ausgabe, die speziell für die Internationale Stiftung Mozarteum einstudiert werden.

Salzburg hat mir gleichsam einen Weg vorgezeichnet. Ich gehöre nicht zu denen, die sogleich in Ehrfurcht erstarren, weil in den Mauern dieser Stadt das Genie Mozart gelebt hat. Für mich bot Salzburg die Gelegenheit, mich umfassend und intensiv mit Fragen der Mozart-Interpretation zu befassen – ermöglicht nicht zuletzt durch die Zusammenarbeit mit hervorragenden Dirigenten, Regisseuren und Solisten – und auch den Menschen und Künstler Mozart gleichsam an seinem Ursprung kennen zu lernen, aus seiner Lebenssphäre heraus seine Musik besser zu begreifen.

Mozart war ja gerade in Salzburg sehr abhängig von seinem Brotgeber, er litt unter der Despotie der mächtigen und das künstlerische Leben beherrschenden Kirche. Von den Zwängen eines häufig genug elenden und entwürdigenden Lebens musste Mozart sich stets aufs Neue frei machen, um Großes zu leisten. Eine solche Situation ist sicher für viele nachvollziehbar.

Salzburger Debüt 1967: Tamino in Mozarts „Zauberflöte" mit Helen Donath unter der Leitung von Wolfgang Sawallisch

Wir wissen, wie sich in der Auseinandersetzung mit Konflikten eine Persönlichkeit formt, wie die Kraft dabei reift, sich darüber zu erheben, innerlich frei zu werden und sich selbst zu verwirklichen. Dieser Grundzug der Mozartschen Lebenshaltung teilte sich mir jedes Mal neu in Salzburg mit. Vielleicht klingt es etwas überschwänglich oder pathetisch, aber es ist ehrlich empfunden, wenn ich sage, dass ich stets wie geläutert durch Salzburg ging, dass ich so etwas wie Freude und innere Gelöstheit empfing, dass ich das Gefühl hatte, in einem bescheidenen Maße hier in dieser Stadt mit dem Genius Mozart zu korrespondieren.

In den Jahren meiner Salzburger Tätigkeit habe ich an verschiedenen Orten gewohnt, in St. Gilgen, am Fuschlsee, in Parsch und einige Jahre in Salzburg-Aigen. Durch diesen mehrfachen Wechsel des Wohnsitzes habe ich die Landschaft um Salzburg kennen und lieben gelernt. Die Nähe der Berge, die keineswegs erdrückend wirkt, sondern die Lieblichkeit des Städtchens eher unterstreicht, doch auch die stets im Hintergrund sichtbare oder erahnbare Monumentalität von Hochgebirgsgipfeln – all das gibt dieser Stadt und Landschaft den besonderen Reiz und gab mir – trotz der hohen künstlerischen Verpflichtungen – stets das Gefühl, ich befände mich auch ein bisschen im Urlaub. Der wundervolle Dreiklang aus Natur, Architektur und Musik trägt dazu bei, dass die Arbeitsatmosphäre hier nicht als streng empfunden wird, sondern eher beflügelt. Nicht ein kategorisches Muss, sondern Lust und Liebe zur Sache bestimmten die künstlerische Arbeit. Dennoch verspürte man einen gewissen Leistungsdruck, den Zwang zu vollem Einsatz, denn die Salzburger Festspiele sind zum Inbegriff höchster künstlerischer Leistung geworden.

Der erste Dirigent, unter dessen Leitung ich in Salzburg sang, war – wie schon erwähnt – Wolfgang Sawallisch. Zu Recht steht er in dem Ruf, junge, entwicklungsfähige Sänger entdeckt und gefördert zu haben. Als Chef der Kölner Oper brachte er beispielsweise die junge Edith Mathis groß heraus. Auch der begabten Sopranistin Helen Donath wies er den Weg. Und so hatte ich Vertrauen zu ihm, als er mich damals für die „Zauberflöte" heranzog. Er hatte zuvor in Dresden Schallplattenaufnahmen gemacht, bei denen ich ebenfalls mitwirkte.

Diese erste Zusammenarbeit mit einem der großen Dirigenten unserer Zeit hat mich nicht nur künstlerisch bereichert, sondern – wie meine weitere Salzburger Tätigkeit überhaupt – auch mein Selbstbewusstsein gestärkt und mir bei der Einschätzung der eigenen sängerischen Leistung geholfen. Das ist eine schwierige Sache, weil Selbsteinschätzung leicht zu Überschätzung führen, andererseits bei Unterschätzung einen konstanten Mangel an Selbstvertrauen zur Folge haben kann. Es kommt darauf an, ein gesundes, begründetes Gefühl für das eigene Können zu gewinnen, und dabei wird man in Salzburg bestärkt und getragen von der Begeisterungsfähigkeit des Publikums, ebenso von der Anteilnahme und Liebenswürdigkeit der Bevölkerung.

Wenn ich durch die Straßen Salzburgs ging, wurde ich häufig gegrüßt mit den typisch österreichischen Anreden „Grüß Gott, Herr Kammersänger!" oder „Verehrung, Herr Kammersänger!" Wenn ich früh zur Probe unterwegs war, rief mir die Frau am Zeitungsstand schon von weitem zu, ob sie mir die Sportzeitung aufheben soll. Oder der Kaufmann bot mir Delikatessen an, die er frisch hereinbekommen hatte und die ich mir auf dem Heimweg abholen konnte.

Dieses persönliche Bemühen hat etwas Wohltuendes und erklärt sich sicher zu einem großen Teil aus der österreichischen oder spezifisch salzburgischen Mentalität. Auch wenn viele dieser Leute mich gar nicht aus einer Festspielaufführung kannten, so nahmen sie doch lebhaften Anteil am Geschehen und setzten sich durch Rundfunk, Zeitungen und andere Medien ins Bild. Es verging ja keine Woche in Salzburg, da ich nicht von Presse oder Funk aufgefordert wurde, ein Interview zu geben, mich zu Interpretationsproblemen zu äußern, über meine Arbeit zu sprechen.

Es liegt nahe, dass man, wenn von Salzburg die Rede ist, vor allem von Mozart spricht. Aber die Festspiele sind ja keineswegs auf das Werk dieses Meisters beschränkt. Das Repertoire ist breit gefächert. Es berücksichtigt beispielsweise auch die italienische Oper, die Sinfonik und das Liedschaffen verschiedenster Epochen, in begrenztem Maße auch zeitgenössische Kompositionen. Dabei beschränkte sich meine Salzburger Tätigkeit nicht auf die Sommerfestspiele. So habe ich wiederholt bei den Mozart-Wochen sowie bei den durch Herbert von Karajan begründeten Osterfestspielen mitgewirkt. Meine Arbeit und künstlerische Entwicklung haben auch dadurch neue Dimensionen gewonnen. Gemeinsam mit den Berliner Philharmonikern, einem der besten Konzertorchester der Welt, hat Karajan im Rahmen der Osterfestspiele eine noch junge, aber sehr lebendige Wagner-Tradition geschaffen. Daneben hat er in diesem Zeitraum auch italienische Opern wie „La Bohème" und „Der Troubadour" aufgeführt und sinfonische Konzerte gegeben. Ich habe unter seiner Leitung die h-Moll-Messe, die „Schöpfung", die Matthäus-Passion, Mozarts Requiem und Bruckners „Te Deum" gesungen.

Eines Tages, nach der Aufführung der Matthäus-Passion, fragte mich Herbert von Karajan, ob ich nicht daran interessiert wäre, den Loge in „Rheingold" zu singen. Die Art, wie ich den Evangelisten interpretiere, bestärke ihn in der Ansicht, dass ich für den Loge geeignet sein müsse.

Mit dem „Ring der Nibelungen" hatte ich mich bisher kaum befasst, wenn ich davon absehe, dass ich starken Anteil genommen hatte, als mein Freund und Sängerkollege Theo Adam den Wotan erarbeitete. Dabei hatte ich Wagner ein bisschen für mich entdeckt. Musikalisch hatte mich „Die Walküre" stark beeindruckt, ja geradezu begeistert. Aber ich hatte mich nie mit dem Gedanken getragen, jemals selbst im „Ring" mitzuwirken. Darum überraschte mich Herbert von Karajans Angebot.

Ich begann also, mich mit „Rheingold" zu beschäftigen, und war erstaunlich schnell mit der Partie vertraut. Hinzu kam ein sehr günstiger Umstand. Die Deutsche Staatsoper Berlin bereitete damals gerade eine Wiederaufnahme des „Ring" vor, und Intendant Prof. Dr. Hans Pischner, dem ich von der Sache erzählt hatte, bot mir an, die Partie auch in Berlin zu singen. Ich konnte also an der Staatsoper unter der musikalischen Leitung von Wolfgang Rennert den Loge erarbeiten und in diesem Hause damit debütieren. Mit entsprechend solider Grundlage kam ich zu den Osterfestspielen nach Salzburg.

Hier machte ich dann die verblüffende Erfahrung, dass ein Dirigent vom Range Herbert von Karajans keineswegs autoritär die Aufführung formte, sondern mir als Sänger erstaunlich viel Freiraum dafür ließ, die Partie aus mir heraus zu gestalten. So fühlte ich mich nie eingeengt, sondern konnte aus meinem Potential schöpfen und mich nach meinen stimmlichen Möglichkeiten verwirklichen. Voraussetzung war natürlich, dass ich die Partie gut beherrschte und dass die erforderlichen musikalischen Absprachen bereits bei den ersten Proben erfolgt waren. Bei der Arbeit auf der Szene ging Karajan so weit zu sagen: „Schauen Sie überhaupt nicht herunter, ich begleite Sie."

Die Bedingungen waren ideal. Ich betrat die Bühne und sang einen Loge, wie ich ihn in diesem Moment empfand – und wie wir ihn schließlich gemeinsam erarbeitet hatten. Aber ich brauchte auf keine momentanen subjektiven Eingebungen des Dirigenten zu reagieren, sondern ich fühlte mich von ihm und diesem fabelhaften Orchester in einer Weise begleitet, als handle es sich um Rezitative. Es war für mich einfach eine Freude, den Text zu deklamieren, ohne vom Orchester „zugedeckt" zu werden – bis auf die eine Passage allenfalls, wenn der Riesenwurm erscheint („Ohe, ohe, schreckliche Schlange, verschlinge mich nicht, schone Loge das Leben!"). Diese ist fortissimo instrumentiert, aber es kommt auf den exakten Text nicht so sehr an als vielmehr auf den Charakter der Szene. Ich fühlte mich also getragen vom Orchesterklang und bewegte mich auf der Bühne frei und mit zunehmender Sicherheit.

Als ich nach der Premiere bei meinem Einzelvorhang vor das Publikum trat, brach ein regelrechter Beifallssturm los. Ich wusste nicht, ob ich mich freuen oder ob ich heulen sollte. So etwas hatte ich noch nicht erlebt. Da habe ich in Salzburg jahrelang versucht, in Mozart-Partien mein Bestes zu geben, und ausgerechnet bei Wagner stellte sich ein Erfolg ein, der alles Vorangegangene in den Schatten rückte. Ich glaube, Wagners Musik ist spektakulärer und löst ganz andere Gefühle aus. Ich weiß das ja von mir selbst. Wenn ich zum Beispiel ein Stück wie den Walkürenritt höre, dann bin ich eben überwältigt, jedenfalls auf ganz andere Art berührt als etwa bei Mozarts zauberhaftem Duett „Reich mir die Hand, mein Leben ..." aus

„Don Giovanni". Dieser „Rheingold"-Erfolg hat mich sehr nachdenklich gestimmt, was die Wirkung von musikalischer Kunst auf die Hörer anbelangt.

Das Publikum, das zu den Osterfestspielen nach Salzburg kommt, steht ganz sicher dem spektakulären Musiktheater Wagners näher als anderen Ausdrucksbereichen. Umso mehr hat es mich gefreut, dass Herbert von Karajan zu diesen Festspielen auch ein Werk wie Bachs Matthäus-Passion aufgeführt hat – in voller Länge ohne Striche! Hier empfand ich meine Mitwirkung als besondere Mission. Die Partie des Evangelisten bietet die Möglichkeit – und ich habe sie nach Kräften zu nutzen gesucht –, Bach so lebendig wie möglich zu gestalten und auch Hörern, die diese Musik bis dahin eher als langatmig oder konstruiert empfunden hatten, die ihr innewohnende Aktualität und Aussagekraft deutlich zu machen. Als mir viele Monate später Konzertbesucher sagten, in welch lebendiger Erinnerung ihnen die Aufführung sei, freute mich das sehr, denn eben darauf scheint es mir anzukommen: Bach lebendig zu musizieren.

Herbert von Karajan ist in einem ganz anderen Traditionsraum groß geworden, und ich war darum sehr gespannt, wie meine aus jahrzehntelanger Vertrautheit mit dem Werk gewachsene Auffassung mit der südländischeren Musizierhaltung in dieser katholisch geprägten Gegend in Einklang zu bringen wäre. Interessant war für mich, dass das Schwergewicht dieser Karajan-Aufführung auf den betrachtenden Elementen lag. Ich denke hier besonders an die Ariosi und Arien, die den Charakter der Darbietung bestimmen. Bezeichnend waren auch die extrem langsamen Tempi, die keineswegs zu Spannungslosigkeit führten – aber das versteht sich bei Karajan von selbst. Aus meiner sächsischen Heimat bin ich gewöhnt, dass dieses Werk viel forscher angegangen wird. Jedenfalls ergaben die Salzburger Atmosphäre und die Musik des viel nördlicher angesiedelten Bach einen Zusammenklang von besonderem Reiz.

Es zeigte sich, dass meine Sicht von der Aufgabe des Evangelisten und die Intentionen Herbert von Karajans durchaus miteinander harmonierten. Die Tatsache, dass er mir auch bei dieser Zusammenarbeit die Möglichkeit gab, eigene Vorstellungen einzubringen, beweist großes musikalisches Vertrauen. Und es erklärt sich wohl aus der Grundhaltung Karajans, dass er den Evangelisten lieber nach dem Konzept des Sängers gestalten lässt, als diesem etwas abzuverlangen, was ihm nicht gemäß ist und seiner Überzeugung widerspricht.

In ähnlicher Weise arbeitete übrigens auch Karl Böhm. Seine Proben waren fürs erste fast ernüchternd. Da glaubt man als Sänger, einem großen Dirigenten zu begegnen, der einem entscheidende Hinweise gibt, und dann sagt dieser relativ wenig – höchstens denen, die selbst nicht genug für die Bewältigung ihrer Aufgabe einbringen. Bei den Ensembleproben beschränkte sich Böhm weitgehend darauf, die Intonation ständig zu kontrollieren und auf rhythmische Genauigkeit zu achten. In puncto Rhythmus war er in den Proben geradezu kleinlich, weil er genau wusste, dass später auf der Bühne das musikalische Bild ohnehin genug vergröbert wird. Aber in Bezug auf die Gestaltung ließ er die Persönlichkeit des einzelnen Sängers gelten und sich entfalten. Auf diese Weise hörte man unter seiner Stabführung stets den Guglielmo des Hermann Prey und nicht den des Karl Böhm. Dieses Prinzip bedeutender Dirigenten, dem Sänger gegenüber freizügig zu sein und doch im Ergebnis künstlerisch geschlossene Aufführungen zu erreichen, hat mich beeindruckt und um eine wichtige Erfahrung bereichert.

25 Jahre hindurch Teilnahme an den Salzburger Festspielen – Belmonte in der „Entführung aus dem Serail"

Für mich als Musiker hat Salzburg vorrangige Bedeutung als ein Ort, an dem Mozarts Werk wissenschaftlich erforscht und lebendig dargeboten wird. Ich denke da vor allem an die Neue Mozart-Ausgabe, die von der Internationalen Stiftung Mozarteum mit großer Sorgfalt erarbeitet und bei den alljährlich im Januar veranstalteten Internationalen Mozart-Wochen dokumentiert wird. Einige Jahre habe ich regelmäßig an der Mozart-Woche teilgenommen und von „Bastien und Bastienne" über „Lucio Silla" bis hin zu „Idomeneo" nahezu alles gesungen, was an frühen Bühnenwerken von Mozart existiert.

Später wurde ich auch als Dirigent für Aufführungen zweier Händel-Werke in Mozarts Bearbeitung verpflichtet. Es handelte sich um das „Alexanderfest" und den „Messias". Die Veranstalter der Internationalen Mozart-Woche sind bestrebt, auch weniger bekannte und selten aufgeführte Werke zu präsentieren.

Aufgrund meiner langjährigen Mitwirkung als Mozart-Interpret in Salzburg empfing ich 1976 gemeinsam mit Edith Mathis die Silberne Medaille der Internationalen Stiftung Mozarteum – eine Ehrung, die mich noch stärker an Salzburg gebunden hat.

Mir ist wiederholt angeboten worden, am Mozarteum zu unterrichten. Doch habe ich mich dazu nicht entschließen können – vor allem aus Zeitmangel, aber auch aus grundsätzlichen Erwägungen. Ich weiß, wie außerordentlich diffizil das Kapitel Gesangsunterricht ist. Ich hätte ganz einfach Hemmungen, junge Leute auszubilden, von denen ich nicht mit Sicherheit sagen könnte, ob sie das Zeug zu einem Sänger haben. Die Frage, ob und wie man singen lernen kann, ist überaus problematisch und verdient eine gesonderte Betrachtung.

Anders ist es mit Interpretationsfragen. Da fühle ich mich eher kompetent, denn es gibt eindeutigere Kriterien, wenn auch stets der Zeitgeschmack eine Rolle spielt.

Zeit der Kindheit

Im Märchen tritt an die Wiege eines Neugeborenen die gute Fee und verheißt dem Kind eine glückliche Zukunft. Nun, mir wurde nicht „an der Wiege gesungen", dass ich später einmal in Salzburg und anderen Metropolen des Musiklebens wirken würde. Aber es gab einen, der es sich frühzeitig in den Kopf gesetzt hatte, mich zum Musiker zu bilden – das war mein Vater. Mit diesem Vorsatz begleitete er meinen Weg ins Leben.

Meine „Wiege" war ein Kinderbett und stand in Gauernitz, einer kleinen Ortschaft in der weiteren Umgebung von Dresden. Geboren aber wurde ich – am 29. Juli 1935 – in Meißen, in einer Klinik auf dem Dompropstberg.

In Gauernitz war mein Vater als Lehrer und Kantor tätig – eine damals durchaus übliche Personalunion. Er war in Stollberg im Erzgebirge aufgewachsen, als Sohn eines Schuhmachers, der mit irdischen Gütern wahrlich nicht gesegnet war. Wie viele Handwerker im Erzgebirge spielte auch mein Großvater ein Instrument: das Flügelhorn. Er musizierte in der Blaskapelle des Ortes. Und so kam mein Vater frühzeitig mit der Musik in Berührung, lernte Geige und Klavier spielen und fand auf der Oberschule in Stollberg in seinem Musiklehrer einen Förderer. Eine Zeitlang erwog mein Vater sogar, sich hauptberuflich der Kirchenmusik zuzuwenden. Doch dann beschloss er, Lehrer zu werden und die Kirchenmusik gleichsam nebenher zu betreiben – sicher eine für ihn günstige Entscheidung, denn mein Vater besaß eine ausgeprägte pädagogische Begabung. Dieses Talent hat offenbar mein um drei Jahre jüngerer Bruder geerbt, der Trompeter wurde und sich später ganz der musikpädagogischen Arbeit widmete.

Mein Vater also hatte mich zum Musiker ausersehen, und Musik gehörte denn auch zu meiner täglichen Nahrung. Schon als Baby wurde ich daheim auf den Flügel gelegt, wenn der Vater musizierte. Mit Amtskollegen wie dem befreundeten Kantor Zimmermann aus Coswig traf er sich regelmäßig zur Kammermusik. Wenn solch ein Hausmusikabend bei uns stattfand, mussten wir Kinder zwar pünktlich ins Bett gehen, da aber unser Schlafzimmer neben dem Musikzimmer lag, kamen wir doch noch in den Genuss eines kleinen Nachtkonzertes.

Was ich in früher Jugend bereits an Anregung und Ausbildung auf musikalischem Gebiet erfahren habe, bildete ein solides Fundament für meine spätere Laufbahn. Das wird mir gelegentlich bei Gesprächen mit Sängerkollegen deutlich, die weitaus mehr Zeit und Kraft für das Studium einer Partie aufwenden müssen, weil ihnen ein solcher Grundstock fehlt. Es ist schon ein unschätzbarer Vorteil, wenn man Musik gleichsam mit der Muttermilch aufnehmen kann.

Ähnlich äußerte sich einmal Herbert von Karajan. Ich hatte unter seiner Leitung die h-Moll-Messe und die Matthäus-Passion gesungen, zwei Werke von gewaltigen Dimensionen, die Karajan auswendig dirigierte. Ich kenne beide Werke sehr genau, ich habe sie schließlich schon als Kind unzählige Male gesungen, und ich singe und dirigiere sie auch heute jedes Jahr mehrmals. Karajan hingegen führte sie nur in relativ großen Zeitabständen einmal auf. Als ich meine Verwunderung über seine enorme Partiturkenntnis ausdrückte, sagte er mir: Das habe ich in meinen ganz frühen Kapellmeisterjahren studiert, und was ich in der Jugend gelernt habe, beherrsche ich noch heute am besten.

Weil ich darum weiß, war ich auch bestrebt, meine Söhne frühzeitig an die Musik heranzuführen. Leider konnte ich nicht mit der wünschenswerten Intensität auf sie einwirken, weil ich nun mal den „Zigeunerberuf" ergriffen habe und „fahrender Sänger" geworden bin. Denn ohne die Hilfe der Eltern und einen gehörigen Nachdruck lernen wohl die wenigsten Kinder mit dem erforderlichen Fleiß. Das weiß ich aus eigener Erfahrung. Ich hatte bei mehreren Lehrern Klavierunterricht, gebrauchte stets phantasievolle Ausreden und drückte mich vor dem Üben, wann ich nur konnte. Das wurde erst anders, als mein Vater 1949 aus der Kriegsgefangenschaft heimkehrte und selbst den Unterricht übernahm. Da begann eine strenge Zeit für mich. Manchmal holte er mich direkt vom Fußballplatz weg, und ich schickte dann einen traurigen Blick zurück zu meinen Kameraden, die weiterspielen durften, während ich mich ans Klavier setzen musste. Doch da halfen keine Ausreden, und gelegentlich setzte es sogar Ohrfeigen.

Aber die disziplinierte Arbeit hat sich schließlich ausgezahlt, heute bin ich meinem Vater dankbar dafür. Sicher hätte er meine Entwicklung noch viel stärker beeinflusst, wenn es die Umstände erlaubt hätten. Aber als ich vier Jahre alt war, brach der Krieg aus, und mein Vater wurde eingezogen. Zehn Jahre seines Lebens musste er für Kriegsdienst und Gefangenschaft opfern. Für meine Mutter war es bestimmt nicht leicht, in den schweren

Jahren der Kriegs- und Nachkriegszeit zwei Söhne allein großzuziehen. Aber sie teilte dieses Schicksal mit vielen. Etliche Jahre meines Reifens wurden durch sie bestimmt.

Ich bin auf dem Land groß geworden, und die starke Liebe zur Natur, zur Landschaft, zur Welt der Tiere und Pflanzen ist seit dieser Zeit in mir wach. Und meine künstlerische Arbeit gewinnt noch heute daraus Nahrung und Inspiration. Die Kindheitsjahre in Gauernitz stehen in meiner Erinnerung als eine herrlich unbeschwerte, von Verantwortung und Pflichten weithin freie Zeit. Mein Heimatdorf ist idyllisch gelegen. In dieser Landschaft konnten wir unbefangen Kinder sein. Die Hügel und Schluchten betrachteten wir als unser Eigentum, da gingen wir auf Entdeckungen aus, spielten „Räuber und Gendarm".

Im Sommer zog es uns zu den prächtigen Obstalleen, wo wir auf unsere Weise ernten halfen – geklaute Kirschen schmeckten doch viel besser als gekauftes Obst. Vor dem Pfarrhaus in Gauernitz stand eine mehrhundertjährige Linde – sie ist inzwischen den Wettern zum Opfer gefallen. In ihrem breiten Geäst war ein Plateau, auf dem mehrere Personen bequem Platz fanden. Für uns Kinder hatte dieser Baum deswegen eine starke Anziehungskraft.

Unsere Familie wohnte im Schulhaus. Die Dienstwohnung meines Vaters lag direkt über den Klassenzimmern. Dem Schulgebäude gegenüber befand sich die Schäferei, Teil des einstigen Rittergutes, wo es für Kinder stets etwas Interessantes zu erleben gab. Wenn ich aus unseren Fenstern sah, hatte ich den Alltag des bäuerlichen Lebens vor Augen. Ich sah bei der Fütterung der Tiere und anderen Arbeiten gern zu. Der Rhythmus des Lebens auf dem Lande war mir wohl vertraut.

Aus nächster Nähe beobachtete ich hier in der Natur, wie bestimmte Vögel jedes Jahr wieder die gleichen Nistplätze aufsuchten, wie sie ihre Jungen fütterten, die ihre aufgesperrten Schnäbel hungrig aus dem Nest reckten. Ich lernte die Stimmen der Vögel unterscheiden. Wenn es nebenan im Ententeich Nachwuchs gab, war das für uns Kinder ein wichtiger Vorgang. Singe ich heute Prokofjews „Hässliches Entlein", so stehen mir diese Kindheitseindrücke lebendig vor Augen.

Meine Mutter ließ uns ungezwungen aufwachsen. Wenn es uns Spaß machte, durften wir mit einem Pferdefuhrwerk auf die Felder hinausfahren, beim Kartoffelsammeln oder Ährenlesen helfen. Das Einbringen des Getreides war für uns jedes Mal ein besonderes Ereignis, denn die ungeheuer schwere Dreschmaschine musste dann von einem Dreschplatz des Dorfes zum anderen bewegt werden. Und ich sah fasziniert zu, wenn sechs kräftige Pferde das mächtige Gerät bei uns durch die Hohle Gasse – so hieß der Weg zur Schäferei – und die Anhöhe hinaufzogen, angetrieben durch Schreie und Peitschenhiebe.

Solche Eindrücke in einer natürlichen Umwelt haben meine Vorstellungskraft entscheidend beeinflusst, viel stärker als rationale Erfahrungen. Darum singe ich wohl besonders gern Lieder, deren Texte eine bildhafte Darstellung geben, die ich aus eigenem Erleben nachvollziehen und überzeugend vermitteln kann: zum Beispiel Verse, die von Naturempfindungen inspiriert sind. Diese Texte und Melodien bringen etwas zum Klingen, das in mir vorgeprägt ist, etwa Heines Worte: „Im wunderschönen Monat Mai, als alle Knospen sprangen ..." Was für ein anschauliches Bild, welche Farbigkeit der

In mütterlicher Obhut:
Helene Schreier mit ihren Söhnen Peter (links) und Bernhard, 1940

Sprache! Oft habe ich selbst beobachtet, wie sich die Maikätzchen öffneten, wenn schon durch einen geringfügigen Temperaturanstieg plötzlich die kräftige Schale aufbrach und die Blüte freigab.

Die Zeit meiner Kindheit war also angefüllt mit tausenderlei Naturbeobachtungen. Wie beeindruckte es uns Kinder, wenn etwa der Saubach, der bei Gauernitz in die Elbe mündet, Hochwasser führte! Der sonst so harmlose Bach riss dann auch mal eine Brücke mit sich, er schwoll gewaltig an, und die Schmiede, die nahe am Wasser lag, war von Überschwemmung bedroht. Einige Häuser am Saubach hatten Markierungen, die anzeigten, bis zu welcher Höhe hier in früheren Jahren das Wasser gestanden hatte.

An diesem Saubach war noch eine richtige alte Wassermühle in Betrieb. Die Tochter des Mühlenbesitzers, die sehr musikalisch war, hatte bei meinem Vater Unterricht und sang auch im Kirchenchor. Zwischen unseren Familien bestanden freundschaftliche Beziehungen. An Feiertagen oder sonntags waren wir dort mitunter eingeladen, und es kam für meinen Bruder und mich einem Abenteuer gleich, wenn wir um die alte Mühle herumschleichen und das große Mühlrad aus der Nähe betrachten durften. Vor dem Wehr wurde das Wasser des Baches angestaut, und damit bot sich uns im Sommer eine schöne Bademöglichkeit. Abends zogen wir mit Handtuch, Waschlappen und Seife dorthin und tobten uns gründlich aus (der Reinigungseffekt war Nebensache).

Zum Schwimmen hatten wir bei uns wenig Gelegenheit, da mussten wir schon bis zum Stausee nach Cossebaude, und das lag fast außerhalb der Grenzen, die uns gesetzt waren. Aber diese Mühle übte einen großen Zauber auf uns aus, und die sie umgebende Landschaft, das Saubachtal, hatte etwas von der Atmosphäre, wie sie Schubert in der „Schönen Müllerin" eingefangen hat. Dort gab es seltene Vögel, und im Bach konnte man Forellen sehen.

Zur Landschaft um Gauernitz gehörten auch Wälder mit Höhlen, die für uns geheimnisumwittert waren. Wir streunten dort umher, bauten uns Hütten aus Weidenruten und Reisig. Die Spiele waren gekennzeichnet durch das Leben mit der Natur, von der meine Phantasie starke Anregungen empfing. Ablenkungen wie das Fernsehen gab es für uns Kinder noch nicht, wir waren ganz auf unsere Umwelt eingestimmt. Als ich vor einigen Jahren mein Landhaus in Lungkwitz bei Dresden baute, war es mein sehnlicher Wunsch, die Lebenssphäre meiner Kindheit zu erneuern und solch eine schöne Wiese vor dem Haus zu haben, wie ich sie von Gauernitz kannte: mit Löwenzahn, Kamille und anderen Gewächsen, die so wundervoll dufteten, mit Sauerampfer, den wir pflückten und aßen.

Ein aufregendes Erlebnis war es für uns Kinder, wenn in einem kalten Winter die Elbe zufror. Sonst erreichte man die nahe gelegene Stadt Coswig, wohin man zum Einkaufen oder zum Arzt ging, mit der Fähre. Dieses Fährschiff führte den ungewöhnlichen Namen „Zeitgeist" – das hat sich mir eingeprägt. Bei strengem Frost kam der „Zeitgeist" nicht mehr voran, der Fährbetrieb musste eingestellt werden. Dann überquerten wir – gegen eine Gebühr von fünf oder zehn Pfennig – die Elbe auf einem gesicherten Überweg zu Fuß, um in die Stadt zu gelangen. Nicht minder eindrucksvoll war für uns Kinder danach das Frühjahr, wenn die Elbe Hochwasser führte und über die Ufer trat. Dann reichte das Wasser zuweilen bis an die Autostraße Dresden-Meißen F 6 heran, wo die Fähre direkt neben den Fahrzeugen anlegte.

Eine besondere Freude bedeuteten für uns Kinder Einladungen zu befreundeten Bauernfamilien. Mein Vater war ein geselliger Mann und darum gern gesehen. Auf mich übte damals die bäuerliche Kost einen besonderen Reiz aus. Meine Eltern erinnern sich, dass ich als kleines Kind, wenn man mir auf den Gehöften etwas anbot, eine „Fettbemme" erbat. Kein Kuchen und keine andere Leckerei lockten mich stärker als ein einfaches Schmalzbrot. An die kulinarischen Genüsse aus meinen Kindertagen bewahre ich bis heute eine lebhafte Erinnerung. Ich sehe noch die Kellergewölbe vor mir, wo das Butterfass stand und die appetitlichsten Dinge auf uns warteten: köstlicher Streuselkuchen oder etwa Wurst von frisch geschlachteten Schweinen.

Meine Neigung zum Rustikalen ist kein snobistischer Spleen, sondern rührt daher, dass ich die bäuerliche Sphäre kennen gelernt habe und die Einfachheit und Herzlichkeit dieser Menschen liebe. Wir saßen bei solchen Besuchen – Kinder wie Erwachsene – gemeinsam um den großen Tisch, plauderten miteinander. Gegen Abend machte mein Vater am Klavier ein bisschen Musik, und ich sollte manchmal auch etwas singen – das geschah alles ganz selbstverständlich und hat vielleicht auch bewirkt, dass ich gar nicht erst Hemmungen aufbaute, sondern so eine kleine Darbietung als ganz natürlichen Vorgang empfand.

Kreuzchor als Lebensgemeinschaft

Der Abschied von meiner weithin unbeschwerten Kindheit begann bereits 1943. Bei den Kantoren und Pfarrern in meiner sächsischen Heimat gehörte es zur Tradition, die Söhne beim Kreuzchor vorzustellen. Und jede Familie war stolz, wenn ein Sohn die Aufnahmeprüfung für den berühmten Knabenchor bestand. Von diesem Ehrgeiz war auch mein Vater beseelt.

Der Tradition und den Intentionen meines Vaters folgend, fuhr meine Mutter eines Tages mit mir nach Dresden, um mich dem Kreuzkantor vorzustellen. Ich war sehr aufgeregt. Zum Vorsingen hatte ich mir ausgesucht: „Wem Gott will rechte Gunst erweisen". Professor Rudolf Mauersberger, der legendäre Kreuzkantor, hörte mich an, prüfte mein Gehör und nahm mich in die Vorbereitungsklasse auf.

Von diesem Tage an bekam mein Leben einen neuen Rhythmus. Zweimal wöchentlich fuhr ich mit dem Omnibus nach Dresden. Am Postplatz stieg ich aus und ging zu Fuß zur Kreuzschule oder zu Frau Lange-Frohberg, die uns unterrichtete. Zwei Jahre lang eigneten wir uns musikalische Grundkenntnisse an, lernten vom Blatt zu singen, Intervalle zu treffen und zu bestimmen. Gesangstechnik wurde bewusst nicht gelehrt, Rudolf Mauersberger wollte das natürliche Stimmmaterial der Jungen für den Chorgesang erhalten. Inzwischen hat sich das grundlegend geändert. Heute erhält jeder Kruzianer eine gesangstechnische Ausbildung und regelmäßige Stimmbildung.

In der Vorbereitungsklasse bangten wir alle dem Tage entgegen, an dem eine Prüfung über die Aufnahme in den Chor entscheiden sollte. Sie war für März 1945 angesetzt. Aber zu dieser Prüfung kam es nicht. Am 13. Februar verwandelten Bomben Dresden in einen Trümmerhaufen. Auch die Kreuzschule und die Kreuzkirche brannten aus. 13 junge Chorsänger fanden bei dem Luftangriff den Tod. Mit der Zerstörung Dresdens schien zugleich das Schicksal des Kreuzchores besiegelt.

Ich habe die Zerstörung Dresdens zwar nur aus der Entfernung erlebt, von meinem Heimatort Gauernitz aus, aber was ich an diesem Tage sah, hat sich mir tief ins Gedächtnis geprägt. Gespenstisch wirkte bereits das Vorspiel zum Bombardement durch das Abwerfen von Leuchtkugelpyramiden, die den Bombern das Ziel markierten. Mein Bruder und ich beobachteten das vom Turm unserer Schule aus. In einiger Entfernung, in Dresden-Cotta, gab es schon damals große Mineralöllager. Die riesigen Tanks waren von Bomben getroffen worden, und wir sahen über die beträchtliche Distanz deutlich hohe Flammen aus den Ölbehältern schlagen. Über Dresden standen schwarze Wolken.

Es war noch kein Tag vergangen, da erschienen bei uns die ersten Freunde, die sich aus der brennenden Ruinenstadt geflüchtet hatten. Arno Schellenberg, einer der führenden Sänger der Dresdner Staatsoper, kam mit seinen Angehörigen. Er schob einen zweirädrigen Karren, wie ihn Gemüsehändler auf dem Markt benutzen, vor sich her. Darauf hatte er die wenigen geretteten Habseligkeiten verstaut. Er war verletzt, von Funken versengt, von Rauch geschwärzt. In ähnlicher Verfassung befanden sich auch die anderen Flüchtenden.

Wir hatten in Dresden viele Freunde und Bekannte, um deren Schicksal wir nun bangten. Eine Magdeburger Schulfreundin meiner Mutter, die Sängerin Margarethe Düren, war in Dresden mit dem berühmten Bariton Josef Herrmann verheiratet. Zu ihnen hatten sich geradezu familiäre Kontakte entwickelt, und Josef Herrmann war für mich so etwas wie ein „Nennonkel". Die freundschaftlichen Beziehungen waren damals im Krieg für uns besonders wertvoll. Josef Herrmann war ein Sänger, der in der ersten Reihe stand und einige Vergünstigungen genoss. Es ging ihm also vergleichsweise gut, und er unterstützte uns in vieler Hinsicht. Ich erinnere mich, dass er uns einen Wintermantel überließ, der aus einem wundervollen Wollstoff gefertigt war. Diesen Mantel, gekürzt und dann noch mehrfach umgeschneidert, habe ich jahrelang getragen – damals ein überaus nützliches Geschenk.

Bei Josef Herrmann und seiner Frau waren wir häufig zu Gast in ihrem Haus in der Liebigstraße, und dort lernte ich schon einiges von der Atmosphäre der Künstlerwelt kennen. Ich erlebte, wie der Sänger zusammen mit einem Korrepetitor Partien einstudierte. In diesem Hause begegneten wir vielen seiner Kollegen – Arno Schellenberg beispielsweise und Willi Treffner, dem lyrischen Tenor der Staatsoper Dresden, der sich ganz intensiv mit mir beschäftigte, der mit mir sang und mir dabei nützliche Hinweise gab.

Einige von denen, die wir in frohen Stunden im Hause Herrmann erlebt hatten, sahen wir nun nach dem Angriff auf Dresden unter bedrückenden Umständen wieder. Das alles prägte sich mir tief ein, diese Bilder der Erinnerung bewahre ich von jenem tragischen 13. Februar 1945.

Auch meine Kruzianerlaufbahn schien mit dieser Bombennacht abgebrochen, noch ehe sie eigentlich begonnen hatte. Der Kreuzchor besaß kein Obdach mehr, die überlebenden Sänger waren in alle Winde verstreut, Rudolf Mauersberger hatte sich zunächst in seine erzgebirgische Heimat zurückgezogen. Niemand wusste, ob und wie es weitergehen würde.

Da erreichte uns im Frühsommer 1945 ein Brief vom Inspektor des Kreuzchores, Dr. Dittrich, mit der Information, auf Weisung der Sowjetischen Militäradministration werde der Chor am 1. Juli seine Arbeit wieder aufnehmen. Da die Kreuzschule ausgebrannt war, hatte man das Gebäude der Oberschule Dresden-Süd in der Kantstraße dafür ausersehen: die Kellerräume als Internat, die Aula als Gesangssaal, die Schulräume für den Unterricht. Prüfungen fanden jetzt nicht statt, die Leitung nahm zunächst einmal alle Mitglieder des Chores und der Vorbereitungsklassen auf, die noch auffindbar waren.

Als ich pünktlich am 1. Juli in der Kantstraße erschien, war ich der erste Schüler, und in der folgenden Nacht schlief ich auch allein im Internat. Dieses Kuriosum, dass ich als erster beim Neubeginn des Kreuzchores zur Stelle war, ist in die Chronik eingegangen. Nach und nach fanden sich weitere Schüler ein, und im Laufe des Monats war schon fast ein arbeitsfähiges Ensemble beisammen. Doch nun begannen die Probleme. Die meisten Noten waren verbrannt, nur ein paar ausgelagerte Bestände konnten genutzt werden. Aus der Not machte Professor Mauersberger eine Tugend: Er begann zu komponieren, und wir alle waren tagelang mit Notenschreiben beschäftigt.

So begann die Neuformierung des Kreuzchores aus dem Nichts zu einem Knabenchor, der schon bald wieder Weltgeltung erlangen sollte. Vorerst fand noch kein Schulunterricht statt, so dass wir uns aufs Probieren und Notenabschreiben konzentrieren konnten. Mauersberger nutzte diese unterrichtsfreien Wochen, um den Chor wieder auf künstlerisch hohes Leistungsniveau zu führen. Was er in diesen Monaten des Neubeginns für den Fortbestand und die Erneuerung des Chores zuwege gebracht hat, kann gar nicht hoch genug gewürdigt werden.

Der Wiederaufbau des Kreuzchores wurde von der staatlichen Leitung und von der Sowjetischen Militäradministration großzügig unterstützt. Wenn sich einmal vor unserer Arbeit größere Hindernisse aufbauten, wurden sie oft genug durch die sowjetischen Offiziere, die ein Herz für die Musik hatten, unbürokratisch beseitigt.

Wir alle haben in dieser Zeit des Neubeginns gehörig geschuftet. Unsere ersten Konzerte gaben wir in der Annenkirche, die wir nach längerem Fußmarsch erreichten, da die Kreuzkirche ja zerstört worden war. Wir Kruzia-

Wenige Wochen nach Kriegsende begann in Dresden die Neuformierung des Kreuzchores zu einem Ensemble von Weltgeltung. Ganz links: Peter Schreier

ner haben übrigens mitgeholfen, den schwer beschädigten Kirchenbau zu enttrümmern. Mit Schubkarren räumten wir den Schutt aus dem Kircheninnern. Eine positive Seite hatte jene schwere Zeit für uns: Wir sind sehr schnell zusammengewachsen zu einer Gemeinschaft, die heute noch Bestand hat. Die Not hat uns gleichsam zusammengeschmiedet.

Während normalerweise die Aufnahme in den Chor nach Jahrgängen erfolgt, bestand nach Kriegsende die Chorgemeinschaft aus sämtlichen Altersgruppen. Die Reihen der Älteren waren durch den Krieg stark gelichtet. Einige Kruzianer waren noch in den letzten Wochen in Uniform gesteckt und an die Front geworfen worden. Doch manche aus den älteren Jahrgängen schlossen sich jetzt wieder dem Kreuzchor an. Auf diese Weise lernte ich damals Karl Richter, später einen der führenden Bach-Interpreten, als Chorpräfekten der Kruzianer kennen.

Die völlige Neuformierung erleichterte auch mir als Neuling das Hineinwachsen in die Gemeinschaft. Ich war anfangs etwas verträumt, leicht beeinflussbar. Aber das Internatsleben hat mich gerade in dieser Hinsicht gewandelt, gefestigt; ich habe gelernt, meinen eigenen Standpunkt zu gewinnen und zu behaupten. Natürlich erfolgte der Schritt aus der häuslichen Geborgenheit in die Ungewissheit des Internatslebens einigermaßen abrupt. Und wenn Carl Zuckmayer in seinen Lebenserinnerungen schreibt, in jeder menschlichen Existenz ereigne sich früher oder später die Austreibung aus dem Paradies, mit der in der biblischen Geschichte alle irdische Mühsal beginnt, so ist in meinem Leben wohl genau jener Zeitpunkt dafür anzusetzen.

Mit dem unbeschwerten Dahinleben war es nun also vorbei. Jetzt galt es, täglich eine Reihe von Pflichten zu erfüllen: Ich musste mein Bett selbst aufschütteln, meine Schuhe putzen, meine Kleidung in Ordnung halten – auf all das wurde sehr genau geachtet. Im Kreuzchor war jeweils einer Gruppe von Schülern ein Mentor zugeordnet. Das waren ältere Schüler, die die jüngeren beaufsichtigten, die das Anfertigen der Hausaufgaben kontrollierten, auch einmal Vokabeln abhörten, auf Ordnung in den Schränken, ja selbst auf die Sauberkeit der Fingernägel achteten. Das System funktionierte, für diese Form des Zusammenlebens in einer Großfamilie war es unerlässlich.

Später, bei der Erziehung meiner Söhne, ist mir bewusst geworden, dass ich von der Lebensgemeinschaft des Kreuzchores für meine weitere Entwicklung etwas ganz Wichtiges profitiert habe: Ich lernte, mich selbst zu disziplinieren. In einer solchen Gemeinschaft ist es erforderlich, sich auch unterordnen zu können – nicht nur musikalisch. Diese Unterordnung hat nichts mit blindem Gehorsam zu tun, der Akzent liegt auf Ordnung. Und an Ordnung wurden wir gewöhnt, auch wenn es manchmal schwer fiel. Aber etwa achtzig Jungen der verschiedensten Altersgruppen sind schließlich nur durch straffe Disziplin zu leiten.

In solch einer Großfamilie bleiben skurrile Erscheinungen nicht aus. Ein älterer Mitschüler namens Bitterlich zum Beispiel pflegte neben seinem Bett einen Kocher aufzustellen, auf dem er häufig Kochkäse zubereitete – eine Leidenschaft von ihm. Nun schliefen wir damals in größeren Sälen, jeweils 20 bis 25 Schüler in einem Raum, und es lässt sich denken, welche Gerüche sämtliche Zimmergefährten ertragen mussten, wenn Bitterlich an seinem Bett wieder Käse kochte.

Bis zum Stimmwechsel oder bis zum Abschluss der neunten Klasse gehörte man im Kreuzchor zur Gruppe der „Möpse", von der zehnten Klasse an zählte man zu den „Oberen". Der Jahrgang, der in die zehnte Klasse überwechselte, wurde in zeremonieller Weise „ausgemustert" aus dem Rang der Möpse: Die Kandidaten durften sich bei den Schülern der zwölften Klasse ein paar Schellen abholen. Das war mehr ein symbolischer Vollzug, eine Art „Ritterschlag". Für uns Kruzianer war dieser Akt zugleich ein Vorgang von einschneidender Bedeutung im Internatsleben. Die Schwelle zum Erwachsenwerden wurde überschritten. Und damit begann für uns die Zeit erhöhter Verantwortung.

Mauersberger war in jenen Jahren für uns alle so etwas wie ein Vater. Mein eigener Vater kehrte ja erst 1949 aus der Kriegsgefangenschaft heim, umso besser ist diese Vaterfunktion des Kreuzkantors zu begreifen. Als Pädagoge war Rudolf Mauersberger sicher eine nicht unproblematische Erscheinung. Ihm galt strenge Disziplin als das wichtigste. Für die Führung einer solchen Gemeinschaft ist dies gewiss auch unerlässlich. Nur versucht die moderne Pädagogik ihr Ziel auf anderen Wegen zu erreichen – durchaus nicht immer erfolgreich. Mauersberger jedenfalls war eine ausgesprochen autoritäre Persönlichkeit, einer, der auch mal Maulschellen verabreichte. Manches von der Art und Weise, in der er damals gewisse Affären und Konflikte des täglichen Lebens zu bereinigen suchte, ist sicher aus heutiger Sicht anfechtbar.

Wenn ich von Mauersbergers Eigenarten spreche, fallen mir viele Vorkommnisse ein. Ich erinnere mich beispielsweise noch lebhaft an eine Begebenheit aus der ersten Nachkriegszeit. Damals fanden sich in der größten Parkanlage Dresdens – „Großer Garten" genannt – noch etliche Brandbomben, die nicht gezündet hatten. Es gab Schüler, die aus den Blindgängern das brennbare Material herausfummelten – graue makkaroniförmige Gebilde. Wenn man sie anzündete, zischten sie als Feuerschlangen unberechenbar in der Gegend umher. Einmal flitzte einem Schüler solch ein glühendes Monstrum von unten in die kurze Hose hinein. Er erlitt zum Glück nur leichte Verbrennungen, aber die Sache hatte natürlich ein Nachspiel. Alle Beteiligten wurden zu Mauersberger zitiert und mussten sich verantworten. Er ließ sich den Hergang genau berichten – die Älteren hatten den Unfug angezettelt – und teilte schließlich die Delinquenten in drei Kategorien ein: die Täter, die Anstifter und die Zuschauer. Und dann setzte er kurz entschlossen das Strafmaß fest: drei Maulschellen für die Hauptschuldigen, zwei für die Anstifter, und die Herumstehenden kamen glimpflich mit einer Schelle davon. Die Strafe verabfolgte er natürlich gleich selbst. Solcherart waren Mauersbergers Richtersprüche.

Der Kreuzkantor war sehr heimatverbunden. Es gehört zur erzgebirgischen Tradition, dass insbesondere in der Vorweihnachtszeit viel gebastelt wird. Er selbst hatte in einem Zimmer sein ganzes Heimatdorf Mauersberg maßstabgetreu nachgebildet, mit Beleuchtung, Musik und Glockengeläut, mit einer Christvesper sogar. Wir durften zeitweilig ein bisschen mithelfen, kleinere Bastelarbeiten ausführen – „Schnee" streuen und dergleichen. Nicht zuletzt durch diese Erlebnisse hat für mich die Adventszeit einen besonderen Reiz gewonnen. Die freudige Erwartung der Weihnachtstage wurde auf diese Weise bei uns Kindern beträchtlich gesteigert. Wir wurden wundervoll eingestimmt auf das Fest der Christgeburt, und diese Freude habe ich mir bis heute bewahrt.

Mit wachsender Zugehörigkeit zum Kreuzchor wurde auch die menschliche Bindung stärker. Die Form des Zusammenlebens wie in einer großen Familie brachte es mit sich, dass wir uns beinahe wie Geschwister fühlten. Bis heute trägt mein Kontakt zu einstigen Klassenkameraden den Charakter einer brüderlichen Beziehung. Und wenn wir bei einer Begegnung ehemaliger Kruzianer vom Abend bis in die Morgendämmerung hinein beisammensitzen und uns erinnern, dann geschieht es nicht selten, dass wir unsere „grünen Bücher" mit den schönen alten Volksliedern hervorholen und gemeinsam daraus singen, wie in alten Zeiten. Da wischt sich auch mal einer verstohlen eine Träne aus dem Augenwinkel. Auf Außenstehende mag das alles ein bisschen sentimental wirken, vielleicht wie Liedertafelseligkeit. Aber mir zeigt es deutlich, dass viele Kruzianer diese Jahre als eine wichtige Etappe ihres Lebens empfinden, dass, trotz der strengen Zucht, jeder gern an jene Zeit zurückdenkt.

Die Kreuzchorjahre brachten mir einen unschätzbaren Gewinn vor allem darum, weil ich bei der Musik geblieben bin. Ich konnte sie voll in meinen Bildungsweg integrieren und kontinuierlich darauf aufbauen. Dazu gehört, dass ich schon in jungen Jahren eine ungemein breite und dichte Kenntnis der Musikliteratur aller Epochen erhielt. Mauersberger pflegte bekanntlich auch die zeitgenössische Musik. Ich denke an Günter Raphael, an Drießler, Hugo Distler, Hessenberg, Pepping, um nur einige zu nennen. Von Heinrich Schütz bis zur Gegenwart haben wir damals so ziemlich alles kennen gelernt, was von Bedeutung war. Wir hatten ja jeden Freitag eine Vesper zu singen, und immer wurde ein völlig neues Programm geboten. Im Laufe der Jahre wiederholte sich natürlich einiges, aber im Prinzip musste jedes Stück neu einstudiert werden. Am Montag bekamen wir die Noten in die Hand, am Freitagabend wurden die Stücke gesungen – da blieb nicht viel Zeit zum Erarbeiten. Da war es einfach notwendig, vom Blatt zu singen, und das lernte man eben, wenn man täglich neue Notenblätter vor sich hatte.

Diese Praxis bildete ein festes Fundament, auf dem ich weiterbauen konnte. So war es mir während des Studiums möglich, mich von Anbeginn auf ganz andere Dinge zu konzentrieren, auf Gestaltungsfragen etwa oder auf stimmtechnische Probleme. Und dann war mir die umfangreiche Literaturkenntnis der unterschiedlichsten Stilepochen eine nützliche Hilfe auf meinem Weg als Sänger. Wenn man so wie wir Kruzianer in früher Jugend gelernt hat, Schütz und Bach und auch Mozart zu singen, so schafft das eine vertraute innere Beziehung zu diesen Werken und ermöglicht es, von diesen einmal gewonnenen Positionen aus souverän und lebendig zu musizieren. Das sind Voraussetzungen, wie man sie wahrscheinlich auf dem normalen Ausbildungsweg nicht so leicht gewinnen kann. Über einen solchen Erfahrungsschatz, der nicht wie etwas Erlerntes nach Bedarf einsetzbar ist, verfügt man ganz selbstverständlich und wie über eine angeborene Fähigkeit.

In der Zeit meiner Vorbereitung auf den Kreuzchor wurde ich als Sopran eingestuft und in diese Stimmgruppe des Chores aufgenommen. Das entsprach aber – wie sich bald herausstellte – nicht meiner natürlichen stimmlichen Anlage. Die große Probenintensität gerade in den ersten Monaten des Neubeginns und das Singen in einer mir nicht gemäßen Lage führten dazu, dass ich nach einiger Zeit Stimmbandknötchen bekam und mit dem Singen erst einmal aussetzen musste. Mauersberger schickte mich zu einem Stimmtherapeuten. Dieser war ein ehemaliger Englischlehrer der Kreuzschule, der sich nebenher, aber mit wissenschaftlicher Akribie, auf Stimmtherapie spezialisiert hatte. Er nahm sich meiner an und stellte zunächst einmal fest, dass meine Stimme eindeutig zum Alt tendiere. Durch stimmtechnisches Training, Summübungen und andere therapeutische Arbeit gelang es ihm tatsächlich, ohne jeglichen medizinischen Eingriff die Stimmbandknötchen zu beseitigen, die Stimme zu kurieren.

Nach etwa zwei Monaten, im Frühjahr 1946, konnte ich wieder in den Chor eingegliedert werden: nun als Altist. Damit begann zugleich meine „solistische Karriere" im Kreuzchor. Meine Altstimme war – vielleicht auch dank der stimmtherapeutischen Behandlung – technisch so gefestigt, dass Mauersberger es bald wagte, die großen Bachschen Altpartien in der Johannes-Passion und in der h-Moll-Messe von mir singen zu lassen. Das war damals etwas ganz Neues, und es wurde auch weit über Dresden hinaus beachtet, als ich in den denkwürdigen Konzerten der Kruzianer und Thomaner zum Bach-Gedenkjahr 1950 unter Günther Ramin und Rudolf Mauersberger in der h-Moll-Messe die Altpartie sang. Es ist überliefert, dass auch Bach schon solistische Partien von Knaben singen ließ – aber jeweils von mehreren, also chorisch, denn es ist kaum denkbar, dass zur damaligen Zeit Kinder solche Virtuosität besaßen, um die anspruchsvollen Partien einwandfrei singen zu können.

Mauersberger komponierte mehrere Stücke speziell für mich. Jedes Mal, wenn er aus einem Oster- oder Sommerurlaub zurückkehrte, brachte er eine Komposition mit, die er eigens für meine sängerischen Möglichkeiten, für meinen Stimmumfang konzipiert hatte. Er kannte sich mit meiner Stimme genau aus, er wusste um ihre Klippen, er berücksichtigte die besondere Klangfarbe, und so entstanden jene Kompositionen, die sozusagen für meinen Knabenalt „maßgeschneidert" waren. Diese Lieder und Motetten wurden zu einem großen Teil auf Tonband aufgenommen, einige davon sind auf jener Schallplatte zu hören, die mich gleichermaßen als Altsolisten und als Tenor vorstellt.

Die solistische Arbeit bringt verständlicherweise gewisse psychologische Probleme mit sich. Wenn man in solcher Gemeinschaft plötzlich aus der Menge herausgehoben und von den Pädagogen vielleicht nicht immer mit großem Geschick geführt wird, kann es das Verhältnis zu den Mitschülern beeinträchtigen, und auch die charakterliche Entwicklung kann nachteilig beeinflusst werden. Aber hier wirkte die Erziehung in der Gemeinschaft und durch die Gemeinschaft als natürliches Regulativ. Die älteren Kruzianer, unsere Bässe und Tenöre, achteten schon darauf, dass der kleine Altist nicht überheblich wurde, wiesen ihn bisweilen durch Hänseleien in seine Schranken.

Dennoch wurden in der Behandlung des jungen Chorsängers auch Fehler gemacht. Jedenfalls hatte ich damals einige kritische Situationen durchzustehen. Es wurde von mir vorzeitig ein Maß an Reife gefordert, wie man es bei einem Jungen dieses Alters eben nicht voraussetzen dürfte. Die Aufgaben mussten mit Ernst erfüllt werden, die hohen Anforderungen erlaubten es nicht, mit kindlicher Unbefangenheit oder Unbekümmertheit zu reagieren.

Die solistischen Pflichten haben bei mir frühzeitig Verantwortungsgefühl entstehen lassen. Ich wusste ja, dass ich am Abend im Konzert mein Bestes geben musste; ein Versagen hätte dem Ansehen des Chores geschadet. Solche Verpflichtung kann belastend sein, aber mich hat sie eher angespornt, sie hat mir Selbstvertrauen gegeben – eine solide Basis für meinen späteren Beruf, der neben sängerischer Leistung zugleich Sicherheit des Auftretens erfordert.

Eine weitere verpflichtende Aufgabe kam ungewöhnlich früh auf mich zu: Bereits als Schüler der elften Klasse, also im Alter von 17 Jahren, bekam ich das Amt des Chorpräfekten, der die rechte Hand des Kreuzkantors war, übertragen. Mein Vorgänger, ein geborener Musikant, hatte sich im Internat das Leben genommen – aus Verzweiflung über sein Versagen in der Schule, vor allem aber wegen einer fortschreitenden Lähmung der linken Hand. Sein Tod erschütterte uns alle. Professor Mauersberger bestimmte mich zum Nachfol-

Erste solistische Aufgaben im Kreuzchor – Auftakt der Sängerkarriere

ger – ein Jahr früher, als es sonst üblich war. Das brachte mich in die Lage, als Präfekt mit Schülern zu arbeiten, die älter waren als ich. Die nicht ganz leichte Situation war nur zu meistern, indem ich den Älteren bewies, dass ich diese Aufgabe „ in den Griff" bekam.

Wenn man in so jungen Jahren in eine derart verantwortungsvolle Position gelangt, liegt die Gefahr nahe, dass man die Veränderung innerlich nicht verarbeitet, dass man die verliehene Autorität falsch gebraucht, dass man vielleicht nicht den angemessenen Ton gegenüber dem Chor findet. Das kann eine sich gerade entfaltende Persönlichkeit stark beeinträchtigen, kann aber auch die Entwicklung fördern und das Selbstwertgefühl stärken. Für den Umgang mit einem Chorensemble habe ich in meinen Präfektenjahren eine Menge gelernt. Ich war mir durchaus der Größe der Aufgabe bewusst, die ich übernommen hatte. Jedem Kruzianer wird im Laufe seiner Chortätigkeit klar, dass er einer Gemeinschaft von künstlerischem Rang angehört, die eine jahrhundertelange Tradition und einen hohen internationalen Ruf repräsentiert und täglich neu bestätigen muss.

Zu meiner Kruzianerzeit war die Kreuzschule ein Gymnasium, in dem vor allem alte Sprachen gepflegt wurden. Acht Stunden Griechisch und sechs Stunden Latein gehörten zu unserem wöchentlichen Pensum, und das mehrere Jahre hindurch. Natürlich haben wir nicht nur die Sprachen gebüffelt, sondern auch viel von der griechischen Kultur kennen gelernt. Für seine Allgemeinbildung hat wohl jeder Kreuzschüler enorm profitiert. Doch finde ich die heutige Situation günstiger, in der jeder seiner Begabung und seinen speziellen Interessen folgend entweder neue Sprachen oder naturwissenschaftliche Disziplinen als Hauptfächer wählen kann.

In den letzten Jahren ist übrigens die Zahl der Kruzianer, die sich für einen musikalischen Beruf entscheiden, erheblich angestiegen. Diese Tendenz finde ich erfreulich, denn ein bisschen sehe ich den Kreuzchor auch als „Talentschmiede" für kommende Musikergenerationen. Das Bestreben sollte nach meinem Dafürhalten noch konsequenter verfolgt und die musikalische Bildung auch im Unterricht intensiver betrieben werden – mit dem Musikstudium als Ziel.

Eine willkommene Abwechslung für uns Kruzianer, die wir damals ausschließlich in männlicher Gemeinschaft lebten, bedeutete die Tanzstunde. Auf diese Weise sollten wir den Umgang mit Mädchen lernen, und wir stellten uns dabei zunächst einigermaßen täppisch an. Doch allmählich gewannen wir Spaß daran – als wir nämlich merkten, dass auch die Mädchen sich für uns interessierten, Vespern und Konzerte besuchten und danach vor der Kirche oder dem Konzertsaal auf uns warteten. Es geschah immer häufiger, dass einige von uns ein Mädchen nach Hause begleiteten. Dabei kam es zuweilen vor, dass einer den „Zapfenstreich" im Internat verpasste. Ganz Findige hatten sich für die riesigen Türen primitive Nachschlüssel zu verschaffen gewusst, die unter der Hand weitergereicht und auch von mir gelegentlich benutzt wurden. Als ich eines Abends ziemlich spät heimkam und mir mit Hilfe eines solchen Schlüssels Einlass verschaffen wollte, legte sich eine Hand auf meine Schulter. Es war Alumnatsinspektor Dr. Arthur Gebauer, der auf säumige Heimkehrer gewartet hatte und nun die Nachschlüssel konfiszierte.

Die Erinnerung an die Kreuzchorzeit ist nicht zuletzt mit den Eindrücken von vielen schönen Reisen verknüpft. Wir traten schon damals, kurz nach dem Krieg, mehrfach in Schweden, in der Schweiz und in Holland auf und taten mit unseren Konzerten kund, dass das Dresdner Musikleben wieder in Gang kam. Der Kreuzchor hatte sehr rasch die alte Leistungshöhe wieder gewonnen und gab auf diesen Reisen Zeugnis von der ungebrochenen Dresdner Musiktradition.

Für uns Kinder hatten diese Reisen noch einen ganz vordergründigen, erfreulichen Aspekt. Bei uns daheim war die Ernährungslage nicht gerade günstig, während es in der Schweiz oder in Schweden an nichts mangelte. Und das haben wir natürlich genossen. Von unseren dortigen Quartiereltern wurden wir sehr verwöhnt; zu einigen von ihnen halten ehemalige Kruzianer heute noch freundschaftliche Kontakte.

Einen sicheren Ansporn für alle jungen Sänger hatte Rudolf Mauersberger mit seinem Leistungssystem geschaffen. Es gab eine ständige Besetzungsliste, eine Art Leistungsbarometer, und jeder musste errungene Positionen verteidigen, es gab kein Ausruhen auf einmal gewonnenen Lorbeeren. Der Leistungsspiegel kam zustande durch die Ergebnisse beim Vorsingen und durch solistische Arbeit. Wer auf der Liste nach unten rutschte, musste damit rechnen, von einer Tournee, deren Teilnehmerzahl begrenzt war, ausgeschlossen zu werden.

Wohl jeder Kruzianer erinnert sich mit Vergnügen so mancher Anekdote und heiteren Episode von den Reisen. Da sangen wir einmal in Schweden, im Dom zu Lund, „Wie liegt die Stadt so wüst" – eine textlich und musikalisch überaus wirkungsvolle Komposition von Mauersberger, geschaffen im Gedenken an die Zerstörung Dresdens im Februar 1945. Am Schluss des Werkes hatten unsere zweiten Bässe ein tiefes F zu singen. Nun haben ja jüngere Sänger mit der Tiefe immer ein bisschen Schwierigkeiten, und um sich die Sache zu erleichtern, sicher auch des Spaßes wegen, hatte sich einer von den Bässen etwas Besonderes ausgedacht. Er nahm die F-Pfeife aus der Domorgel heraus, stellte sie vor sich hin, und am Schluss blies er einfach hinein, so dass Mauersberger erschrocken zusammenfuhr ob der ungewöhnlichen Klangfarbe seines Chores.

Aus dem Gesagten geht hervor, dass meine künstlerische Laufbahn durch Rudolf Mauersberger entscheidend beeinflusst wurde. Wenn ich von meinem Verhältnis zu diesem hervorragenden Chorleiter und Pädagogen spreche, so muss ich vorausschicken, dass ich bis zu einem gewissen Grad bei ihm eine Ausnahmeposition hatte, weil er wohl in mir einen Knabenchoristen sah, der seinem Ideal entsprach – von der stimmlichen Eignung her und auch durch die Art, seine Intentionen umzusetzen, sich für den Chor und dessen Belange zu engagieren, sich einzuordnen. Was uns Kruzianer an ihm beeindruckte, das waren Bestimmtheit und Energie, sein unbedingter Einsatz für den Chor, für dessen Prestige und Leistung. Diese Haltung war uns Vorbild, wir begriffen: Das Engagement jedes einzelnen ist wichtig für das Gelingen unserer Arbeit. Und diese Disziplin, dieses Einstehen füreinander, hat sich auf das Niveau des Kreuzchores nicht unbeträchtlich ausgewirkt. Es galt uns zum Beispiel fast als sträflich, krank zu sein. Das klingt hart und sogar unverständlich. Aber es sagt etwas über die innere Einstellung zu den Pflichten aus, die wir Chormitglieder hatten. Jeder wusste, dass er gebraucht wurde und dieser Ensemblegeist beeinflusste psychologisch auch unser Verhältnis zum Kranksein. Im Kreuzchor herrschte ein strenges Leistungsprinzip, und für die meisten war das ein Ansporn, sich zu disziplinieren und beispielsweise nicht durch Leichtsinn oder Unachtsamkeit Erkrankungen zu verursachen.

Rudolf Mauersberger war kein Fanatiker der musikalischen Präzision, ihm ging es nicht vorrangig um brillante Konzertdarbietungen mit Hi-Fi-

Charakter. Er war ein Musiker, der seine Arbeit ganz im Dienste der Liturgie sah. Und ihm kam es in erster Linie auf den Inhalt des Musizierens an, darauf, dass der Chor mit seiner Klangkultur sich in den Dienst der Verkündigung stellte. Aus dieser Einstellung heraus ist auch seine besondere Sorgfalt für die Ausgestaltung der Gottesdienste, der Christvespern zu verstehen. Die jeweilige Zeit des Kirchenjahres pflegte er durch die betreffenden Farben auf den Kragen der Kurrendemäntel anzuzeigen. Aus der Christvesper machte er geradezu eine Dresdner Attraktion. Damit forderte und gewann er starke Anteilnahme der Zuhörer. Die Vespern und Gottesdienste waren immer sehr gut besucht, und das war zu einem nicht geringen Teil das Verdienst Mauersbergers.

Mauersbergers chorerzieherische Arbeit wirkte auf den ersten Blick vielleicht ernüchternd, weder stimmbildnerisch noch in anderer gesangsschulender Hinsicht wurde sonderlich viel getan. Aber er besaß einen eminenten Klangsinn. Er wusste genau, wie er einen Chorsänger platzieren musste. Einen Jungen mit etwas metallischer, trompetenhafter Stimme setzte er zwischen andere mit sehr weichen Stimmen, damit sich der Klang mischte. Und schon bei der Auswahl der Kinder aus den Vorbereitungsklassen, bei den Aufnahmeprüfungen, hörte er genau, welche Stimme sich gut in den Chorklang einfügen würde. Diese lebenslange Beschäftigung mit den Eigenheiten des Knabenchorklanges machte wohl das große Geheimnis dieses Kreuzkantors aus.

Urlaubssommer und Konzertwinter

Mit der Aufnahme in den Kreuzchor hatte sich mir ein gänzlich anderer Lebenskreis eröffnet. Ich löste mich allmählich aus der ländlichen Sphäre, und ich gewann dafür größere Selbständigkeit, erschloss mir neue Interessenbereiche. Dennoch war es für mich eine große Freude, wenn uns Kruzianern in den Sommerferien ein Aufenthalt auf dem Lande ermöglicht wurde. Gerade in den ersten Nachkriegsjahren war das schon deshalb von besonderem Reiz, weil es dort ausreichend zu essen gab.

Ich kam zu einem Bauern nach Oberbobritzsch, einer kleinen Gemeinde im Kreis Freiberg. Aus der Gastfreundschaft, die mir gewährt wurde, erwuchs in der Folgezeit eine enge Freundschaft zwischen unseren Familien, so dass ich dort später jedes Jahr in den Schulferien mit meinem Bruder eingeladen war. Obwohl ich als Dresdner galt, denn ich lebte ja nun im Internat der Kreuzschule, wurde ich nicht wie ein „Stadtkind" behandelt, sondern in das bäuerliche Leben integriert – was meinem Naturell entgegenkam. Ich führte Arbeiten aus wie die anderen Jungen aus dem Dorf, brachte den Männern das zweite Frühstück aufs Feld, durfte auch mal den Pferdewagen kutschieren oder die Pferde abspannen helfen.

Wir lebten wie die Kinder der Familie und passten uns ganz dem bäuerlichen Lebensrhythmus an. Wir standen zeitig auf, halfen beim Ausmisten des Kuhstalls, schafften die Milchkrüge fort. Und so liefen die Tage auf eine natürliche, harmonische, meinem Empfinden ganz gemäße Art ab. Abends wurde manchmal musiziert – die meisten Familienmitglieder waren musisch interessiert; schließlich war die Bäuerin die Tochter des Kantors im Ort.

Diese Urlaubssommer in Oberbobritzsch haben auch insofern eine besondere Bedeutung für mich, als ich später – bereits ein bekannter Sänger – im benachbarten Niederbobritz mehrfach im Kulturhaus aufgetreten bin. Der Sender Dresden hatte mich gebeten, zum so genannten Konzertwinter auf dem Lande Liederabende zu geben. In einer Veranstaltung des Fernsehens der DDR habe ich dort etwa Lieder des 16. und 17. Jahrhunderts gesungen. Durch die Programme dieses „Konzertwinters" wurde die Landbevölkerung ganz behutsam und zugleich systematisch zum Musikgenuss geführt, und inzwischen ist aus einem anfänglich vielleicht noch vagen Interesse ein wirkliches Bedürfnis erwachsen. Die Dorfbewohner möchten diese Konzerte nicht mehr missen, sie bedeuten ihnen willkommenen Ausgleich für ihre anstrengende Arbeit in der Landwirtschaft. In neuerer Zeit haben sich diese Aktivitäten wieder stärker in den Bereich der Kirche verlagert. Ende der neunziger Jahre bin ich noch einmal mit einem Liederabend in Niederbobritzsch aufgetreten und habe Bachs Schemelli-Lieder gesungen.

Auch meine Ferieneltern von damals gehören zu den Besuchern meiner Konzerte, die ich keineswegs als eine Art moralischer Verpflichtung empfinde, sondern die mir sehr wichtig sind. Ich brauche diese Abende geradezu, um zu erfahren, wie ein unverbildetes Publikum auf meine Liedgestaltung reagiert. Wenn ich im Musikvereinssaal in Wien oder im Concertgebouw von Amsterdam oder auch in der Staatsoper Berlin auftrete, sind unter den Zuhörern immer auch Leute, die mit einer fast gelangweilten Attitüde von Kunstübersättigung darauf waren, ob ihnen heute etwas „Außerordentliches" geboten wird. Auf dem Dorf hingegen kommen die Menschen aufgeschlossen ins Konzert, um durch die Musik erfreut und bereichert zu werden.

Andererseits muss ich mich auf spezifische Erwartungen eines solchen Publikums einstellen, das vielleicht zunächst nur von dem Namen Peter Schreier angelockt wird und erfahren möchte, was denn nun eigentlich an diesem Sänger und seinen Liedern sei. Da muss man noch entschiedener als sonst seine ganze Persönlichkeit und ein hohes Maß an Intensität einsetzen, um die Aufmerksamkeit zu gewinnen und auf den Charakter der Musik zu lenken. Man muss die Hörer zum Verständnis eines Werkes und zur Liebe zur Musik führen, damit ein solches Konzert nicht nur Genuss bietet, sondern zugleich eine ästhetische Bildungsfunktion erfüllt. Wenn die Leute nach einem Tag, der mit körperlich schwerer Arbeit angefüllt war, ins Konzert kommen, bedarf es eines engagierten Einsatzes, um sie zu fesseln.

Als ich mit dem schon erwähnten Programm alter Lieder nach Niederbobritzsch kam, war ich gespannt, wie diese Stücke, die dem heutigen Geschmack und Verständnis sicher fern sind, aufgenommen würden. Die Capella Fidicinia begleitete mich auf alten Instrumenten wie Zinken, Gamben und Mandolinen. Wir wurden herzlich und temperamentvoll empfangen. Dann aber kehrte eine wundervolle Ruhe, eine erwartungsvolle Stille ein.

Man hätte die berühmte Nadel zu Boden fallen hören können. Es war ein „leiser" Abend, aber die Lieder taten ihre Wirkung. Das Publikum folgte mit erstaunlicher Konzentration. Am Schluss hatte ich das Gefühl, man hätte noch länger dieser Musik gelauscht. Stürmisch wurden Zugaben verlangt.

Der heilsame Irrtum: Start unter Schwierigkeiten

Meine Studienzeit begann mit einem Irrtum; die ersten Schritte führten mich gleichsam in eine Sackgasse. Ich hatte geglaubt, man könne Gesang sozusagen abstrakt studieren, losgelöst von all dem, was nun einmal zum Sängerberuf gehört und auch eine Hochschulausbildung begleitet, losgelöst also von den theoretischen Fächern, der gemeinsamen Arbeit, der Konfrontation mit anderen Sängern oder Gesangsstudenten, vom Wetteifern, von der Anregung, die von mehreren Lehrern mit vielleicht unterschiedlichen Auffassungen ausgehen kann. Ich hatte mir in den Kopf gesetzt, ein Privatstudium zu beginnen. Mauersberger empfahl mir seinen Studienfreund Fritz Polster in Leipzig als Lehrer. Im Kreuzchor sollte ich weiterhin als stimmlicher Mentor tätig bleiben. Von dem damit verbundenen kleinen Gehalt wollte ich mein Studium in Leipzig finanzieren. Die Folgen einer solchen doch sehr einseitigen Ausbildung habe ich natürlich nicht voraussehen können.

Meine musikalische Erziehung und stimmliche Entwicklung im Kreuzchor erlaubten es mir, schon als Achtzehn- und Neunzehnjähriger kleinere solistische Aufgaben in Kantoreien der Umgebung von Dresden und bis hinein nach Thüringen zu übernehmen. Ich sang den Evangelisten im Weihnachtsoratorium von Bach, auch die Schütz-Passionen, die stimmlich nicht allzu anspruchsvoll sind. Als Altist im Kreuzchor hatte ich bereits solistische Erfahrungen gewonnen und mir auch einen Namen gemacht. Alle diese Umstände ließen mich blind sein gegenüber den Gefahren, denen ich mich aussetzen sollte. Häufig wird man erst durch Schaden klug, und davon will ich hier reden.

Als Zwanzigjähriger erhielt ich – durch Vermittlung von Fritz Polster – das Angebot, erstmals den Evangelisten in Bachs Matthäus-Passion zu singen – und zwar im Dom zu Bremen. Das Werk kannte ich ja recht gut, seit rund zehn Jahren hatte ich die Passion jeweils in der vorösterlichen Zeit zwei- bis dreimal im Knabenchor gesungen, dann auch als Präfekt die Aufgabe erhalten, den Cantus firmus im Eingangschor zu dirigieren. Das war kein ganz leichtes Unterfangen, denn die Cantus-firmus-Knaben standen oben auf der Empore, der ganze übrige Aufführungsapparat aber befand sich im Altarraum der Kreuzkirche. Jeder Musiker weiß, wie schwierig es ist, über beträchtliche Entfernung hinweg exakt einzusetzen. Auf Grund der akustischen Verzögerung durch die räumliche Distanz wäre man in jedem Fall zu spät, ob man nun auf den Schlag des Dirigenten oder gar nach dem Gehör singen wollte.

Jedenfalls gab mir die langjährige Vertrautheit mit der Matthäus-Passion eine gewisse Sicherheit, auch den Mut, die Partie des Evangelisten zu übernehmen. Ich ging relativ unbefangen an die Aufgabe heran, ich hatte den Evangelisten gut studiert. Zu Hause beim Probieren klappte alles sehr gut. Aber dieses Werk stellt stimmlich doch immense Anforderungen, es sind beträchtliche Höhen zu meistern, trotz der erforderlichen Deklamation muss man stimmlich Leichtigkeit bewahren und darf die gesangliche Linie nicht verlieren.

Am Palmsonntag 1956 debütierte ich in Bremen als Evangelist. Das Konzert verlief zufriedenstellend. Sicher bot ich damals keine erstrangige Leistung, aber ich sang zumindest so, dass die Zuhörer in mir einen künftigen Evangelisten erkennen konnten. Doch nun nahte das Verhängnis. Noch in derselben Woche – am Gründonnerstag und am Karfreitag – sollte ich unter Rudolf Mauersbergers Leitung die Matthäus-Passion auch in Dresden singen, in der riesigen Kreuzkirche – vor 3500 Personen! Mauersberger setzte grenzenloses Vertrauen in mich, und auch mein Lehrer Fritz Polster hatte offenbar keine Bedenken, mich diese umfängliche und stimmlich heikle Partie singen zu lassen.

Bei der Probe gab es auch keine Probleme, ich eiferte jenen Tenören nach, die ich an gleicher Stätte als Evangelisten erlebt hatte und die meine bewunderten Vorbilder waren: Werner Liebing, Rolf Apreck, Lorenz Fehenberger – um nur einige zu nennen. Beim Konzert am Gründonnerstag aber spürte ich schon im ersten Teil deutlich Ermüdungserscheinungen. Sie lassen sich ganz sicher schon aus der psychisch sehr belastenden Situation erklären: In der vollen Kreuzkirche wurde mir plötzlich klar, welche Riesenverantwortung ich da übernommen hatte. Die ohnehin nicht leichte Aufgabe stand wie ein unüberwindlicher Berg vor mir. Mir wurde mit einem Schlag die Vermessenheit bewusst, als unerfahrener Sänger an dieser traditionsreichen Stätte und vor diesem Auditorium die gewaltige Partie durchstehen zu wollen.

Der Gedanke lähmte mich geradezu. Ich musste mich anstrengen, infolgedessen forcierte ich gewaltig, und am Schluss des ersten Teils hatte ich das

Gefühl, ich könnte nicht mehr weitersingen. Solche Ängstlichkeit in der ohnehin schwierigen Lage genügte, dass ich tatsächlich nicht mehr singen konnte. Im zweiten Teil sprach, ja flüsterte ich nur noch. Es zeigten sich ganz typische Erscheinungen völlig überanstrengter Stimmbänder, die nicht mehr schlossen und darum keinen Ton mehr bilden ließen. Das Konzert wurde ein Fiasko. Schließlich trägt der Evangelist ganz erheblich die Aufführung, und gerade von dem bekam das Publikum kaum noch etwas zu hören. Mauersberger war selbst nie Sänger, und er hatte wohl nicht einschätzen können, welche Belastung er mir mit dieser Partie zugemutet hatte.

An diesem Abend ging ich völlig geknickt und mit Selbstmordgedanken nach Hause. Meine Eltern erwiesen sich als sehr verständnisvoll, sie sprachen mir Mut zu. Mein ganzes Sinnen war nun darauf gerichtet, bis zum nächsten Abend wieder stimmlich intakt zu sein. Irgendwann hatte ich Sängerprofis davon reden hören, für solche Fälle gäbe es phantastisch wirkende „Silberspritzen", die das Übel in wenigen Stunden beseitigen. Der Arzt, den ich am nächsten Morgen aufsuchte, musste meine naiven Hoffnungen zerstören. Ein solches Wundermittel, um die Stimme von einer Stunde zur anderen zu reparieren, gäbe es nicht. Und dann machte er mir klar, dass ich gründlich überfordert worden war, dass mir einfach die soliden Voraussetzungen für einen solchen Kraftakt fehlten.

Meine Eltern übernahmen die unerfreuliche Aufgabe, Mauersberger zu verständigen, dass ich am Abend nicht singen könnte. Der alte Herr war außer sich, fühlte sich von mir im Stich gelassen, ich war „erledigt" für ihn. Man muss seinen Groll verstehen: Die Kreuzkirche war ausverkauft, die Chance, am Karfreitag noch irgendwo einen zulänglichen Evangelisten für die Matthäus-Passion zu bekommen, äußerst gering. Er fand dann wohl auch nur einen Sänger, der die Partie nicht studiert hatte und viel Verwirrung in die Aufführung trug. Das Debakel war kaum geringer als am Abend zuvor. Mein Verhältnis zu Mauersberger war nach dieser Affäre für lange Zeit getrübt. Erst nach einigen Jahren haben wir uns wieder ausgesöhnt. Ich sang dann in vielen seiner Aufführungen und konnte mich also bei ihm voll rehabilitieren. Wie viele von den enttäuschten 3500 Zuhörern später doch noch meine Konzerte besucht haben, vermag ich nicht zu sagen.

Jener schlimme Gründonnerstag aber bedeutete für mein Leben eine entscheidende Zäsur. Der Weltuntergangsstimmung folgte die Läuterung. Ich begann über mich nachzudenken. Zunächst einmal war ungewiss, ob ich überhaupt wieder singen könnte. Als die Stimme sich erholt hatte, wurde mir bewusst, dass ich meine Sängerlaufbahn auf einer soliden Grundlage beginnen müsste, dass die bisherige Form der Ausbildung nicht ausreichte.

Fritz Polster war ohne Zweifel ein guter Pädagoge – vor allem für Konzertsänger. Für mein Gefühl behandelte er aber die Stimmen zu vorsichtig, zu einseitig. Zum richtigen Singen gehört auch das Bewusstsein, mit der Stimme einen Raum füllen zu müssen. Es genügt nicht, einen Sänger auf ästhetisch schönen Klang zu schulen. In der Praxis sind auch viele andere Momente – wie Resonanzverstärkung und dergleichen – ausschlaggebend. Auf keinen Fall aber dürfte ein Sänger im Frühstadium seiner Ausbildung schon mit so schwierigen Aufgaben betraut werden. All diese Zusammenhänge machte ich mir nun deutlich, und ich entschloss mich dazu, ein reguläres Hochschulstudium aufzunehmen.

In Dresden, wo ich als Altsolist des Kreuzchores schon einigermaßen bekannt war, hatte sich natürlich wie ein Lauffeuer die Nachricht verbreitet: Der Peter Schreier ist gescheitert, ein brauchbarer Tenor wird aus dem nicht. Das stachelte mich zusätzlich an. Ich wollte mir und den anderen beweisen, was in mir steckte. Gerade in jenen Tagen fanden in Dresden an der Musikhochschule die Aufnahmeprüfungen für das neue Studienjahr statt. Ich stellte mich vor, und ein Mann, dem ich bis zu seinem Tode sehr verbunden war, nahm sich sogleich meiner an: Professor Herbert Winkler, der damalige Leiter der Gesangsklasse. Er erkannte, dass bei mir gutes Material vorhanden war, das Schulung und eine Zeit des Reifens brauchte und eine vorzeitige Konfrontation mit dem Publikum in derart nervenaufreibenden Aufführungen nicht vertrug.

Bis zum Studienbeginn blieb mir noch ein knappes halbes Jahr, das ich nutzen wollte. Durch Zufall erfuhr ich, dass im Leipziger Rundfunkchor vorübergehend eine Tenorstelle vakant war. Chefdirigent Herbert Kegel verpflichtete mich, und so sang ich einige Monate lang in dieser schon damals sehr leistungsstarken Chorgemeinschaft. Ich erlebte den Chorgesang hier einmal in ganz anderer Art, als ich das vom Kreuzchor her kannte: in hoher Perfektion und Ausdrucksgestaltung durch professionelle Sänger. Ich lernte auch neue Literatur kennen, wie etwa die wundervollen „Bilder aus der Mátra-Gegend" von Kodály oder Dallapiccolas „Gesänge aus dem Kerker".

In diesen Wochen und Monaten konnte sich auch mein Selbstbewusstsein erneuern, das doch beträchtlich gelitten hatte. Eine Zeitlang hatte mich das Gefühl bedrückt, jeder zweite Passant auf der Straße sähe mich schief an wegen meines misslungenen Auftritts – eine Einbildung, über die ich heute lächle. Mein „Einbruch" erscheint mir keineswegs mehr so tragisch, sondern als ein menschliches Versagen, wie es jedem widerfahren kann.

Im Leipziger Rundfunkchor herrschte ein menschlich angenehmes Klima, es gab viel Spaß in dieser Gemeinschaft. Ich zähle diese Monate ganz bewusst zu meiner Studienzeit. Im Kreuzchor waren wir bis zu einem gewissen Grade einseitig ausgebildet worden: auf die Spezifik der Knabenstimmen ausgerichtet, ganz auf Klangkultur eingeschworen, weniger auf Deklamation, auf eine bestimmte Literatur beschränkt. Jetzt erlebte ich eine ganz neue Art der Chorarbeit, ein bis ins letzte Detail ausgefeiltes Musizieren, wie es wohl nur mit versierten Berufssängern möglich ist. Herbert Kegel stellte hohe Anforderungen an die Sänger, für manche schien das bis an die Grenzen ihrer nervlichen Belastbarkeit zu gehen. Ich erinnere mich, dass die Damen mitunter Herzbeklemmungen und Ohnmachten bekamen ob der Unerbittlichkeit des Probenstils. Ich empfand keine Anstrengung, sondern fühlte mich eher herausgefordert.

Im September begann in Dresden mein erstes Semester an der Hochschule. Dank der vorzüglichen und sehr einfühlsamen Ausbildung durch Professor Winkler hatte ich mich bald wieder gefangen. Ich erkannte, woran ich besonders arbeiten musste, und allmählich wuchs die Stimme, wurde modulations- und auch strapazierfähiger. Nach einem Jahr Hochschulstudium konnte ich schon wieder kleinere solistische Aufgaben übernehmen, die mir Podiumssicherheit gaben – für eine sängerische Entwicklung sehr wichtig. Ich meine, es ist nicht günstig, wenn ein Student gleichsam „im eigenen Saft" schmort und sich nur in der Hochschule produziert.

Der Lehrplan an der Hochschule schließt viele Disziplinen ein, die für die umfassende Ausbildung eines Sängers förderlich und teilweise unerlässlich sind: Klavier, Musiktheorie, Musikgeschichte, Harmonielehre, Ästhetik, dramatischer Unterricht, Italienisch, Gehörbildung. Der Gesangsunterricht selbst kam – jedenfalls auf dem Papier – etwas knapp weg: mit zwei Stunden in der Woche. Aber durch meinen guten persönlichen Kontakt zu Professor Winkler, der meine sängerische Begabung für viel versprechend hielt, hatte ich fast täglich Gesangsstunden. Manchmal bestellte er mich sogar sonntags in seine Wohnung. Das Studium ließ sich also erfreulich an.

Vom Kreuzchor her hatte ich guten Kontakt zu einem ehemaligen Kruzianer, der an der Hochschule das Fach Dirigieren studierte: Reinhard Tschache. Als Nebenfach hatte er auch Gesang belegt. Im Leipziger Rundfunkchor waren wir uns wieder begegnet und hatten unsere alten Beziehungen aufgefrischt. Reinhard Tschache wollte sich auf Liedbegleitung spezialisieren, und wir haben gemeinsam ganze Programme erarbeitet – mit Werken von Prokofjew, Ravel, Débussy, Reger und anderen. Jedes Stück wurde ausgefeilt mit einer Sorgfalt, als ginge es um große Liederabende – an die ja vorerst gar nicht zu denken war –, als müsste jeder Vers musikalisch und von der Gestaltung her „schallplattenreif" studiert werden. Dieses intensive Proben, fern von Oberflächlichkeit und Beiläufigkeit, hat sich für mich so vorteilhaft ausgewirkt, dass ich auf dem Gebiet des Liedgesanges frühzeitig meine eigenen Wege gehen konnte.

Nach drei Jahren Hochschulstudium hatte ich schon einige Nebenfächer abgeschlossen, die mir aufgrund meiner soliden Vorbildung durch den Kreuzchor keine große Mühe bereiteten – etwa Gehörbildung, Theorie oder Musikgeschichte. Ich konnte mich dafür mehr auf die Gesangsstudien konzentrieren und mich stärker dem dramatischen Unterricht widmen. Gerade in diesem Bereich musste ich nicht nur mich selbst, sondern auch Vorurteile der Lehrkräfte überwinden, die in mir den braven Kruzianer sahen, von dem als Bühnendarsteller nicht viel zu erwarten sei.

Doch hier machte ich bald Fortschritte, und erheblich geholfen hat mir dabei die Gemeinschaft der Gesangsklasse. Wir waren etwa fünfzehn Studenten, eine ziemlich lustige Gesellschaft. Wir hatten viel Spaß miteinander, und wir spornten uns gegenseitig an – in jenem Alter ist bei den meisten der Ehrgeiz ausgeprägt. Jeder hatte seine Schwächen und seine starken Seiten, was dem einen leicht fiel, war für den anderen ein Problem, und so konnten wir uns häufig gegenseitig behilflich sein.

Ich erinnere mich mit Vergnügen einer szenischen Aufführung des „Abu Hassan" von Carl Maria von Weber, die im Zusammenwirken mit dem eben entstandenen Arbeitertheater des Sachsenwerkes Niedersedlitz einstudiert wurde. Wir Studenten übernahmen die solistischen Partien, das Arbeitertheater stellte das Orchester und den Chor. Das war eine für alle erquickliche Arbeit, unbelastet von irgendwelchem inneren Zwang zu höchster Leistung. Es stand ja noch nichts auf dem Spiel, wir konnten unbefangen und leichten Sinnes an die Aufführung herangehen.

Zu den einprägsamen Erlebnissen meiner Hochschulzeit gehört auch ein Austausch mit der Musikhochschule in Bratislava. Wir waren eine kleine Gruppe von Studenten und Dozenten unter der Leitung des Pianisten Prof. Schneider-Marfels, die nach Bratislava reisten. Dort wurden wir ehrenvoll – fast wie eine Regierungsdelegation – empfangen. Wir gaben ein Konzert mit eigens dafür ausgewähltem Programm. Wir sahen die Sehenswürdigkeiten der Stadt, wurden zu einer Weinprobe in das Innere des Landes gefahren, besuchten das berühmte Rheumabad Piešťány (Pistyan).

Wenn ich heute bei meinen Gastspielen einem Kommilitonen aus dieser Dresdner Zeit begegne, erinnern wir uns gern der gemeinsamen Erlebnisse. Auch in vielen Orchestern treffe ich auf Studienfreunde, mit denen ich gemeinsam manchen Ulk und Unfug getrieben habe. Die Hochschule für Musik war damals mit einigen Disziplinen in einer großen Villa im Dresdner Ortsteil Blasewitz untergebracht. Dort ging es sehr beengt zu. Die Übungsräume reichten für die große Zahl von Studenten nie aus, zumal viele von ihnen, wegen des Wohnraummangels, zu Hause keine Möglichkeiten zum Üben hatten. Andererseits förderte dieses enge Zusammenleben den persönlichen Kontakt; die Gemeinschaft der Studierenden trug beinahe familiäre Züge.

Bei solchem Zusammenhalt und täglichem Miteinander kommen die verschiedenen Charaktere prägnant zur Geltung. Mit Vergnügen erinnere ich mich an meinen Sängerkollegen Conrad Stopp, ein wirkliches Original. Er hatte zum Beispiel die Angewohnheit, an Tagen, da er besonders gut bei Stimme war, auf den Turm der Villa zu steigen und von dort herab aller Welt kundzutun, was für ein prächtiges hohes C er schmettern konnte. Einmal griff er sich eines der Hühner des Hausmeisters, trug es unter seinem Jackett in den Speisesaal und setzte das erregt gackernde und flügelschlagende Tier einer der ängstlichsten Pianistinnen auf den Teller.

Spaß, Humor und auch Albernheiten lockerten das Leben an der Hochschule auf und trugen dazu bei, dass die Studien nicht gar zu verbissen betrieben wurden. Bei den meisten angehenden Sängern ist beispielsweise die Klavierstunde nicht gerade beliebt, und jeder sucht sich nach Möglichkeit die unbequeme Last zu erleichtern. So kam es, dass ich als ahnungsloser Neuling Opfer einer kleinen Intrige wurde. Es hatte sich unter den Studenten herumgesprochen, dass ich am Klavier bereits mehr leistete, als gemeinhin von Sängern erwartet wurde. Der Zufall hatte es aber gefügt, dass ich einem Klavierlehrer zugewiesen wurde, der als besonders nachsichtig galt und darum besonders begehrt war. Was taten also meine lieben Kommilitonen? Sie verschworen sich, indem sie diesem Mann erzählten, ich sei noch keineswegs reif für seinen Unterricht. Die Folge war, dass ich einem sehr strengen, weniger beliebten Lehrer in die Hände geriet. Das alles durchschaute ich natürlich erst später. Aber die strenge Zucht tat mir sicher gut. Schließlich hatte ich damals schon Kapellmeisterambitionen, und dafür sind klavieristische Fertigkeiten unerlässlich.

In der Rückschau erscheinen mir die Jahre des Studiums in Dresden als eine glückliche, sorglose Zeit, die mich zu mir selbst kommen ließ. Im Kreuzchor war ich durch meine solistische Tätigkeit in eine Art Ausnahmesituation geraten, herausgehoben aus der Gemeinschaft der Chorsänger, und das ist für einen heranwachsenden Jugendlichen nicht ganz unbedenklich. Ein bisschen hatte ich damals wohl den festen Boden unter den Füßen verloren, insofern war der Einbruch mit der Matthäus-Passion zur rechten Zeit gekommen. Und das Studium half mir, die Wirklichkeitsbeziehungen wiederzufinden. Es war für mich eine Zeit des Neubeginns.

Da ich – wie schon gesagt – einige Nebenfächer vorzeitig abschließen konnte, nutzte ich die Zeit, um neben der Gesangsausbildung noch Dirigieren und Ensembleleitung bei Professor Martin Flämig, dem späteren Kreuzkantor, zu studieren. Die Arbeit eines Chorleiters interessierte mich seit meiner Kruzianerzeit, und als Präfekt hatte ich das ja schon praktizieren müssen. Jetzt konnte ich mich in diesem Fach methodisch schulen und gleichsam Lücken meiner musikalischen Bildung ausfüllen. Ich schloss das Fach Dirigieren und Chorerziehung ab, auch wenn das damals für mich noch keine Bedeutung hatte. Denn mein Ziel stand fest: die Sängerlaufbahn. Dass mir die Ausbildung als Ensembleleiter später von Nutzen sein würde, konnte ich damals noch nicht ahnen.

Im letzten Studienjahr heiratete ich und war nun stark interessiert daran, in Dresden zu bleiben. Für die Ausübung meines Berufs gab es vor allem zwei Möglichkeiten: entweder an eine kleinere Bühne zu gehen und dort schon das erste Fach zu singen, oder an einer größeren Bühne mit kleinen Partien anzufangen. Ein lyrischer Tenor ist von der stimmlichen Anlage her nicht so robust wie der Charakter- oder Heldentenor, und so schien es mir geraten, zunächst mit kleineren Aufgaben zu beginnen.

Seit rund einem halben Jahrhundert ein Paar: Renate und Peter Schreier

Ein günstiger Zufall fügte es, dass gerade zu der Zeit, als ich mein Studium beendete, ein Platz im Opernstudio der Dresdner Staatsoper frei wurde. Ich sang vor – die Bildnisarie des Tamino und „Odem der Liebe" aus „Così fan tutte" – und wurde zu meiner großen Freude angenommen. Mein Anfangsgehalt betrug 350 Mark, darüber war ich sehr froh. Vom Stipendium hatte es sich gerade so leben lassen, meine Frau verdiente als Krankengymnastin auch nicht eben viel, und außerdem stellte sich schon im ersten Ehejahr der Sohn Torsten ein. Da war die finanzielle Aufbesserung hochwillkommen.

Die Zeit im Opernstudio verlief ähnlich erfreulich und abwechslungsreich wie die Studienjahre. Wir waren eine muntere junge Schar – auch

Siegfried Vogel gehörte dazu –, wir hatten jeden Tag unseren Vortragsunterricht in der Staatsoper. Geleitet wurde er von Kammersänger Rudolf Dittrich, der bei der Arbeit an den verschiedensten Opernpartien seine reichen Erfahrungen als Bühnenkünstler an uns weitergab. Und irgendwann kam dann für jeden von uns die erste Bewährungsprobe: Wir durften in einer kleinen Partie an der traditionsreichen Dresdner Staatsoper auftreten. Meine Bühnenlaufbahn begann mit dem Ersten Gefangenen in Beethovens „Fidelio" am 19. August 1959.

Ist Singen erlernbar? Sicher ist Singen bis zu einem gewissen Grade erlernbar, aber bis zu welchem? In der Mathematik oder in naturwissenschaftlichen Disziplinen zum Beispiel gibt es methodische Lehrbücher mit einem Leitfaden, der einem schrittweise und systematisch das Vordringen in diesen Bereich gestattet. Doch für ein so kompliziertes Gebiet wie die Gesangstechnik gibt es keine allgemeingültige und erfolgssichere Methode. Natürlich wurden auch Lehrbücher für das Gesangsstudium erarbeitet, aber über das Vermitteln von Anfangsgründen gelangen sie kaum hinaus. Denn das Singen ist von den bei jedem Menschen anders gelagerten körperlichen Voraussetzungen derart abhängig, dass eine für alle Sänger verbindliche Empfehlung gar nicht denkbar ist.

Anders ist es noch mit der Atemtechnik, da gibt es gewisse verbindliche Grundregeln. Jedes gesunde Baby beginnt vom ersten Schrei an richtig zu atmen und solche natürliche physiologische Funktion ganz bewusst einzusetzen. Doch wer seinen Atem beherrscht, kann darum noch längst nicht singen. Ein Hauptproblem habe ich schon kurz benannt: Jeder menschliche Organismus ist in seinen Details etwas anders beschaffen. Bei dem einen ist das Zäpfchen etwas länger, bei dem anderen der Rachenraum etwas kleiner, bei jedem sind die Resonanzräume des Kopfes anders gewachsen. Wir brauchen uns nur die verschieden geformten Köpfe anzusehen oder daran zu denken, dass es keine zwei Gesichter gibt, die sich völlig gleichen. Es kommt hinzu, dass auch Luftröhre, Brustkorb, Zwerchfell bei jedem anders ausgeprägt sind. Ich deute das hier alles nur knapp an, um verständlich zu machen, dass jeder Mensch zum Singen körperlich ganz eigene Voraussetzungen mitbringt.

Ein guter Gesangslehrer müsste also mit jedem Sänger ganz individuell arbeiten, er dürfte – wenn er es an einem Vormittag vielleicht mit fünf verschiedenen Studenten zu tun hat – keinesfalls mit allen die gleichen Übungen machen. Ein Gesangspädagoge müsste im Grunde genaue Kenntnisse von der Anatomie und von den Körperfunktionen seines Schülers haben, um zu wissen, was er ihm abverlangen kann, wo dessen Möglichkeiten liegen. Sicher ist das ein bisschen hypothetisch, ich will damit auch nur verdeutlichen, vor welch komplizierter Aufgabe ein Gesangslehrer steht. In der Praxis wird er auch bei bestem Bemühen nicht über jene Schwelle hinausgelangen, hinter der das Singen überhaupt erst etwas mit Kunst zu tun hat, wo die Individualität des sängerischen Ausdrucks beginnt. Bis zu einer Grundstufe ist Singen also sicherlich erlernbar, bis dahin kann im Prinzip jeder gelangen. Doch eine Stimme zu einem Organ künstlerischer Aussage zu entwickeln, darin liegen die eigentlichen Aufgaben und eben auch die Schwierigkeiten der Gesangspädagogik. Ich selbst habe es bisher immer abgelehnt, Gesangsunterricht zu geben, weil ich um diese Probleme weiß. Zum Abschluss meines Studiums musste ich Gesangsunterricht geben, eine Art Lehrbefähigung nachweisen. Es ist im Grunde fast eine Zumutung, dass ein Anfänger, der selbst noch nicht richtig singen kann, anderen etwas beibringen soll, und es führt zwangsläufig dazu, dass man seine eigene stimmliche Funktion und eine gerade angeeignete „Technik" auf einen anderen zu übertragen sucht.

Jeder Mensch hat Stimmbänder, die in der Lage sind, Töne zu erzeugen. Das ist die Voraussetzung zum Sprechen und Singen. Aufgabe des Körpers ist es nun, die erzeugten Töne mit Hilfe der Resonanzräume zum Schwingen zu bringen. Die Kunst des Singens besteht also – stark vereinfacht gesagt – darin, diese Resonanzräume zu entdecken und zu aktivieren. Da verfügt jeder Körper über erstaunliche Reserven. Ich habe an mir selbst erlebt, wie enorm viel ich in den Jahren meiner Sängerlaufbahn hinzugelernt habe. Als ich an der Hochschule studierte, besaß ich eine kleine Stimme, während ich später – ohne damit renommieren zu wollen – immerhin eine Partie wie den „Rheingold"-Loge, der sich manchmal gegen gehörigen Orchesterklang durchsetzen muss, mit Anstand über die Bühne brachte. Es kommt also nicht unbedingt auf das ursprüngliche Vorhandensein einer großen Stimme an, entscheidend ist, ihre Resonanz und Tragfähigkeit maximal zu entwickeln. Wir wissen, dass eine Stimme auch im Piano- oder im Mezza-voce-Bereich tragfähig und bis zum letzten Platz eines großen Saales zu hören ist, wenn die Resonanzräume des Körpers effektiv genutzt werden.

Es gehören sicher ein starkes psychologisches Einfühlungsvermögen und auch anatomische Kenntnisse dazu, die Möglichkeiten eines Gesangsschülers zu entdecken und diesem bewusst zu machen. Wahrscheinlich sind darum gute Gesangspädagogen so selten. Während meines Studiums an der Hochschule bin ich immerhin bis zu einem wichtigen Abschnitt meiner sängerischen Entwicklung vorgedrungen: Ich wusste in etwa, was ich tun musste, und ich hatte gelernt, wie ich es nicht machen durfte. Auch letzterer Aspekt ist wichtig, denn wenn ich weiß, was ich vermeiden muss, füge ich meiner Stimme zumindest keinen Schaden zu.

Nach Abschluss des Studiums war ich ständig darum bemüht, meine stimmlichen Qualitäten zu verbessern. Zum Erlernen des Gesanges gehört ein beträchtliches Maß an Selbsthilfe. Jeder Sänger hat irgendwelche Klippen oder Schwierigkeiten. Bei mir waren es zum Beispiel klangästhetische Probleme, ich kam mit dem Vokal „I" nicht zurecht, beim I-Klang wurde meine Stimme eng, sie verlor an Geschmeidigkeit. Mein Fehler war, dass ich von vordergründigen klangästhetischen Vorstellungen ausging.

Ich habe mir dann geholfen, indem ich von dem ganz spezifischen I-Klang erst einmal absah, den Vokal öffnete, etwa ein A ansetzte und dann versuchte, darin ein I zu formen. Der Vokal klingt zwar etwas verfälscht, aber es ist ein Weg, auf dem man ein Stück vorankommen kann. Es gibt in der Gesangspraxis den Begriff eines indifferenten Vokals, aus dem man faktisch jeden Vokal ableiten kann. Das ist ein ähnliches Hilfsmittel.

Aber da gehe ich schon in Details, als wollte ich Ratschläge für junge Sänger formulieren, während ich mit solchen Beispielen nur bewusst machen möchte, welchen Problemen sich einer gegenübersieht, der beherzt auszieht, das Singen zu lernen. Keiner, der ein Gesangsstudium beginnt, hat im voraus die Garantie, dass er eines Tages die Hochschule als fertiger Sänger verlässt, der imstande ist, etwa an einer mittleren Bühne unseres Landes Ansprechendes zu leisten. Da müsste jemand schon mit einer außergewöhnlichen stimmlichen Begabung von Natur aus gesegnet sein, wenn ich mich entschließen sollte, ihm zum Sängerberuf zu raten.

Überdies ist mit einer schönen Stimme allein noch nichts getan, Ausdruckskraft und Persönlichkeit sind für die Wirkung eines Sängers ebenfalls unabdingbare Voraussetzungen. Beispiele aus der Musikgeschichte belegen sogar, dass Sänger mit durchaus begrenzten stimmlichen Mitteln infolge ihrer gestalterischen Reife oder persönlichen Ausstrahlung große Erfolge erzielten. Ich denke da etwa an einen Sänger wie Julius Patzak, der allein durch seine Erscheinung, durch die Art seines Vortrags das Publikum bezwang, auch wenn seine gewiss markante, charaktervolle Stimme stets etwas blechern klang und nicht eigentlich schön zu nennen war. Das bestätigen mir selbst große Verehrer dieses Künstlers.

Ich habe Sänger erlebt, die von der stimmlichen Veranlagung und wohl auch vom Intellekt her nichts Außergewöhnliches mitbrachten, die aber durch Natürlichkeit des Ausdrucks und menschliche Wärme eine starke

Wirkung auf die Zuhörer ausübten. In solchen Fällen scheinen gesangstechnische Fragen zweitrangig. Aber diese Überlegungen schreibe ich nur mit großem Vorbehalt nieder, sie könnten als Unterschätzung der sängerischen Ausbildung aufgefasst und damit gründlich missverstanden werden. Denn jeder, der sich mit Musik beschäftigt hat, wird mir zustimmen, dass bestimmten Kompositionen nur mit einer ganz ausgefeilten Gesangstechnik beizukommen ist. Ich denke hier speziell an die Werke Bachs und Mozarts.

Zum Beispiel Ravinia: Meisterkurse für Interpretation

Immer wieder einmal fragen mich junge Sänger, ob sie bei mir Unterricht nehmen könnten. Ich habe das stets abgelehnt, die Gründe dafür habe ich an anderer Stelle schon dargelegt. Aber häufig drängen mich auch Bekannte, Freunde, Fans, ich sollte doch das, was ich als Sänger im Konzertsaal oder auf der Bühne zu geben vermag, als Erfahrung weiterreichen an den künstlerischen Nachwuchs, damit der davon profitieren kann.

Mit der Pädagogik ist das so ein eigen Ding. Zunächst einmal muss ein guter Sänger keineswegs sogleich ein guter Lehrer sein. Ein Gesangslehrer muss vor allem gut hören, ob eine Stimme den richtigen Sitz hat, ob der Sänger seine physiologischen Voraussetzungen optimal nutzt, er sollte mit viel Geduld auf jeden einzelnen Schüler und seine Besonderheiten eingehen. Dazu bedarf es schon eines gehörigen pädagogischen Talents und großer sängerischer Erfahrung. Nun stamme ich aus einer Lehrerfamilie. Mein Vater hat mit Leidenschaft diesen Beruf ausgeübt, mein Bruder hat bis vor kurzem noch unterrichtet – mit ebensolcher Leidenschaft. Bei mir hingegen, das muss ich ehrlich gestehen, hält sich diese sehr in Grenzen. Neben mangelnder Geduld habe ich eine große Scheu, jungen Künstlern vorherzusagen, ob sie sich zu erfolgreichen Sängern entwickeln werden. Diese Verantwortung zu übernehmen, traue ich mir nicht zu.

Was mir allerdings sehr am Herzen liegt, wozu ich stehe, wo ich glaube, etwas bewirken zu können, das sind interpretatorische Fragen. Dabei stoße ich allerdings auf ganz andere Probleme. Was sind das für Leute, die in einen so genannten Meisterkurs – eine etwas anmaßende Bezeichnung – oder besser: in einen Interpretationskurs kommen? Die einen können schon recht gut singen und lassen sich nur ungern noch etwas sagen, vielleicht möchten sie sich auch nicht vor anderen blamieren, wenn sie mal Kritik erfahren. Die anderen sind stimmtechnisch noch unfertig, und damit fehlen ihnen die nötigen Voraussetzungen, um entscheidende Interpretationshinweise umsetzen zu können.

Ungeachtet meiner Vorbehalte habe ich mehrfach solche Kurse geleitet: in Salzburg und Wien, in Florenz und Helsinki, beim Europäischen Kirchenmusikfest in Schwäbisch Gmünd, schließlich in Ravinia bei Chicago. Meist wähle ich bei Lied- und Oratorieninterpretation Musik, die ich selbst singe, also Bach, Mozart, Schubert, das deutsche romantische Lied.

Beste Erfahrungen habe ich in Ravinia gesammelt, einem idyllischen Vorort von Chicago, am Michigan-See gelegen. Dort wurden mir Sänger aus allen Teilen der Welt präsentiert, die alle Voraussetzungen mitbrachten. Freilich waren zuvor Korrepetitoren rund um die Welt gereist, um an Hochschulen und Theatern geeignete Kandidaten auszuwählen. Die wurden dann für sechs Wochen nach Ravinia eingeladen, erhielten ein angemessenes Stipendium und fanden ideale Bedingungen vor: Probenräume, Konzertsaal, Bühne, moderne Aufnahmetechnik – und vor allem Spezialisten für alle Sachgebiete: Gesangspädagogen, Instrumentalisten und schließlich Lehrer für Interpretation. Diese jungen Leute werden dort sechs Wochen lang unterrichtet, in mehreren Fachbereichen und von verschiedenen Lehrern. Da hatte ich zum ersten Mal ein gutes Gefühl: Hier lohnt es sich, diese Kandidaten sind bestens vorbereitet, verstehen genau, was ich will, und können das auch umsetzen, weil sie technisch gute Voraussetzungen mitbringen.

Ähnlich gute Eindrücke hatte ich bei einem Richard-Strauss-Wettbewerb in München. Da gab es zunächst eine größere Gruppe von Teilnehmern, von denen blieben am Ende vier Leute übrig, mit denen sich die Arbeit lohnte, weil sie fertige Sänger waren, die jede Anregung sogleich schöpferisch aufnahmen. Doch wo solche Bedingungen nicht gegeben sind, hat es wenig Sinn, Fragen der Interpretation zu erörtern. Wenn ich einem Sänger etwas sage, was er am nächsten Tage schon vergessen hat, dann verliere ich die Geduld. Das ist auch einer der Gründe, warum ich dem Unterrichten weithin aus dem Weg gegangen bin.

Allerdings möchte ich hinzufügen, dass ich meine Dirigiertätigkeit bis zu einem gewissen Grade auch als Interpretationshilfe betrachte. Wenn ich heute eine Passion oder andere Oratorien einstudiere, so finde ich zumeist Sänger vor, die dieses Werk oder andere Stücke des Komponisten schon mehr oder weniger oft gesungen haben. Wenn ich dann mit ihnen arbeite, um meine Vorstellungen für die Aufführung zu realisieren, gebe ich jedem Mitwirkenden Anregungen zur Interpretation dieses musikalischen Werkes. Darin sehe ich meine pädagogische Aufgabe.

Mit dem Hörer im Dialog: Besonderheiten des Liedgesanges

Mitunter arbeite ich als Sänger mit einem Dirigenten zusammen, der etwas anders will, als ich es mir vorgestellt habe. Oder ein Regisseur verfolgt eine Konzeption, die nicht meiner Vorstellung entspricht. Beim Liedgesang hingegen bin ich – in Abstimmung mit dem Pianisten – gewissermaßen mein eigener Regisseur und Dirigent, der allein verantwortliche Interpret.

Das Lied bietet dem Künstler mehr als jede andere Form des Singens die Möglichkeit, seine Intentionen zu verwirklichen. Vom Sänger und von seinem Begleiter hängt es ab, ob der Hörer gefesselt, ob er überzeugt wird. Oper und Oratorium erreichen das Publikum leichter, schon weil sie auch einen gewissen Schaueffekt bieten. Das Aufnehmen der Musik ist da für den Hörer attraktiver, bequemer als bei einem Liederabend, wo die Rezeption vorwiegend über das Ohr erfolgt. Das ist ungleich anstrengender, es verlangt ein hohes Maß an Konzentration vom Hörer – und erst recht vom Interpreten.

Der Laie wird kaum ahnen, wie viel Spannkraft, geistige Aktivität, Intensität, Espressivo ein Liedersänger investieren muss, um die Aufmerksamkeit des Publikums voll zu gewinnen und für die Dauer des Konzerts zu erhalten. Ich darf – bildlich gesprochen – nicht bequem im Sessel lehnen bei meinem Liedvortrag, sondern vibriere in voller körperlicher Gespanntheit, gleichsam wie zum Sprung bereit. Nur mit diesem hohen Einsatz auch der physischen Kräfte vermag ich auf die Dauer eines Programms die Zuhörer zu bannen und für das Erlebnis der Liedkunst zu öffnen.

Das besondere Phänomen des Liedgesanges ist mir beispielsweise in Salzburg wieder bewusst geworden. Zu den Internationalen Mozart-Wochen gab ich einen Liederabend, der ganz dem Schaffen des Salzburger Meisters gewidmet war. Nun besitzen Mozarts Lieder – zu einem Teil wenigstens – nicht den genialen Rang seiner Sinfonien, Opern oder instrumentalen Kammermusiken. Es sind meist „Freundstücke", wie er das nannte, Gelegenheitsarbeiten. Die oft naiven Texte hat Mozart mit einer gefälligen Leichtigkeit, beinahe mit Understatement komponiert.

Ein abendfüllendes Programm mit diesen Liedern muss als Wagnis erscheinen. Ich fragte mich, wie ich das Publikum mit solchen leichtfüßig daherkommenden, manchmal geradezu simpel wirkenden Stücken ansprechen, packen könnte. Bei einem Schubert-Abend mit verinnerlichten Liedern – ich denke etwa an den „Doppelgänger" oder andere Heine-Vertonungen – ist der Hörer leichter einzustimmen, und dem Sänger wächst die Gestaltungskraft in beträchtlichem Maß aus dem Liede selbst zu.

Andererseits verhalf mir die Beschäftigung mit Mozart-Liedern zu der Einsicht, dass etliche von ihnen durchaus ihren Stellenwert, ihren künstlerischen Rang im Opus des Meisters haben. Dazu ge-hören Lieder wie „Die betrogene Welt" oder das bekannte „Veilchen", das – so anmutig es daherkommt – eine kleine Tragödie in sich schließt und von starker menschlicher Empfindung und Ernsthaftigkeit geprägt ist.

Von dieser Auffassung also wollte ich das Publikum überzeugen. Mit schönem Singen allein ist da – wie überhaupt bei jeder Liedinterpretation – nichts auszurichten. Ich habe es wieder erfahren: Je leichter ein Lied erscheint, desto mehr muss der Sänger geben – an Ausdruck, dynamischer Schattierung, farbiger Behandlung von Text und Melodie. Nach einem Liederabend bin ich dann auch meist total erschöpft, physisch wie psychisch.

Wohl jeder angehende Sänger beginnt mit melodiös einfachen Liedern. Das sind zunächst mehr Gesangsübungen. Erst viel später, wenn die Stimme technisch einigermaßen fundiert ist, wenn man es sich erlauben kann, beim Singen nicht mehr an Technik zu denken, beginnt die Liedgestaltung. Dass ich mich schon relativ früh mit der Liedkunst auseinandergesetzt habe, verdanke ich – wie schon erwähnt – vor allem der fruchtbaren Zusammenarbeit mit meinem Kommilitonen Reinhard Tschache. Zielstrebig und ungemein ausdauernd, mit einer unbeirrbaren Hartnäckigkeit geradezu, hat er Lieder mit mir einstudiert, und mehr als das: sie farbig ausgearbeitet, ihren Charakter und Ausdrucksreichtum erforscht. Ich bin von Natur aus ein bisschen phlegmatisch, er aber ließ nicht locker, gab sich nie mit halbem Erfolg zufrieden, suchte stets ein Optimum zu erreichen.

Damals bin ich mir der reichen Möglichkeiten des Liedgesangs mehr und mehr bewusst geworden. Ich kam ja vom Kreuzchor, aus einer Gemeinschaft also, der sich der einzelne unterordnen musste, in der eine nahezu „unpersönliche" Art des Singens erforderlich war – im Interesse des homogenen Chorklanges. Jetzt musste ich meinen eigenen Ausdruck finden, und dabei half mir eben die Arbeit mit Reinhard Tschache. Er nannte das: „ein Lied mit Gesicht singen". Gemeint war, den Charakter, und vor allem auch die Stimmung eines Liedes gesanglich so plastisch wie möglich wiederzugeben, dass man sich beim bloßen Hören den Ausdruck meines Gesichts vorstellen könnte.

Diese Erinnerung führt mich zu einem anderen wichtigen Aspekt des Liedvortrags: der Bedeutung des Pianisten. Für mich ist er nachgerade ein „Stimmungsmacher". Wenn mir der Pianist keine Stimmung vorgibt, fehlt mir Inspiration. Ein Vorspiel erlaubt so viele Ausdrucksnuancen; es kann zerdehnt werden, es kann exakt, aber eiskalt heruntergespielt werden. Es lässt im Tempo, in der Rhythmisierung, im Anschlag so viele Möglichkeiten der Charakterisierung zu, dass die Wirkung eines ganzen Liedes dadurch schon entscheidend bestimmt sein kann.

„Mit Gesicht singen". Liederabend mit András Schiff am Flügel

Denken wir etwa an die „Schöne Müllerin": Beim Vorspiel zum ersten Lied sollen sogleich die Mühlräder zu hören sein. Ein Rhythmus ist zu finden, der die Wanderstimmung gewissermaßen „einspeist". Der Pianist muss dafür ein Empfinden haben, einen sicheren Sinn für den Liedcharakter. Diese Einstimmung ist unerlässlich, um einen Zyklus wie diesen geistig geschlossen und dabei vielfarbig zu gestalten. Beide Partner müssen sozusagen auf gleicher Welle senden und empfangen, eine „Antenne" füreinander haben.

Groß ist die Zahl der Pianisten, die mich im Laufe meines Sängerlebens begleitet haben. Norman Shetler war einer der ersten; mit ihm habe ich eine Serie von Liedaufnahmen von Robert Schumann musiziert. Shetler, der auch mit Dietrich Fischer-Dieskau zusammenarbeitete, bedeutete für mich zu dieser Zeit eine echte Bereicherung. Er, der in Wien studiert hat und auch dort lebt, bewies eine erstaunlich starke Einfühlung in das deutsche Liedgut. Aber auch Walter Olbertz, der wesentlich sachlichere und vielleicht etwas kühlere Pianist, war mir in den vielen Jahren der Zusammenarbeit ein zuverlässiger Partner.

Im letzten Drittel meiner künstlerischen Laufbahn erfuhr mein Umgang mit dem Lied noch einmal eine Belebung durch die glücklichen Begegnungen mit Erik Werba, Irvin Gage, Wolfgang Sawallisch, Jörg Demus, Christoph Eschenbach, Daniel Barenboim, Karl Engel, Graham Johnson, Alexej Lubimow, Helmut Deutsch und vor allem András Schiff.

Bei all diesen Pianisten, die auch zum Teil Dirigenten sind, spürte ich die Begeisterung und Liebe für den Liedgesang. Das Musizieren mit Künstlern ganz verschiedener Charaktere hat mich auf ganz unterschiedliche Art beflügelt, abgesehen davon, dass jede dieser Persönlichkeiten auf mich eingewirkt hat. Das ist kaum in Worte zu fassen, was da geschieht, ist zum großen Teil Intuition.

Der Höhepunkt dieser künstlerischen Zusammenarbeit war die Begegnung mit András Schiff. Diese beschränkte sich nicht auf vereinzelte Liederabende, sondern entwickelte sich in nunmehr 16 Jahren zu einer echten künstlerischen Partnerschaft. Kennen gelernt haben wir uns gegen Ende der achtziger Jahre bei der Schubertiade in Feldkirch. Dort wurde die Idee geboren, miteinander einen Schubert-Abend zu gestalten. Wir harmonierten sehr gut, und es wurde ein großer Erfolg. Fortan haben wir kontinuierlich zusammengearbeitet, haben die drei großen Liederzyklen Schuberts auf CD eingespielt, dazu auch eine Beethoven- und eine Mozart-Schallplatte, haben auf den verschiedensten Festivals der Welt Liederabende gegeben.

Der gebürtige Ungar András Schiff gehört sicher zu den ganz großen Pianisten unserer Zeit, aber er ist mehr als das: ein universaler Musiker. Ihn interessiert nicht nur seine Sololiteratur, er nimmt das ganze Spektrum der Musik wahr. Er spielt Kammermusik mit der gleichen Hingabe, wie er ein Liedprogramm vom Flügel aus intensiv mitgestaltet. Ich habe vorher wohl noch nie so bewusst erlebt, was für einen Einfluss auf das Singen die Partnerschaft eines Künstlers am Klavier haben kann.

Ich glaube, dass die Zusammenarbeit mit András Schiff deshalb noch eine Steigerung erfahren hat, weil er die Lieder genau kennt und sie im Geiste sogar mitsingt. Ein Beispiel: Wir feierten in Florenz in festlichem Rahmen seinen fünfzigsten Geburtstag. Er gab ein kleines Konzert, dann kam er unvermittelt auf mich zu und bat mich, zwei Schubert-Lieder mit ihm zu musizieren. Er hatte keine Noten dabei, ich auch nicht. Das war kein Hinderungsgrund für uns, die „Liebesbotschaft" und den „Musensohn" darzubieten ohne Probe und Absprache, ein Beweis unseres blinden Verstehens.

Er ist auch ein wertvoller Ratgeber für mich bei der Programmgestaltung. Hier muss ich ein klein wenig abschweifen. Seit 1999 habe ich zusammen mit dem Schumann-Verein Kreischa eine Schumanniade ins Leben gerufen,

Musikalische Harmonie mit dem Pianisten András Schiff und dem Rezitatoren Gert Westphal

die sich seitdem alle zwei Jahre wiederholt (Robert Schumann hat im Revolutionsjahr 1849 sozusagen auf der Flucht mit seiner Familie einige Wochen in dieser von der Natur so reich gesegneten Gegend in der Nähe von Dresden verbracht). Es ist mir gelungen, András Schiff für ein Schumann-Wochenende im Schloss Reinhardtsgrimma zu gewinnen. Er gab mir die Anregung, einmal die Fantasiestücke von Schumann mit Beethovens Liederzyklus „An die ferne Geliebte" zu kombinieren. Schumann zitiert in diesen Fantasiestücken einige Takte aus der „Fernen Geliebten", wobei er an seine ferne Clara gedacht haben muss, und stellt damit die Verbindung zu Beethoven her.

Auch die große künstlerische Leidenschaft für Johann Sebastian Bach gilt für uns beide. Mittlerweile haben wir uns beide dem Dirigieren seiner Werke verschrieben. András Schiff ist mir inzwischen ein Freund geworden, mit dem ich mich nicht nur auf musikalischer, sondern auch auf kulinarischer Ebene ausgezeichnet verstehe.

Dass es ungemein viele Möglichkeiten gibt, ein Lied stilgetreu zu interpretieren, das wurde mir einmal bei Freunden bewusst. Wir waren nach einem Konzert eingeladen, und die Gastgeber hatten sich den Spaß gemacht, das Lied „Mein" aus dem Müllerin-Zyklus in der Darbietung durch zehn verschiedene Sänger vorzuführen. Das war für mich nicht nur ein anregendes Ratespiel – ich habe sie übrigens alle erkannt –, sondern auch eine verblüffende Demonstration. Durch die Akzentuierung eines Wortes, durch das Hervorheben der Klavierstimme in einer bestimmten Phrase kann eine völlig neuartige Wirkung zustande kommen, ohne dass dem Stück Zwang angetan wird. Ausschlaggebend ist, dass die Interpretation überzeugt, dass eine Persönlichkeit mit ihrem gestalterischen Wollen hinter jedem noch so unscheinbaren Piano-Ton steht. Es ist durchaus denkbar, dass man von ganz unterschiedlichen Wiedergaben eines Werkes gleich stark angesprochen wird. Angeregt durch den englischen Tenor Peter Pears, habe ich für mich den Reiz des Singens zur Gitarre entdeckt. Den letzten Anstoß gab eine Schallplattenproduktion von Liedern Carl Maria von Webers, die original für Gitarrenbegleitung komponiert sind. In dieser so intimen, delikaten Form des Musizierens habe ich mich sehr wohl gefühlt. Die Gitarre ermöglicht Klangfarben, die dem robusteren und lauteren Klavier nicht möglich sind.

Franz Schubert hat einige seiner Lieder selbst für Gitarre gesetzt und andere in Bearbeitungen seines Freundes Anselm Hüttenbrenner mit Wohlgefallen angehört. Das ermutigte mich, im Schubert-Jahr 1978 ein Experiment zu wagen und bei den Salzburger Festspielen den Zyklus „Die schöne Müllerin" zur Gitarre zu singen. – Nur von wenigen Liedern sind Gitarrenbegleitungen aus der Schubert-Zeit erhalten, aber sie geben Aufschluss darüber, wie das Instrument eingesetzt wurde. Und in diesem Sinne nahm der Gitarrist Konrad Ragossnig, der mich in Salzburg begleitete, die fehlenden Bearbeitungen vor.

Ein besonderes Problem sind Schallplatteneinspielungen von Liedern. Da wachen Aufnahmeleiter und Tonmeister darüber, dass jede Note stimmt, dass der Text gut verständlich ist. Aber was gleichsam zwischen den Zeilen steht, ist einzig Sache des Interpreten. Gerade bei der Schallplatte, wo jeglicher optische Effekt fehlt, wo das Publikum nur hört, reichen klarer Text und saubere Intonation nicht aus. Es gehört mehr dazu, wenn der Sänger überzeugen will: so etwas wie ein „Dauerespressivo", eine ständige geistige Überhöhung.

Walter Felsenstein hat einmal gesagt, das Publikum müsse das Gefühl haben, auf der Opernbühne werde gesungen, weil der Dialog, weil der Vorgang auf der Szene einfach eine Überhöhung durch die Musik verlangen. Etwas Vergleichbares muss dem Liedgestalter bei der Schallplatte gelingen – diesen zwingenden musikalischen Ausdruck zu finden. Der Vortrag erfordert höchste Gespanntheit.

Hinter dem Mikrophon sollte sich der Sänger tausend, zweitausend Hörer vorstellen, die er ansprechen, die er fesseln möchte.

Es ist ziemlich schwer, im nüchternen, leeren Studio diese hohe Intensität zu erreichen. Hauptsächlich darum bin ich mit einigen meiner frühen Aufnahmen unzufrieden, weil sie mir zu sehr von braver Akkuratesse geprägt erscheinen. Wie lebendig ist dagegen der künstlerische Vorgang im Konzertsaal: Da sehe ich Menschen vor mir, die ich ansprechen kann, die mitempfinden können, da sind Köpfe und Herzen, die etwas mit vollziehen, bei denen ich einen Prozess des Denkens und Fühlens anregen kann. Ich brauche diesen Dialog mit dem Publikum.

Der Charakter von Liederabenden hat sich mit den Jahren gehörig gewandelt. Vor einigen Jahrzehnten noch hatten sie etwas von Galavorstellungen, um eine Primadonna, um einen Star zu präsentieren. In heutigen Liederabenden – ich jedenfalls habe diesen Eindruck gewonnen – sitzen nicht hauptsächlich Opernfans, die den Sänger einmal aus der Nähe erleben wollen, sondern zu einem großen Teil Musikfreunde, die wegen des Programms in das Konzert kommen, die also nicht primär das Spektakuläre suchen.

Die Schubertiade: Mekka des Liedes

Vor etwa dreißig Jahren rief Hermann Prey eine Schubertiade ins Leben, ein Festival, das vornehmlich der Kammermusik und dem Lied Franz Schuberts gewidmet war. Es begann auf Schloss Hohenems in Vorarlberg, zog dann nach Feldkirch um und hat sich seit dem Jahr 2003 in dem kleinen Ort Schwarzenberg im Bregenzer Wald angesiedelt. Der Geschäftsführer, den Hermann Prey damals gewonnen hatte, Gerd Nachbauer, hat diese Schubertiade nach dem Ausscheiden von Prey weiterhin gepflegt, kultiviert und schließlich auf den Stand gebracht, der heute ihren Rang ausmacht. Längst erklingen auch Werke von Brahms und Beethoven, Schumann und Mendelssohn in den Konzerten der Schubertiade.

Von Anbeginn habe ich mich diesem Festival verbunden gefühlt und in jedem Jahr daran teilgenommen. Im Mittelpunkt steht nach wie vor das Lied in seinen verschiedensten Facetten. Herr Nachbauer hat immer wieder eine glückliche Hand bewiesen beim Heranziehen junger Künstler, die im Genre des Liedgesangs als hoffnungsvoll erschienen oder gerade begannen, sich einen Namen zu machen. Und so kann man mittlerweile dieses Festival mit einigem Recht als „Mekka des Liedgesangs" bezeichnen, vergleichbar etwa der Wigmore Hall in London oder dem Musikverein in Wien. Die Schubertiade hatte in Hohenems in bescheidenem Rahmen begonnen, weitete sich später aus durch Klavier- und Quartettabende und auch Orchesterkonzerte: einmal, um Schuberts Werk komplett zu präsentieren, aber auch, um das musikalische Umfeld zu berücksichtigen. Irgendwann aber wurde das Fest wieder auf kammermusikalische Dimensionen reduziert.

In Schwarzenberg fanden sich überaus günstige Bedingungen: Da gab es einen wundervollen, ganz aus Holz gefügten Saal, den die Gemeinde gebaut hatte und der den Namen der Malerin Angelika Kauffmann trägt; die Künstlerin, die unter anderem Goethe porträtiert hatte, lebte hier. Der Saal erwies sich für Liedgesang und Kammermusik als bestens geeignet, und außerdem besitzt diese Konzertstätte ein unglaublich schönes Ambiente, sie liegt inmitten einer herrlichen alpinen Landschaft, ist von Bergen und Wäldern umgeben – ein traumhafter Platz für die hohe Kunst der kleinen Form.

Mit Hilfe eines hervorragenden Architekten wurde der Saal behutsam erweitert, insbesondere das Podium vergrößert, vor allem aber die vorzügliche Akustik bewahrt. Und da die Hauptsaison dieses Festivals in den Juni fällt, können die Besucher obendrein meist schönes Sommerwetter in Schwarzenberg genießen. Ein Teil der Konzerte liegt schon im Mai, die letzten gibt es Ende August und Anfang September.

Hier erhalten junge Künstler, Sänger und auch Pianisten, Gelegenheit, sich im künstlerischen Wettstreit mit bereits erfahrenen Liedinterpreten zu messen. Die Schubertiade hat mittlerweile ein festes, ganz spezifisches Publikum gewonnen, die Besucher kommen aus vielen Ländern Europas und auch aus Amerika – Freunde des Liedes und der Kammermusik. Viele nutzen den Aufenthalt in dieser zauberhaften Landschaft gleich, um ihren Urlaub hier zu verbringen. Und der Musikfreund bekommt ein reichhaltiges Programm geboten. Vormittags um elf findet meist schon das erste Konzert statt, nachmittags geht es weiter, um 20 Uhr erklingt ein weiteres Lied- oder Kammermusik-Programm. Ein Blick ins Programmheft zeigt, welche berühmten Künstler hier aufgetreten sind und noch auftreten. Diese Schubertiade hat sich wirklich als ein Festival etabliert, von dem die musikalisch interessierte Welt spricht.

Ich mache ja in bescheidenem Maß etwas Ähnliches mit der Schumanniade in Reinhardtsgrimma, in einer Gegend also, in der sich Schumann mit seiner Familie aufhielt. Wohingegen die Schubertiade geografisch mit Schubert nichts zu tun hat, Schubert war nie im Vorarlberg, die Ansiedlung des Musikfestes hier hat sich mehr zufällig ergeben.

Gerd Nachbauer versteht es übrigens auch, interessante Veranstaltungsreihen zu organisieren. Da gibt es zum Beispiel den hervorragenden Liedsänger Ian Bostridge, einen Tenor in der Traditionslinie von Peter Pears. Er hat Musiker um sich geschart, mit denen er gern und häufig zusammenarbeitet, Sänger und Instrumentalisten, und so entstand eine Ian-Bostridge-Woche mit anregenden Programmen. Aber auch Meisterkurse für Gesang und Quartettspiel gehören zu den Besonderheiten der Schubertiade.

Die großen Festspiele wie Salzburg oder München laufen im Verhältnis dazu relativ unpersönlich ab. Mit der Schubertiade in Schwarzenberg ist das ganz anders, die Atmosphäre ist familiärer. Da sitze ich zuweilen mit dem Bürgermeister zusammen und trinke einen hierorts gebrannten Obstler mit ihm, ich weiß, wer den herrlichen Bergkäse produziert, ich erlebe im

Herbst das prächtige Schauspiel, wenn das Vieh von den Bergen wieder in die Ställe zurückkehrt. Die Schubertiade hat für mich ein ganz besonderes Flair. Und seit vielen Jahren bewahrt sie sich nun schon ihre große Bedeutung, weil da ein Mann an der Spitze steht, der sich mit ganzem Herzen und überzeugendem Engagement dafür einsetzt.

Am Beginn der Schubertiade wurde einmal erwogen, die Werke des Komponisten chronologisch aufzuführen. Das Vorhaben scheiterte schon an der Unterschiedlichkeit der Opuszahlen. Es erwies sich als undurchführbar, etwa einem Lied ein Streichquartett, eine Sinfonie oder gar eine Oper gegenüber zu stellen. Programmideen sind ja oft schwieriger zu entwickeln als man annimmt. Als Sänger könnte man es sich leicht machen, indem man Lieder auswählt, in denen die Vorzüge der Stimme zur Geltung kommen – ohne Rücksicht auf Gestaltungselemente.

In meiner Programmzusammenstellung kam es mir immer auf die Einheit von Kompositionsstil, Farbreichtum, Dynamik, Tempo und Aussage an. Aus inhaltlichen und stilistischen Gründen habe ich in meiner Liedauswahl besonders gern Zyklen gesungen. Aber auch die Zusammenstellung der Programme nach Dichtern mit unterschiedlichen Komponisten ergibt eine interessante Konstellation. Bunte Mischungen aus populären Liedern, vielleicht noch aus unterschiedlichen Epochen, waren meine Sache nie.

Zur Beethoven-Ehrung im Jubiläumsjahr 1970 habe ich sogar gewagt, einen ganzen Abend Beethoven-Lieder zu singen, auch um einem weit verbreiteten Vorurteil zu begegnen, dass Beethovens Lieder nicht zu seinen stärksten Kompositionen gehören. Sicher sind seine Lieder nicht leicht zu interpretieren (er sieht und hört alles vom Instrumentalen her), der Charakter des Werkes und der Inhalt der Worte stehen bei Beethoven immer obenan, manchmal ohne Rücksicht auf die Ausführbarkeit durch den Interpreten. Doch die künstlerische Auseinandersetzung mit seinen Liedern hat mich ungemein bereichert.

Keine rechte Beziehung habe ich zu Orchesterliedern. Durch die oft sehr üppige Instrumentierung gehen meiner Meinung nach der intime Charakter und die Feinheiten des Liedes verloren. Natürlich gibt es Ausnahmen, mit denen ich mich identifizieren kann.

Das Ziel eines gelungenen Liederabends sollte jedenfalls in meiner Vorstellung immer im Vordergrund stehen, nämlich, dass man ein Publikum interessiert, dass man Gefühle anspricht und letztlich auch herausfordert.

Späte „Winterreise"– Gedanken zur Interpretation

Eine ganz besondere Wirkung scheint auf die Freunde des Liedgesanges Franz Schuberts „Winterreise" auszuüben. In den großen Musikzentren der Welt vergeht kaum ein Jahr, in dem nicht vor vielen Menschen dieser Liederzyklus gesungen wird. Das bestätigt dem Werk sowohl ein bedeutendes künstlerisches Gewicht als auch eine Art von Lebensphilosophie. Wenn man im Vergleich zu anderen großen musikalischen Schöpfungen ähnlicher Popularität nach der Ursache einer solchen Bedeutung fragt, dann liegt sie bei der „Winterreise" so gar nicht in positiven Ideen, nicht in Bekenntnis, nicht in Ermutigung, sondern im Ausdruck persönlichen Schmerzes, in Verzweiflung, Bitterkeit und schließlich Hoffnungslosigkeit.

Ich glaube, dass diese 24 Gedichte von Wilhelm Müller – für sich genommen, losgelöst von der Schubert-Vertonung – kaum zu dieser Bedeutung gelangt wären. Der Beweggrund, sich dieser unaufhaltsamen Reise in die Hoffnungslosigkeit anzuschließen, ist für meine Begriffe der Hang des Hörers, sich mit der Figur des Wanderers zu identifizieren – einem unüberhörbaren Ruf aus tiefster Seele folgend: „Das geht dich an."

Mit fünfzig Jahren habe ich zum ersten Mal diesen Zyklus gesungen. Warum habe ich so lange gezögert? Ich fühlte mich einfach noch nicht reif dafür, Hoffnungslosigkeit, Todessehnsucht oder Depression mit meiner Stimme auszudrücken. Ich glaubte, man könne nur dann den richtigen Ton treffen, wenn man schon einen Blick „hinter das Leben" getan hätte.

Auch interpretatorisch technische Gründe veranlassten mich, die „Winterreise" so lange aufzuschieben. Der Zyklus wird ja gemeinhin von einem Bariton gesungen. Die Klangfarbe eines hellen lyrischen Tenors scheint dem Charakter, der Stimmung des Werkes weniger angemessen.

Nun hat sich im Laufe der Jahre meine Stimme „gesetzt", die Tiefe ist profunder geworden, und sängerische Erfahrung bringt es mit sich, dass ich mehr Mut gewonnen habe, auch die Tiefe frei klingen zu lassen. Vor allem aber waren es zwei Anlässe, die mich umstimmten. Zum einen bot sich mir die einmalige Möglichkeit, den Zyklus mit dem außergewöhnlichen Pianisten Swjatoslaw Richter zu erarbeiten. Das Angebot kam von ihm, und das hat mich begreiflicherweise besonders gefreut. Daraus haben sich einige glanzvolle Konzerte entwickelt, u. a. zur Eröffnung der Semperoper 1985, beim Prager Frühling und beim Moskauer Winter.

Der andere Beweggrund war für mich die Entdeckung in der alten Breitkopf-Gesamtausgabe, dass Schubert gerade von den für mich kritischen, etwas tief liegenden Liedern („Wasserflut", „Rast", „Einsamkeit", „Mut") eine für hohe Stimme viel günstigere Erstfassung geschrieben hat. Wären sie ursprünglich für Bariton bestimmt, hätte Schubert sie sicher im Bassschlüssel, wie andere seiner Lieder, komponiert. Unklar ist für mich, warum diese Lieder in der zweiten, uns heute geläufigen Fassung etwa eine Terz tiefer gesetzt sind. Eine Mutmaßung von mir ist, dass der Sänger der Uraufführung mit der exponierten Lage Schwierigkeiten hatte. Schuberts Lieder wurden zu seiner Zeit selten von Berufssängern, sondern zumeist von profilierten Laien mit großem Engagement in kleinen, intimen Räumen dargeboten – keineswegs in so riesigen Sälen, wie wir es heute oft vorfinden.

Nachdem ich die für mich besser geeigneten Tonarten in der Erstfassung gefunden hatte, begann ich mich mit dem Werk künstlerisch auseinander zu setzen. Rein gesangstechnisch gibt es bei der „Winterreise" für mich keine großen Probleme. Bei der Probenarbeit habe ich mich vor allem darauf konzentriert, Klangfarben, Dynamik und Tempi so zu gestalten, dass die Gedichte allen Hörern verständlich werden.

Schubert hat gewiss schwierigere, harmonisch anspruchsvollere Lieder als die der „Winterreise" geschrieben. Ich denke hier besonders an den „Schwanengesang". Aber der Grund für die große Popularität des Zyklus liegt wohl in der bekenntnishaften, sublimierten Klangsprache. Charakteristisch für die meisten Lieder ist das Zusammentreffen von Schlichtheit in der Wahl der Mittel und einer geradezu volksliedhaften Poesie – etwa beim „Lindenbaum", „Frühlingstraum", „Wegweiser" oder beim „Leiermann". In ihrer kunstvollen Einheit von Wort und Musik sprechen die Lieder so unmittelbar zum Hörer, dass in dem Augenblick, da sie sein Ohr erreichen, auch sein Herz sich öffnet. In der „Winterreise" – das habe ich beim Erarbeiten des Zyklus immer deutlich empfunden – ist kein Ton zuviel. In ihrer Dichte und geistigen Konzentration stehen diese Lieder Schuberts jedenfalls einzig da.

Erste Schritte
im Rampenlicht

Meine ersten Bemühungen, Singen und szenisches Gestalten miteinander zu verbinden, reichen bis in die frühe Kreuzchorzeit zurück. In der Christmette und in der Ostermette, die ja eine große Tradition beim Kreuzchor haben, unternahmen wir bescheidene Versuche, im Altarraum biblische Vorgänge wie das Ereignis von Bethlehem darzustellen. Das Musikalische hatte freilich den Vorrang, aber es gab auch einige Dialoge zu sprechen und szenisch zu veranschaulichen. Wir waren kostümiert und stellten Maria, Joseph, die Hirten und die drei Könige dar. Es zeigte sich bald, wer spielbegabt war, es kristallisierten sich Talente heraus, Leute mit Theaterinstinkt. Ich gehörte gewiss nicht zu ihnen, darum musste ich mich mit einer mehr passiven Rolle wie der Maria begnügen. Nach dem Stimmbruch wechselte ich dann zu den Hirten, die darstellerisch auch nicht sonderlich ergiebig waren.

An der Musikhochschule in Dresden erhielt ich meinen ersten dramatischen Unterricht. Ich erinnere mich noch sehr genau dieser Stunden in der kleinen Aula des Gebäudes in der Blochmannstraße. Unser Lehrer im operndramatischen Unterricht war Erhard Fischer, der in Dresden bei Heinz Arnold studiert hatte. Er war noch jung, und durch seine impulsive Art wusste er uns zu begeistern und zu leiten. Meine erste Bekanntschaft mit ihm verlief allerdings nicht gerade ermunternd für mich; wenn wir uns später gemeinsam daran erinnerten, lachten wir beide darüber. Jeder von uns Studenten musste etwas aus seinem Repertoire vortragen, und weil ich mich damals schon auf Mozart zu orientieren begann, sang ich aus der „Entführung" die Arie „Konstanze, dich wiederzusehen". Mein gestalterisches Talent muss Fischer nicht sonderlich beeindruckt haben. Sein einziger Kommentar nach dem Vortrag war, ich wäre wohl besser beim Kreuzchor geblieben.

Durch seine offenbar geringen Hoffnungen auf meine vielleicht noch schlummernden Talente ließ ich mich jedoch nicht entmutigen, zumal ich mir bis zu einem gewissen Grad schon meiner stimmlichen Mittel bewusst war. Ohne diese Portion Selbstvertrauen hätte mich ein solches Urteil vielleicht veranlassen können, meinem Leben eine ganz andere Richtung zu geben. Wir haben dann an der Hochschule noch sehr ersprießlich zusammengearbeitet, ich durfte mich im Buffofach erproben. Ich erinnere mich, beispielsweise den Wenzel in der „Verkauften Braut" gesungen und dargestellt zu haben. Und wir haben auch eine kleine Aufführung von Haydns „List und Liebe" zustande gebracht. Jedenfalls bemühte sich Erhard Fischer

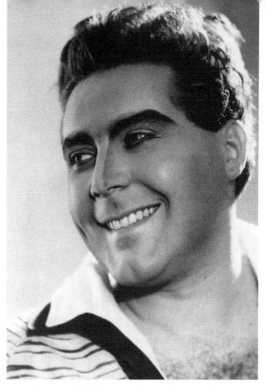

Der erste Tamino: 1965 in der Berliner Staatsoper unter Otmar Suitner

sehr, aus dem schauspielerisch nicht so anstelligen Sänger einiges an gestischem und mimischem Ausdruck herauszuholen. Dafür bin ich ihm heute dankbar, und wir haben ja später an der Berliner Staatsoper noch häufig und mit Erfolg zusammengearbeitet.

Die Regiearbeit behauptet in neuerer Zeit einen Stellenwert wie wohl nie zuvor in der Operngeschichte. Eine Aufwertung des Inszenatorischen war sicher wichtig, aber ich bin der Überzeugung, dass es vielen Opernstoffen nicht zuträglich ist, wenn man sie durch intellektuelle Konzeptionen geistig zu stark befrachtet. Mitunter schießen heutige Regisseure in ihrem an sich löblichen Bemühen um Deutung und Durchdringung weit über das Ziel hinaus. Dann verselbständigt sich die Regie, und es wird der Punkt erreicht, dass ein Kritiker von großer Sachkenntnis bei der Einschätzung einer Aufführung zu dem Schluss kommen muss, das wäre hochinteressant, intelligent, spannungsvoll inszeniert – nur mit der Idee des Komponisten hätte es leider nichts mehr zu tun.

Während meiner Bühnenlaufbahn ist mir immer deutlicher geworden: Die Oper wird mehr und mehr zum Spektakel. Das ist gewiss eine enttäuschende Erkenntnis, und darin liegt wohl auch der Grund, dass ich mich innerlich allmählich von der Oper entferne. Das Opernpublikum will vor allem etwas sehen. Zweifellos kommen die Leute auch in die Oper, um zu hören, aber zumeist möchten sie spektakuläres Singen erleben: das sichere hohe C, die bravouröse Stimme, brillante Koloraturen. Das eigentliche Musizieren ist im Grunde weniger gefragt, das Verständnis für die Musik häufig unterentwickelt.

Musik sollte doch in der menschlichen Seele etwas zum Schwingen bringen. Aber wie sieht die Praxis des Opernbetriebes aus? Die Regisseure fangen heutzutage schon viele Wochen vor einer Premiere mit den Proben an, der musikalische Leiter bekommt günstigstenfalls zehn Tage für die Arbeit mit dem Ensemble. Das ist doch ein Missverhältnis, hier sind die Akzente verschoben, die musikalische Qualität gerät in Gefahr. Eine große Dirigentenpersönlichkeit wie Karajan zum Beispiel bildete nur die Ausnahme, die die Regel bestätigt. Er drückte einer Aufführung unverkennbar den Stempel auf, bei ihm hatte, wer auch immer die Regie führte, die Musik das Primat.

Es gibt Intendanten, die für eine Operneinstudierung einen Regisseur verpflichten, von dem sie sich eine Attraktion oder eine Sensation versprechen, und es gibt Regisseure, die solcher Vorstellung zu entsprechen suchen, die mit wilder Subjektivität inszenieren, die alles Herkömmliche über Bord werfen, alles von Grund auf umwälzen, die um jeden Preis originell sein wollen. Solche Erscheinungen und Tendenzen habe ich häufig genug beobachtet, und das hat meinen anfänglich großen Spaß an der Oper gedämpft.

Doch ich wollte ja hier nicht von meiner später gewachsenen kritischen Distanz zur Opernpraxis sprechen, sondern von meinen ersten Bühnenschritten. In jenen Jahren war ich noch mit ungebrochener Begeisterung bei der Sache. Ich erinnere mich mit großem Vergnügen meiner ersten „Così fan tutte" an der Dresdner Oper. Ich hatte das Glück, gleich im zweiten Jahr meines Engagements in die Aufführung einzusteigen. Die Inszenierung wurde damals erneuert, und ich als junger Sänger wurde mit der Partie des Ferrando betraut. In dieser Oper werden ja so ziemlich alle Register des musikalischen Spaßes und des Verwandlungsspiels gezogen, das ist in Mozarts Musik schon vorzüglich angelegt und bedarf nur noch der wirksamen szenischen Umsetzung. Mit Feuereifer stürzte ich mich in die Arbeit.

Arno Schellenberg sang in jener „Così fan tutte" den Guglielmo, und gerade die gemeinsame Arbeit mit ihm hat in mir die Freude am Theaterspielen geweckt. Während der Probenarbeit habe ich manchmal Tränen gelacht über diesen Erzkomödianten. Da gibt es die berühmte Umkleideszene am Schluss, als die beiden Liebhaber sich wieder zurückverwandeln in Offiziere. Die Szene ist immer ein bisschen heikel, weil die Musik nur wenig Zeit lässt zum Wechseln der Kostüme. Schellenberg, der alte Routinier, ging immer auf „Nummer sicher" und ließ mich wissen, er werde etwas eher abgehen. Als der Augenblick herankam, verschwand er bereits zu einer Zeit von der Szene, als wir uns laut Partitur noch mit den Damen unterhalten mussten. Schellenberg aber riss einfach aus und sang hinter der Bühne weiter, während er in das andere Kostüm schlüpfte. Die Situation – ein Liebhaber, noch plaudernd mit seiner Dame, ist außer Sicht und mit dem Wechseln der Hose beschäftigt – war so ungeheuer komisch, dass ich vor Lachen nicht mehr weitersingen konnte.

Sicher gibt es für einen Anfänger immer Probleme, Musik und darstellerischen Ausdruck in Übereinstimmung zu bringen. Ich hatte da vergleichsweise einen günstigen Start. Meine erste Partie auf der Bühne der Dresdner Oper war, wie schon gesagt, der Erste Gefangene in „Fidelio". Dieser Gefangene kann auf der Bühne nichts weiter tun als in der Menge stehen und seinen Satz singen – und einzig damit muss er beeindrucken. Eine solche Aufgabe erscheint sicher vielen jungen Opernsängern unergiebig und problematisch. Mir fiel das nicht schwer: Hinstellen, singen und damit wirken – das hatte ich schließlich beim Kreuzchor gelernt. Und ich gewann bald das nötige Selbstvertrauen, weil ich Anerkennung fand: bei den Kollegen, durch das Publikum und durch die Kritiker. Das half mir auch, gewisse Hemmungen und Barrieren zu überwinden, locker und bühnensicher zu werden.

Die nächste Aufgabe auf der Opernbühne war der Paolino in der „Heimlichen Ehe" von Cimarosa, die im Kleinen Haus gegeben wurde. Da arbeitete ich mit vielen jungen Kollegen zusammen und fand relativ schnell zu meinem Stil. Natürlich kann ich mich nie mit Sängerdarstellern wie Asmus und Enders vergleichen, die einfach starke natürliche Spielbegabungen sind, die bessere körperliche Anlagen dafür mitbringen, sich gestisch auszudrücken. Doch glaube ich, im Laufe der Jahre als Bühnendarsteller viel gelernt zu haben, und dabei haben mir einige gute Regisseure entscheidend geholfen. Ich denke etwa an Günther Rennert, der wohl zu den profiliertesten Opernregisseuren gehörte. Wir haben zusammen „Così fan tutte", „Die Entführung aus dem Serail" und „Don Giovanni" gemacht – das waren Arbeiten und Erlebnisse, die mich vorangebracht haben. Ich entwickelte ein Gefühl dafür, wie etwas szenisch umgesetzt werden kann. Ich gewann eine Vorstellung von der Wirkung eines gestischen Ausdrucks. Rennert verdanke ich viele wertvolle Hinweise, um mich auf der Bühne angemessen zu bewegen, mit den Händen sparsam, aber wirksam zu arbeiten.

Für mich, der ich mit dem Oratorium, mit geistlicher Chormusik, mit dem Kammerkonzert groß geworden bin, bedeuten die Jahre an der Dresdner

Oper eine wichtige Lehrzeit. Ich musste mir einen ganz neuen Bereich erobern. Das gelang mir ziemlich rasch – nicht zuletzt durch die Hilfe der Kollegen. Zunächst hatte ich ein bisschen Sorge, bei der Bühnentätigkeit würde das Sängerische zu kurz kommen, ich wäre möglicherweise nicht in der Lage, beides – Spiel und sichere Beherrschung der Stimme – zu vereinen, ich könnte mich hinreißen lassen, auf der Bühne ohne geistige Kontrolle der Stimme „loszulegen".

Das ist ja eben die Gefahr für einen jungen Sänger, bei den ungewohnten Anforderungen der Opernszene vielleicht unökonomisch mit der Stimme umzugehen und ihr zu schaden. Sicher ist es von Vorteil, wenn man – wie ich – gleich an ein großes Haus kommt und dort mit kleinen Partien anfängt. Häufig genug geraten junge Sänger zunächst an ein kleines Theater und bekommen frühzeitig große Partien übertragen, die sie teilweise noch mehrmals in der Woche singen müssen. Eine solche Überforderung ließ manche hoffnungsvolle Karriere vorzeitig scheitern.

Als überaus förderlich werte ich die Arbeit mit dem Nachwuchs, die ich im Studio der Dresdner Staatsoper erlebte. Die Stetigkeit und Zielstrebigkeit der Studioarbeit unter Leitung von Rudolf Dittrich bot uns jungen Sängern eine gewisse Garantie, allmählich die erforderliche Bühnensicherheit zu gewinnen.

Während der Jahre im Studio durfte ich eine Reihe kleinerer Partien auf der Bühne singen: einen Edlen im „Lohengrin", den Nathanael in „Hoffmanns Erzählungen", einen Sträfling im „Totenhaus" von Janáček. Gelegentlich traten wir auch mit Studioaufführungen an die Öffentlichkeit. Für schwierige Partien wurden Solisten aus dem Ensemble der Staatsoper eingesetzt, und diese Zusammenarbeit der Nachwuchssänger mit den bühnenerfahrenen Künstlern wirkte sich sehr vorteilhaft auf unsere Entwicklung aus. Wir konnten von den versierten Kollegen viel profitieren.

Auch aus dieser Zeit bewahre ich in meiner Erinnerung manche hübsche Episode. Wir brachten damals beispielsweise die Uraufführung von Fidelio F. Finkes Oper „Der Zauberfisch" heraus. In einer kleinen Partie wirkte auch ich dabei mit. Kurz vor der Premiere wurde einer der Hauptakteure krank. Wer konnte kurzfristig einspringen? Der versierte Arno Schellenberg erklärte sich bereit, die Partie von einem Tag zum anderen zu übernehmen und die Aufführung zu retten.

Er hatte nie zuvor die Noten von der Oper gesehen. Darum wandte er einen Trick an: Er ließ sich für die Rolle einen Hut geben. Dann schrieb er seine Partie auf kleine Zettel und steckte diese in den Hut, den er ständig in der Hand hielt. So sang er die Uraufführung buchstäblich „aus dem Hut". Es ist vielleicht auffällig, dass ich gern von heiteren Begebenheiten auf der Bühne erzähle. Aber die lustigen Vorfälle haben sich mir besonders fest eingeprägt. Das kommt nicht von ungefähr. Für mich besteht der Reiz des Theaterspielens vor allem im Spaß an der Verwandlung und in der Lust am Komödiantischen. Es liegt mir weniger, ernste Vorgänge theatralisch umzusetzen. Muss ich einen ernsten Charakter darstellen – und das kommt in meinem Stimmfach häufig vor –, so bin ich mir oft selbst im Wege. Wenn ich den Belmonte singe, warf man mir meistens vor, ich sei da zu sehr Oratoriensänger. Gefühle mit großer Geste, gar mit Pathos vorzutragen geht mir gegen den Strich. Ich versuche mit möglichst natürlicher Haltung, mit der Geste gelassener Selbstverständlichkeit das auszudrücken, was die Rolle verlangt.

Es gibt auch Regisseure, die mich darin bestärken, zum Beispiel Schauspielregisseur Rudolf Noelte. Aber ich zweifle selbst daran, ob diese Einstellung grundsätzlich richtig ist. Sicher bedarf ja die Operndarstellung einer gewissen Überdeutlichkeit, um sich dem viele Meter entfernt sitzenden Zuhörer mitzuteilen. Den Sänger kostet das einige Überwindung, weil er etwas gegen seine körperliche Trägheit tun muss. Meine Einstellung zu diesem Problem bringt es mit sich, dass ich mich in jenen Partien am wohlsten fühle, bei denen ich mich vor allem sängerisch – vom Wort und von der Musik her – mitteilen kann, etwa beim David in den „Meistersingern" oder beim Loge in „Rheingold".

Die meisten Regisseure sagen sicher mit Recht, Wort und Musik auf der Bühne brauchten die Überhöhung, wenn sie zur vollen Wirkung kommen sollen. Das erfordert auch den erhöhten körperlichen Einsatz, sonst kommt nichts über die Rampe. Man kann eben nicht im Parlandostil etwa die Lenski-Arie aus „Eugen Onegin" singen. Die Musik verlangt, dass sich der Sänger mit einem viel größeren Espressivo auf der Szene mitteilt, als er das im Alltagsleben tut. Doch für die Darstellung bevorzuge ich jedenfalls die natürliche Bewegung. Jede große Geste, jede Übertreibung lässt mich befürchten, in die Nähe alten Hofoperntheaters zu geraten.

Anders ist die Situation bei einer musikalischen Komödie, da gehört ein bisschen Clownerie im guten Sinne durchaus dazu. Das ist es auch, was ich mit der Lust am Komödiantischen meine. Eine Figur wie der Papageno zum Beispiel sollte mit gehöriger Spiellaune dargestellt werden. Die Rolle würde mich übrigens sehr reizen, weit mehr als der Tamino, der sich stets so aristokratisch, eben als „Prinz" geben muss; Papageno hingegen steckt voller liebenswürdiger menschlicher Schwächen, er ist so rundum sympathisch.

Wenn ein Künstler Opern- und Konzertgesang gleichermaßen pflegt, weiß er, dass beides voneinander profitieren kann. Etwas Espressivo, einen Schuss Dramatik vertragen durchaus auch Oratorien- und Liedgesang. Und andererseits kommt ein konzentriertes, stilistisch einwandfreies Singen der Oper wohl zustatten. Mir ist auf der Opernbühne das Musikalische so wichtig, dass ich für die szenischen Dinge – Erfordernisse durchaus – wahrscheinlich zuwenig Sinn habe.

Das wurde mir beispielsweise bei der Probenarbeit zu Theo Adams „Figaro"-Inszenierung in der Deutschen Staatsoper an folgender bezeichnender Episode deutlich. Während der – in anderen Aufführungen meist gestrichenen – Eselsarie, die ich als Basilio singen durfte, machte mich Adam aus der „Gasse" heraus darauf aufmerksam, ich müsste zwei Schritte vortreten, weil ich nicht im Licht stünde. Ein Künstler wie Theo Adam, der sich ganz zur Opernbühne hingezogen fühlt, merkt das, wenn einer nicht vorteilhaft im Licht steht. Mir ist das ziemlich unwichtig, ich hatte nie das Gefühl, dass ich Licht brauchte für meinen Gesang.

Burleske Komik: Almaviva (rechts) in der legendären Berghaus-Inszenierung von Rossinis „Barbier von Sevilla" an der Berliner Staatsoper (1968) mit Sylvia Geszty, Wolfgang Anheisser (links) und Reiner Süß

Jetzt habe ich die „verruchte" Oper tüchtig geschmäht. Dabei verdanke ich ihr schöne Erfolge und Erlebnisse, die ich nicht missen möchte. Zu den angenehmen Erinnerungen an die Oper gehört auch die Zusammenarbeit mit der Regisseurin Ruth Berghaus. Bei den Proben zum „Barbier von Sevilla" hat sie mich ständig herausgefordert, um ein Maximum an darstellerischem Ausdruck zu erreichen. Damals war ich mit Begeisterung und frischem Mut bei der Sache. Die ersten Probentage irritierten mich ein wenig, weil ich ihre Art zu inszenieren nicht gleich begriff. Aber dann spürte ich, wie sie auf meine persönlichen Eigenheiten einging, nicht versuchte, mich umzukrempeln, sondern lediglich das herauslocken wollte, was in mir steckte. Sie nahm mich an, wie ich war, und passte meinen Typ in ihre Konzeption ein. So erhielt dieser Almaviva etwas von dem Naturell eines Träumers oder auch Phantasten, der jedoch imstande ist, im zweiten Akt als verkleideter Klavierlehrer die burleske Liebesszene mit Rosine so deftig zu spielen. Dabei wurde der leicht degenerierte Graf keineswegs groß karikiert, eher verfremdet und liebenswürdig ironisiert. Solches Eingehen auf meine Wesensart erlaubt mir dann, viel überzeugender zu sein, weil ich mehr von mir selbst geben kann, weil nichts aufgesetzt wirkt.

Oft totgesagt: die Oper

Kaum eine andere Kunstgattung ist so umstritten – geliebt und umjubelt von den einen, geschmäht und gar totgesagt von den anderen – wie die Oper. Und immer aufs Neue hat sie ihre Lebenskraft und Attraktivität bewiesen, wenn sich auch die Einstellung zum Gesamtkunstwerk Oper vielfach veränderte. Oper ist vor allem Ensemblekunst. Sie verlangt das möglichst harmonische Zusammenwirken aller Beteiligten: des Dirigenten und Regisseurs, des Orchesters, des Chores und der Solisten. Und auch die bildende Kunst hat durch Szenenbild und Kostüm ihren nicht unbeträchtlichen Anteil an der Wirksamkeit einer Aufführung. Die Oper erfordert also mehr als andere künstlerische Genres Ensemblegeist, und damit habe ich einen überaus schillernden Begriff benannt, mit dem ich mich nun auseinandersetzen darf. Gemeint ist in erster Linie die Möglichkeit, mit einem harmonierenden Ensemble Aufführungen zustande zu bringen, bei denen gleichsam ein Rädchen ins andere greift und künstlerische Ansprüche befriedigt werden.

Die Struktur des Opernbetriebs hat sich ständig verändert, die Gewichte haben sich immer wieder verschoben: Früher einmal hatte der Sänger das absolute Primat, heute leben wir wohl in der Epoche der Regisseure. Das Publikum gibt sich nicht mehr damit zufrieden, nur schöne Stimmen anzuhören und alles andere als sekundär oder überhaupt unwesentlich zu betrachten. Früher stellten sich Sänger an die Rampe und sangen, so gut sie es vermochten – der dramatische Vorgang blieb weitgehend unterbelichtet. So kann man es heute hin und wieder noch an manchem großen Opernhaus wie der Mailänder Scala, der „Met" oder der Grand Opéra Paris erleben. Mit der Aufwertung der Oper zum szenisch wirksamen Musikdrama in unserer Zeit sind Unarten des alten Opernbetriebes allmählich verschwunden.

Das klassische Beispiel für ein von der starken Persönlichkeit eines Regisseurs geprägtes Ensembletheater bot die Komische Oper Berlin unter Walter Felsensteins Leitung. Diese besondere Konstellation, dass sich ein ganzes Ensemble dem formenden Willen einer Regisseurpersönlichkeit unterordnet, wird sich in diesem Maße sicher so bald nicht wieder ergeben. Die Erscheinung, dass sich alle Sänger der einenden Grundidee völlig unterwarfen, führte oft zu Ergebnissen von erstaunlicher Wirkung. Aber als Form der Ensembletätigkeit bleibt sie eine Ausnahmeerscheinung. Opernarbeit heute wird zwar in den meisten Fällen von einer inszenatorischen Konzeption bestimmt, doch dem einzelnen Sänger sollte meines Erachtens genügend Spielraum bleiben, um seinen spezifischen Ausdruck, seine stimmlichen Besonderheiten zur Geltung zu bringen. Das dürfte auch künftig dem traditionellen Gebilde Oper das Interesse des Publikums sichern.

In meiner eigenen Praxis als Opernsänger habe ich es bisher nicht erlebt, dass ich mich den Absichten eines Regisseurs total unterwerfen und meine eigene Persönlichkeit verleugnen musste. Im musikalischen Bereich ist es mir einmal widerfahren, dass ein Dirigent so zwingende Vorstellungen hatte, die mir nur die Wahl ließen, entweder das Geforderte umzusetzen oder die Zusammenarbeit aufzukündigen. Das geschah bei den „Freischütz"-Aufnahmen unter Carlos Kleiber. Aber er vermochte mich durch seine bestimmte Art zu überzeugen, und so habe ich meine Auffassung zugunsten seiner Intentionen aufgegeben. Bei der szenischen Arbeit ist mir Ähnliches noch nicht begegnet.

In Interviews habe ich mehrfach schon gesagt, dass ich gern an der Berliner Staatsoper tätig war, weil ich dort mit einem wohl vertrauten Ensemble arbeiten konnte. Wenn ich in Berlin „Così fan tutte" sang, so traf ich dort nach rund zehn Jahren noch auf nahezu die gleiche Besetzung. Wenn ich hingegen in Wien das gleiche Werk in einer Woche zweimal sang, war ich sicher, in der zweiten Vorstellung mit einem völlig anderen Ensemble aufzutreten. Ich musste mit zum Teil völlig fremden Leuten agieren. Wie soll sich da eine überzeugende Partnerbeziehung einstellen?

Eine der beglückendsten inszenatorischen Arbeiten in puncto Ensemblegeist war die „Così fan tutte" bei den Salzburger Festspielen 1972. Hier trafen alle günstigen Voraussetzungen zusammen, die Opernarbeit zum Vergnügen machen. Das Ergebnis war dann auch dementsprechend. Wir sechs Sänger passten von Stimme und Wesen sehr gut zueinander (meine Partner waren Gundula Janowitz, Brigitte Fassbaender, Reri Grist, Hermann Prey und Dietrich Fischer-Dieskau). Karl Böhm am Pult inspirierte uns, und die Zusammenarbeit mit dem Regisseur Günther Rennert war so ersprießlich, dass wir tatsächlich vier Wochen lang in bester Laune und allesamt sehr kreativ bei der Sache waren, uns gegenseitig gleichsam die Bälle zuwarfen und nur so von Ideen sprühten. Ein unaufwendiges Bühnenbild (Ita Maximowna) mit einem ovalen Podest als Grundfläche und nur Andeutungen von Versatzstücken gab uns freien Raum zur Spielentfaltung. Erfreulicherweise existiert von dieser Aufführung eine Live-Aufnahme, die inzwischen auch als Schallplatte verbreitet worden ist.

Wenn ich hier für das Ensemble plädiere, dann meine ich nicht Repertoiretheater auf Biegen und Brechen. Ich halte es gar nicht für sinnvoll, wenn ein Opernwerk von komplizierter musikalischer Struktur über lange Zeit im Repertoire gehalten, aber nur selten und ohne ausreichende Proben gespielt wird, denn es verlieren sich begreiflicherweise viele musikalische Feinheiten, das Ergebnis wird unbefriedigend. Daher bevorzuge ich das Stagione-Prinzip: ein Stück einzustudieren und dann mehrmals nacheinander zu spielen, vielleicht sechs- oder siebenmal in einem Monat. Dann kann man die Aufführung in der nächsten Spielzeit hervorholen, durch einige Proben wieder auf Hochglanz bringen und abermals en suite spielen.

Auf diese Art finde ich Ensemblearbeit sinnvoll, und die künstlerische Ausbeute ist auf jeden Fall größer als im herkömmlichen Repertoirebetrieb. Ich weiß das von mir selbst: Wenn ich eine Partie längere Zeit nicht gesungen habe, bewege ich mich in der Aufführung mit äußerster Vorsicht, weil ich mich sehr konzentrieren muss, die eigentliche Gestaltung kommt zu kurz.

Das Streben nach einem festen und leistungsfähigen Ensemble sollte nie zu dem ungesunden Ehrgeiz führen, alle Partien der Opernliteratur aus eigenem Aufkommen besetzen zu wollen. Kaum ein Opernhaus kommt heute – im Zeitalter der Reisestars – völlig ohne Gastsänger aus. Es wäre auch gar nicht sinnvoll, etwa eine ideale Salome fest an ein Haus zu binden, während das Werk höchstens fünfmal im Jahr aufgeführt wird und die Künstlerin im ungünstigsten Fall für andere Aufgaben nicht benötigt wird. Das hätte nichts mit Ensemblebildung, sondern nur mit Prestigedenken zu tun. Wichtig ist, für die jeweilige Aufführung die geeigneten Sänger zur Verfügung zu haben. Die Art der vertraglichen Bindung sollte dabei ohne Belang sein.

Bei der Auseinandersetzung mit diesem Thema habe ich bisher vor allem den Standpunkt des mitgestaltenden Künstlers vertreten. Doch wie steht denn das Publikum zur Frage des Ensembletheaters? Ein beachtlicher Teil der Opernbesucher – weniger vielleicht bei uns, weitaus stärker in südlichen Breiten, in Italien zum Beispiel, in besonderem Maße auch in Wien – liebt es durchaus, verschiedene Sänger in den gleichen Partien zu erleben. Sie wollen gute Stimmen hören und vergleichen können, sie interessieren sich für verschiedene Sängerpersönlichkeiten und deren besondere stimmliche Mittel, deren ganz spezifischen Ausdruck. Diese Unterschiede in der Interpretation und den stimmlichen Potenzen geben dem Publikum immer neuen Anreiz, das gleiche Werk in einer Saison mehrmals anzuhören.

Ein solches Bedürfnis des Publikums ist durchaus legitim und verständlich. Andererseits hatte manche Felsenstein-Aufführung durch die formende Kraft dieses großen Regisseurs eine solche Faszination, dass man sich eben doch einen „Figaro" in der Komischen Oper in derselben Besetzung mehrmals anhörte, weil das von der Gesamtwirkung her so fesselnd war, dass die einzelne Sängerpersönlichkeit nicht die ausschlaggebende Rolle dabei spielte.

Ein interessantes Beispiel für eine Ensemblearbeit, die Beispielwirkung gewann und heute bereits Musikgeschichte bedeutet, ist der Mozart-Stil der Nachkriegsjahre in Wien, geprägt durch den Dirigenten Josef Krips, einen führenden Mozart-Interpreten. Hier arbeitete ein vorzügliches Ensemble jahrelang kontinuierlich zusammen. Eine rege Gastspieltätigkeit einzelner Sänger war zunächst aus verkehrstechnischen und auch aus politischen Gründen nicht möglich. Und so war die Wiener Oper damals in der glücklichen Lage, ständig über einen Stamm bedeutender Sänger wie Elisabeth Schwarzkopf, Hilde Güden, Anton Dermota, Erich Kunz, Paul Schöffler verfügen zu können. Damit war die Grundlage für eine ganz systematische Arbeit gegeben; Josef Krips konnte sich mit einem personell gleich bleibenden Ensemble intensiv mit Mozarts Werk beschäftigen. Aufgrund der Tatsache, dass die Sänger des „Figaro", des „Don Giovanni" oder der „Zauberflöte" ständig unter dem gleichen Dirigenten zusammenwirkten, bildete sich eine geradezu exemplarische Aufführungspraxis heraus.

Als „Mozart"-Stil ist das Ergebnis wohl nur empfunden worden, weil hier ein erstklassiges Sängerensemble infolge der jahrelangen Beschäftigung mit dem Werk ein Niveau der Mozart-Interpretation erreicht hatte, wie das unter gewöhnlichen Bedingungen nicht denkbar wäre. Hört man heute Aufnahmen aus dieser „Ära Krips", so kann man vor allem den homogenen Klang bewundern. Auf die Erarbeitung einer einheitlichen Phrasierung durch alle Sänger nach ausschließlich musikalischen Gesichtspunkten legte Krips besonderen Wert. Er probte vor jeder Vorstellung mit den Solisten, überließ nichts dem Zufall oder der Eigenwilligkeit des einzelnen, er kannte die Klippen jedes Sängers und half ihm, sie zu meistern.

Als ich – viele Jahre später – unter Josef Krips sang, pflegte er stets an einer bestimmten Stelle meiner Arie „Dalla sua pace" aus der Oper „Don Giovanni" durch einen Fingerzeig meinen neuralgischen Punkt zu signalisieren – ich war hier meist etwas zu tief –, und in jeder Probe nahm er gerade diese Stelle vor, um mir darüber hinwegzuhelfen.

Die geschilderten idealen Bedingungen – ein hervorragendes Sängerensemble, das einige Jahre hindurch von einem um die Sache wissenden und bemühten Dirigenten zielstrebig geleitet wurde – führten zu jener als stilbildend empfundenen Arbeit mit den Opernwerken Mozarts. Solche künstlerischen Ergebnisse sind unter anderen Bedingungen kaum zu erwarten. Im günstigsten Falle ist von Sängerstars, die man heute für eine Festspielaufführung verpflichtet, eine Summe von guten Einzelleistungen zu hören. Selten fügt sich das nahtlos zusammen, zumeist singt jeder mehr oder weniger für sich allein. Sicher gibt es auch Dirigenten, die wissen, worauf es ankommt, die sich bemühen, Einheitlichkeit in die Aufführung zu bringen, um zu verhindern, dass beispielsweise jeder atmet und phrasiert, wie es ihm gefällt.

Einen Sonderfall bilden konzertante Aufführungen von Opernwerken. In Dresden hatten wir eine solche Darbietung von Wagners „Rheingold". Die „Ring"-Tetralogie wurde mit der Dresdner Staatskapelle und führenden Sängern aus aller Welt vom VEB Deutsche Schallplatten in Kooperation mit Ariola/Eurodisc eingespielt, und jeweils nach Beendigung einer Aufnahme erklang die Oper mit dieser Besetzung konzertant im Dresdner Kulturpalast. Das war für die Dresdner Musikfreunde in zweifacher Weise interessant: zum einen, weil der „Ring" nicht im Dresdner Spielplan stand, zum anderen, weil ein solches Ensemble mit führenden Wagner-Sängern nur aus solchem Anlass einmal beisammen ist.

Nun könnten die Anwälte des realistischen Musiktheaters einwenden, Oper sei schließlich eine für die Bühne konzipierte dramatische Kunst, sie verlange nach lebendiger szenischer Umsetzung. Bei dieser „Rheingold"-Darbietung habe ich aber beobachten können: Das Publikum hörte das Werk in dieser auf den musikalischen Vorgang reduzierten Fassung mit hoher Konzentration, optisch nicht abgelenkt – allenfalls durch das stets sichtbare Orchester. Besucher der Aufführung bestätigten mir im Gespräch, sie hätten das Stück intensiver erlebt und besser verstanden als während einer szenischen Darbietung, bei der das Auge zuweilen stark beschäftigt und das Hörerlebnis gemindert wird.

Auch mich als Mitwirkenden hat der Umstand, das Publikum stets deutlich vor mir zu sehen, in gewisser Weise angeregt. Natürlich fehlte mir bei der Interpretation des Loge gelegentlich der Anspielpartner, ich hätte gern die Worte dem zugesprochen, dem sie galten. Aber dieser Mangel wurde aufgewogen durch die Möglichkeit, den Inhalt, den Text durch sängerische Diktion klar verständlich zu machen. Auch die konzertante Operndarbietung vermag also dem Hörer durchaus ein starkes Erlebnis zu vermitteln. Hinzu kommt, dass auf dem Konzertpodium das schon von seinen Dimensionen her imponierende „Rheingold"-Orchester optisch in Erscheinung tritt. Wie da mit großer Bläserbesetzung und sechs Harfen musiziert wird, um die Partitur zum Klingen zu bringen, das hat etwas Beeindruckendes und vermag den Sinn für das Musikerlebnis durchaus zu beleben.

Der Schlusspunkt, den ich hinter dieses Kapitel setzen möchte, ist möglicherweise identisch mit dem Schlusspunkt meiner gesamten Opernlaufbahn. Am 23. Dezember 1979 hatte an der Bayerischen Staatsoper München Hans Pfitzners Musikalische Legende „Palestrina" Premiere, in der ich die Titelpartie übernommen hatte. Das war für mich in jeder Hinsicht eine völlig neue Aufgabe. Im Gegensatz zu anderen Opern, in denen die Helden mitunter schon klischeehafte Züge tragen, gibt es zu Palestrina eigentlich keine vergleichbare Opernfigur.

Hans Pfitzners „Palestrina"– Porträt einer starken Künstlerpersönlichkeit: In der Titelpartie an der Bayerischen Staatsoper München, 1979

Es mag vielleicht etwas vermessen klingen – aber ich glaube, dass ich stimmlich den Vorstellungen des Komponisten entsprochen habe. Bei der Uraufführung im Münchner Prinzregenten-Theater 1917 hatte Hans Pfitzner die Titelpartie mit Karl Erb besetzt, bewusst also mit einem Tenor, der auch ein glänzender Evangelist in Bachs Matthäus-Passion war. Wie in der Passion geht es hier nicht in erster Linie um Schöngesang, sondern um die engagierte Mitteilung des humanistischen, ethischen Anliegens des Werkes.

Manch einer wird vielleicht fragen, was diese Oper heute noch zu sagen hat. Offeriert sie verallgemeinerungswürdige Ideen, oder interessiert sie uns nur noch als musikhistorisches Denkmal? Ich meine, „Palestrina" ist keine Kirchenoper, kein religiöses Stück – vor allem darüber muss man sich wohl von vornherein klar werden. Der mittelalterliche Komponist hat sich mit welthistorischen, mit politischen Problemen auseinandersetzt. Und in dem Bühnenwerk wird vorgeführt, dass er sogar der Kirche den Gehorsam verweigert, dass er die bestellte Messe nicht schreiben beziehungsweise nicht abliefern will. Auf die Frage „Und wenn's der Papst befiehlt?", antwortet er selbstbewusst: „Er kann befehlen, doch niemals meinem Genius – nur mir."

In der Auseinandersetzung mit dieser Rolle habe ich den Hinweis Thomas Manns einbezogen, dass diese Haltung Palestrinas doch eigentlich ganz und gar nicht mittelalterlich sei, dass ein Stolz und eine Freiheit daraus sprechen, die eher der neuen Zeit angehören. „Befreiung", sagt Thomas Mann in seinem „Palestrina"-Essay, „individualistische Emanzipation in ideellem Zusammenhang mit unendlichem Menschheitsfortschritt, das ist Politik, das ist Demokratie." Und Thomas Mann charakterisiert ja auch das Konzil von Trient sehr treffend, indem er es als eine Satire auf die Politik bezeichnet, „und zwar auf ihre unmittelbar dramatische Form, das Parlament. Dass es ein Parlament von Geistlichen ist, erhöht die Lächerlichkeit und Unwürde aufs äußerste …"

Überhaupt hat mich die essayistische Auseinandersetzung Thomas Manns mit der musikalischen Legende Pfitzners sehr beeindruckt, die der Schriftsteller „still, sittsam, schlicht, ohne Anspruch auf Leidenschaft, gedämpft und gefasst, im Innern wund, voll leidend würdiger Haltung" sieht. Mit philosophischer Weisheit werden hier ja auch Probleme des Alterns berührt – aber eben nicht resignativ. „…. will guter Dinge und friedvoll sein", sagt Palestrina am Schluss des Werkes.

Die Identifikation mit dieser Opernfigur, einer der größten Künstlerpersönlichkeiten ihrer Zeit, reizt mich ungemein. Palestrinas Verdienst besteht ja vor allem darin, dass er mit seinen strengen polyphonen Kompositionen und auch verbal gegen den vom reaktionären Klerus angestrebten Rückfall in die Gregorianik anging. In seinem Schüler Silla sieht er – tolerant und in weiser Erkenntnis – die Weiterführung seiner eigenen Ideen verkörpert, im Grunde den Fortschritt der Kunst. Zur Musik Palestrinas hatte ich ja schon in meiner Kreuzchorzeit eine enge Beziehung gefunden.

Die Tonsprache Pfitzners empfinde ich als spröde; sie kommt dem Interpreten und dem Publikum nicht gerade entgegen. Aber sie ist für mich ehrlicher als beispielsweise die stets effekt-bedachte Musik des Pfitzner-Zeitgenossen Richard Strauss. Denn in ihr ist der Korrelation von Inhalt und Form, Idee und Ausdruck konsequenter entsprochen. Die Themen und

Stimmungen, die Situationen und Charaktere sind auf den verschiedenen Handlungsebenen genau typisiert.

Das alles hat mich – schon musikalisch – so sehr interessiert, dass ich mich bereits Jahre vor der Münchner Inszenierung mit der Partie befasst habe. Und ich war froh darüber, dass sich die Intendanz der Deutschen Staatsoper Berlin entschlossen hatte, das Stück in ihren Spielplan aufzunehmen – gegen alle Bedenken der SED-Zentralkomitee-Zensur.

Diktatur der Regisseure?

Immer wieder habe ich den Zorn vieler Fans auf mich gezogen, wenn ich davon sprach, dass ich im Grunde kein besonders begeisterter Theatermensch sei, dass ich mich weniger zur Oper, mehr zum Konzert, zur absoluten Musik hingezogen fühle.

Aber eigentlich kann ich die Aussage gar nicht aufrechterhalten. Denn wenn ich wirklich Theater spielen durfte, wenn ich darstellerisch gefordert war, dann hat mir auch die Oper großen Spaß gemacht: zum Beispiel der David in den „Meistersingern von Nürnberg", der Ferrando in „Così fan tutte", der Loge in „Rheingold", oder Pfitzners „Palestrina". Hier konnte ich mich mit den Figuren identifizieren. Hingegen bei einer Partie wie dem Ottavio in Mozarts „Don Giovanni" steht man mehr oder weniger funktionslos herum und kann nur mit einer gut gesungenen „Dalla sua pace"-Arie beeindrucken. Dazu muss die stimmliche Verfassung außergewöhnlich gut sein.

Den meisten Regisseuren bin ich mit einer gehörigen Skepsis begegnet. In Berlin hatte ich viele Jahre mit dem inzwischen verstorbenen Erhard Fischer zu tun. Er hat gewiss manche interessante Inszenierung auf die Bühne gestellt, aber oftmals mit sehr äußerlichen Effekten, im Ganzen einem etwas formalen Realismus folgend. Damit stand er keineswegs allein, ich erinnere mich nur an ihn, weil er in meiner Dresdner Studienzeit mein Lehrer war und mir zunächst jegliches Talent für die Operndarstellung absprach. Sicher hatte er nicht ganz Unrecht, aber ich habe mich durch sein Urteil nicht beirren lassen und es trotzdem versucht.

Das Kapitel Oper betrachte ich dennoch heute aus einer großen Distanz. Diese Kunstform ist ein Gebilde der Tradition. Bisher ist aus meiner Sicht nichts wesentlich Neues entstanden, das dieses Genre grundlegend verändert oder belebt hätte. Meine kritische Position gegenüber der Oper resultiert vor allem aus der Tatsache, dass bei der Umsetzung auf der Bühne der Regie weitaus mehr Aufmerksamkeit geschenkt wird als der Musik. Ein typisches Zeichen dafür ist, dass die Musikkritiker der großen Zeitungen sich vornehmlich mit der Regiearbeit befassen und für die musikalischen Belange nur ein paar Randbemerkungen bleiben.

Natürlich bedeutet es einen Glücksfall, wenn alle Teile des komplexen Gebildes Oper zusammenstimmen: Regie, Sänger, Szene, Musiker. Um keine Qualitätsverluste hinzunehmen, müsste das Zusammenspiel zwischen Bühne und Orchestergraben nahezu perfekt sein. Es hat mich künstlerisch nie befriedigt, wenn Chor und Solisten dem Orchester hinterherhinken und der Dirigent seine liebe Mühe hat, alles zusammenzuhalten.

Exemplarische Einstudierungen hat Walter Felsenstein erreicht, weil alle Mitwirkenden gleichsam blind den Vorgängen folgen konnten, weil sie in langer und intensiver Probenarbeit präzis aufeinander eingestimmt waren. Dafür hat sich Felsenstein allerdings jeweils ein Jahr Zeit genommen. Aber wo gibt es heute noch solche Bedingungen für eine künstlerische Produktion – das alles muss ja auch bezahlbar bleiben.

Bei einer eher zufälligen Begegnung bot mir Professor Felsenstein an, in seiner Inszenierung des „Don Giovanni" an der Komischen Oper den Ottavio zu singen. Das war natürlich ein verlockendes Angebot, aber mein Terminkalender ließ es leider nicht zu. In seiner Probenzeit hatte ich mehrere Vorstellungen der „Zauberflöte" in Rom zugesagt. Das sagte ich ihm, und er lächelte etwas maliziös: „Ach ja, mit drei Tagen Probe." Er hingegen hätte mich für ein halbes Jahr gebunden. Im Nachhinein ärgere ich mich, dass ich mich nicht für ihn entschieden habe. Das wäre ein großes Erlebnis gewesen und ganz sicher ein Gewinn für mich als Sänger und Darsteller. Aber damals ging es mir um die Karriere und das internationale Ansehen. Als Solist der Staatsoper kam ich leichter nach Wien, Rom, Mailand, Paris, London – das war damals für mich als jungen Sänger überaus verlockend und wichtig.

Felsenstein war die Ausnahme unter den Regisseuren, ein wirklich uneitler Mann, dem es nur um das musikalische Werk ging und um nichts anderes. Bei allen szenischen Ideen ging er stets von der Musik aus. Kollegen haben mir erzählt, dass er einmal bei Proben für die „Hochzeit des Figaro" seinen Sängern empfohlen habe, sie sollten sich drüben, in der Staatsoper nämlich, mal den Schreier anhören, wie der die Rezitative singe – es kam ihm auf die Diktion an, er wollte das sinngerecht dargeboten haben, nicht bloß mit schönen Tönen.

Sehr gern erinnere ich mich an die Arbeit unter Günther Rennert in München und Salzburg. Das war ein ungemein präziser Regisseur, er kam auf die Probe mit ganz klaren szenischen Vorstellungen, die er dann Zug um Zug umsetzte. Drei Stunden Probenarbeit mit ihm vergingen wie im Fluge, da gab es keinen Leerlauf. Mindestens ebenso kreativ war die Arbeit von Jean-Pierre Ponnelle, der so poetisch-phantastische Ergebnisse erzielte. Ihm gelangen vorbildliche Mozart-Interpretationen von ganz besonderem Flair, lebendig und logisch, ohne dass dabei willkürlich mit Zeit und Sujet umgesprungen wurde. Da war Werktreue gepaart mit Phantasie, das war Mozart, wie ich ihn mir vorstelle. Mit willkürlichen Eingriffen in die Substanz, wie sie heute häufig anzutreffen sind, kann ich mich nicht anfreunden. Zu einem „Don Giovanni" etwa in bayerischen Lederhosen habe ich keine Affinität.

Da habe ich eben ein Reizwort genannt: Werktreue. Darüber brauchten wir eigentlich nicht zu reden, die beherzigt fast keiner mehr. Heute wird eher versucht, was ich durchaus begrüße, den Zusammenhängen von menschlichen Beziehungen und gesellschaftlichen Konflikten nachzuspüren. Dabei geht man für meine Begriffe allerdings zu weit, verfälscht dabei das Kunstwerk, indem man es gewaltsam und unangemessen aktualisiert, in einer Weise, die das Stück einfach nicht hergibt. Ich könnte viele Beispiele dafür anführen. Typisch war für mich eine szenische Realisierung der „Schönen Müllerin" von Franz Schubert – ein Liederzyklus, der nun wirklich nicht dazu taugt, zu einer Parodie umgewandelt zu werden. Aber vielleicht bin ich in Sachen Schubert besonders empfindlich.

Manchmal habe ich den Eindruck, viele Regisseure versuchen, nicht in erster Linie das Publikum zu erreichen, als vielmehr die Kritiker zu beeindrucken. Ein Erfolgsregisseur wie Peter Konwitschny beispielsweise wird weithin von der Kritik getragen. Er sammelt regelmäßig Regiepreise ein, aber von den Opernfreunden wird seine Arbeit selten goutiert, sondern häufig ausgebuht.

Ruth Berghaus strahlte nach einer Premiere erst zufrieden, wenn kräftige Buh-Rufe kamen. Dann hatte sie das Gefühl, das geistig vielleicht etwas bequeme Publikum gehörig herausgefordert zu haben. Frau Berghaus hat etliche sehr gute Inszenierungen gemacht, aber gelegentlich auch voll daneben gelangt. Bei ihr stand wohl obenan die Absicht zu provozieren, und deren Wirkung hat sie glücklich gemacht. Provokation kann durchaus produktiv oder kreativ sein, aber als grundsätzliches Regieprinzip taugt sie doch eher nicht. Ich erinnere mich, sehr überzeugend hat sie die Opern ihres Ehemannes Paul Dessau inszeniert, dazu ist ihr immer wieder ungemein viel eingefallen. Die Dessau-Opern haben meines Erachtens überhaupt erst durch die Inszenierungen von Ruth Berghaus so starke Wirkungen erzielt – ob das nun „Lukullus" oder „Einstein" betrifft.

Ganz sicher steht die heutige Sängergeneration sehr stark unter dem Diktat der Regisseure. Ich habe das vor einiger Zeit in Dresden bei der Arbeit am „Figaro" beobachtet, in der Regie von Christine Mielitz. Bei der Probenarbeit war ich erstaunt, wie autoritätsgläubig und gehorsam die jungen Sänger gegenüber der Regisseurin waren. Sie wiederum betrachtete die Sänger wohl ein bisschen wie Marionetten, bei denen sie die Fäden führt. Sie ließ gewissermaßen die Puppen tanzen, statt die Persönlichkeit des jeweiligen Sängers zu beachten und daraus das Spiel zu entwickeln, Lösungen zu finden. Da fehlte mir doch ein wesentliches Moment.

Als seinerzeit Günther Rennert in München das erste Mal mit mir arbeitete, es war der Ottavio in „Don Giovanni", kannte er von mir sicher nicht mehr als meine Stimme. Aber er nahm mich so, wie ich bin: kein schlanker geschmeidiger Typ, eher ein etwas gewichtiger. Das hat er sofort in seiner Regie berücksichtigt, er hat einfach den „Typ Schreier" schöpferisch benutzt.

Im Schauspiel und im Film wird das seit eh und je praktiziert, dass ein bestimmter Typ für eine bestimmte Rolle gesucht und eingesetzt wird. Da braucht man freilich das Stimmfach nicht zu berücksichtigen. Für die Oper ist diese Methode eher kontraproduktiv.

Meine Partner auf Bühne und Podium

Eine physikalische Gesetzmäßigkeit besagt, dass eine Kette nur so stark ist wie ihr schwächstes Glied. Das lässt sich bis zu einem gewissen Grad durchaus auch auf ein künstlerisches Ensemble anwenden. Hat ein Künstler einen schlechten Tag, so kann die Leistung des gesamten Ensembles darunter leiden. Das Klangbild wird beeinträchtigt, die erforderliche Partnerbeziehung stellt sich nicht ein, man singt nebeneinander her. Hier zeigt sich ein bedeutsamer Aspekt der künstlerischen Arbeit: Wie wichtig ist der Musizierpartner?

Bei der erwähnten „Così fan tutte" von Salzburg war ich so ideal auf meinen Partner Hermann Prey eingestellt, dass ich später bei anderer Beset-

Heitere Gelöstheit, ideale Partnerschaft: Szene mit Dietrich Fischer-Dieskau (Mitte) und Hermann Prey (rechts) aus „Così fan tutte", Salzburg 1969

zung Mühe hatte, in gleicher Weise gelöst zu spielen und zu singen. Gerade bei dieser Oper, die von der Symmetrie der Paare lebt, ist die Partnerbeziehung sehr wichtig. Auch die stimmliche Anpassung spielt eine Rolle, das Aufeinander-Hören-Können – ein entscheidender Gesichtspunkt für jegliches Musizieren. Für mich ist außerdem ein gewisses Maß an persönlicher Sympathie unerlässlich, um mit dem Partner musikalisch harmonisieren zu können. Ich hatte einmal mit einem Sänger zu tun, zu dem ich keinen menschlichen Kontakt fand. Da fühlte ich mich schon bei der Probenarbeit nie wohl, und es blieb dann bei allem Bemühen auch im künstlerischen Bereich ein unerfüllter Rest.

Über meine Partner auf Bühne und Konzertpodium zu sprechen ist nicht denkbar ohne ein Wort über meinen Freund und Sängerkollegen Theo Adam. Wir sind ganz verschieden in unserer Einstellung zur Oper. Während ich mich häufig fragte, warum ich unbedingt in der Oper singen muss, da ich doch gegen den Showcharakter von Musikdarbietungen eine Abneigung hege, bedeutet ihm die Wirkung, die Attraktion der Oper weitaus mehr. Kein Wunder – schließlich ist er ein virtuoser Bühnendarsteller, der obendrein noch eine schöne Stimme hat.

Natürlich hat er recht damit, dass man als Opernsänger ein großes Publikum erreicht, selbst wenn sich nicht allen Besuchern die musikalischen Feinheiten eines Werkes voll erschließen. Viele Hörer, die von einem Künstler auf der Bühne beeindruckt werden, besuchen dann auch eher ein Konzert oder einen Liederabend, um den Sänger dort zu erleben. Jedenfalls baue ich auf diesen Effekt. Für mein Gefühl aber ist der Schauwert der Oper, ist die Wirkung auf das Auge oft so beträchtlich, dass die Ohren von der Musik abgelenkt werden. Wenn ich im Gespräch mit Theo Adam mitunter heftig gegen die Oper polemisiere, spricht vielleicht ein bisschen gekränkte Eitelkeit mit, weil ich mich darüber ärgere, dass ein Liederabend nicht in gleichem Maß diese spektakuläre Wirkung ausübt.

In der Oper machen Äußerlichkeiten zuweilen solchen Effekt, dass es dem Musiker das Herz umdreht. Hier lässt sich immer wieder beobachten, dass Können allein nicht den Ausschlag gibt für den Erfolg, es kommt etwas Unwägbares hinzu, das die Wirkung ausmacht. Aber mein Freund Theo hält mir mit Recht entgegen, dass die meisten bedeutenden Sänger von der Oper her kamen und dadurch erst einmal bekannt wurden: Heinrich Schlusnus, Peter Anders, Dietrich Fischer-Dieskau, Karl Erb – um nur einige zu nennen. Trotz mancher Meinungsunterschiede in Bezug auf die Oper wirken sich die Gespräche mit Theo Adam stets sehr anregend aus.

In lockerem Dialog über das Kunstwerk Oper mit dem langjährigen Intendanten der Berliner Staatsoper, Hans Pischner (Mitte), und dem Freund und Sängerkollegen Theo Adam

Bisher habe ich nur von männlichen Kollegen gesprochen. Sicher klingt es ziemlich boshaft, wenn ich sage: Es ist schwieriger, mit Sängerinnen auszukommen. Wenn Frauen in diesem Beruf sehr gefordert werden und einem starken Stress ausgesetzt sind, stellt sich mitunter leichter als bei einem Mann eine nervöse Überreiztheit ein. Deren Symptome sind mir unerträglich. Es ist sicher ungerecht, das zu verallgemeinern. Zu vielen Sängerinnen habe ich ein sehr gutes kollegiales Verhältnis. Ich habe zum Beispiel mehrere Liederabende gemeinsam mit Edith Mathis gegeben. Mit ihr habe ich mich vom ersten Moment unserer Zusammenarbeit glänzend verstanden, wir liegen wohl auf gleicher „Wellenlänge". Sie hat einen so natürlichen Ausdruck, singt ungekünstelt, steht im Leben und lässt sich vom Erfolg nicht verführen, sie behält immer den Boden unter den Füßen. All diese Komponenten schaffen eine fabelhafte Stimmung für die gemeinsame Arbeit. Ich war auf diese Künstlerin so eingestellt, dass ich es geradezu als wohltuend empfand, mit ihr zusammen zu singen.

Begegnungen mit Dirigenten

Ich war als junger Sänger erst kurze Zeit an der Dresdner Staatsoper tätig, als das Haus mit Otmar Suitner einen neuen Chefdirigenten bekam. Der heute international bekannte Dirigent und langjährige musikalische Chef der Deutschen Staatsoper Berlin war damals ein nahezu „unbeschriebenes Blatt". Er kam vom Pfalzorchester in Ludwigshafen. Das sagt nichts über die Qualität eines Dirigenten aus. Jeder fängt mehr oder weniger bescheiden an, und erst im Laufe der Karriere erweist und beweist sich das Talent.

Otmar Suitner brachte „frischen Wind" in den Opernbetrieb. In jenen Jahren war an der Dresdner Oper nicht mehr mit der Intensität gearbeitet worden, wie man das aus Fritz Buschs oder Karl Böhms Zeiten kannte. Nach dem Krieg waren hier zwar namhafte Dirigenten wie Keilberth, Kempe und Konwitschny wirksam, aber das waren „Pultvirtuosen", die wohl nicht mehr die erforderliche Zeit und Kraft hatten, um etwa mit jungen Künstlern intensiv zu arbeiten.

Otmar Suitner hingegen nahm sich sogleich einiger junger Sänger an, dazu gehörte auch ich. Wir erhielten künftig manche Chance, frühzeitig zu Partien zu kommen, die für uns ungemein fördernd werden sollten. Er löste sich von herkömmlichen Praktiken, immer die gleichen bewährten Sänger einzusetzen und den tatendurstigen Nachwuchs zu langem Warten zu verurteilen. So kam es, dass er mir für eine Neueinstudierung der „Meistersinger von Nürnberg" den David anbot. Damals war in Dresden Harald Neukirch wohl unbestritten der beste Sänger dieser Partie, und mit ihm sollte ich nun alternieren. Harald Neukirch würde die Premiere singen, ich war für die Hauptprobe vorgesehen. Damals lagen diese Proben noch generell am Vormittag. Zu dieser Tageszeit aber haben es die meisten Sänger schwer, die Stimme richtig in den Griff zu bekommen – es sei denn, sie stehen früh um fünf auf und singen sich zwei Stunden ein. Aber wer tut das schon, zumal unsere Hauptarbeitszeit der Abend ist?

Um zehn also begann die Hauptprobe, und der David hat ja gleich im ersten Akt gehörig zu tun, wenn er dem Stolzing die Regeln eines Meisterliedes erklärt. Diese „Weisen" haben es in sich. Nun lebt der David zwar sehr von der Darstellung, aber ich hatte mir doch vorgenommen, die Partie auch sängerisch, von der Diktion her intensiv zu gestalten. Ein bisschen belastete mich sicher das Bewusstsein: Neukirch ist ein versierter David, er hatte die Partie häufig und mit großem Erfolg gesungen. Nun warteten die Fachleute darauf, wie der junge Schreier das schaffen würde. Die Probe lief zunächst zufriedenstellend, aber die Spitzentöne gelangen mir in der Aufregung nicht. Da sind zwei h und ein ungünstig liegendes a, die etwas danebengingen; ich wurde nervös und war dann auch rhythmisch mit dem Dirigenten nicht immer in Übereinstimmung. Kurzum, meine Leistung enttäuschte mich und ebenso den Dirigenten.

Am Nachmittag rief mich Otmar Suitner an und sagte betrübt: „Ich habe mich so für Sie eingesetzt, dass Sie den David singen, und nun enttäuschen Sie mich so! Was war denn los?"

Ich versuchte, ihm meine Situation zu erklären, die Belastungen, die Befangenheit. Und dann geschah etwas ganz Erstaunliches. Suitner sprach mir auf eine besondere Weise Mut zu. Den David sollte ich in der dritten oder vierten Vorstellung singen, und bis dahin, so meinte er, würde ich die Hemmungen und Ängste verloren haben.

Und dann überraschte er mich mit einem weiteren Vorschlag: Demnächst wollte er das Verdi-Requiem aufführen, und ich sollte mir schon einmal die Tenorpartie ansehen. Ich gab zu bedenken, dass ich als lyrischer Tenor für diese Aufgabe wohl kaum geeignet wäre. Aber er beruhigte mich mit den Worten: „Das macht nichts, Sie gestalten das musikalisch. Sie werden sehen, das können Sie." Damit hatte er mir zugleich die Angst vor dem David genommen, denn sein Angebot bewies ja, dass er das Vertrauen in mich nicht verloren hatte. Das machte mich gleich viel sicherer, und mein erstes Auftreten als David war dann auch ganz passabel.

Das ist nur ein Beispiel für die Arbeit von Otmar Suitner in Dresden, der sich bemühte, junge Sänger zu fordern und zu profilieren, der sich damals auch die Zeit nahm, mit ihnen zu arbeiten, wie das von Dirigenten aus früheren Jahrzehnten überliefert ist. Man weiß von Fritz Busch, dass er mit einer Sängerin wie Erna Berger ein Jahr lang an einer Partie arbeitete, obwohl vorerst keine Aussicht auf eine Aufführung bestand. Er bereitete sie eben auf künftige Aufgaben vor.

Im nächsten Frühjahr sang ich dann tatsächlich das Verdi-Requiem, obwohl das eigentlich eine Aufgabe für einen italienischen Tenor ist. Ich er-

Vielseitiger Musiker und vorzüglicher Musizierpartner beim Liederabend:
Wolfgang Sawallisch (links)

zähle diese Episode auch nur, um zu veranschaulichen, wie ein erfahrener Dirigent mit Mut zum Risiko und Verantwortungsgefühl für den Nachwuchs jungen Künstlern eine wertvolle Hilfe bedeuten kann.

Sehr gern arbeitete ich auch mit Wolfgang Sawallisch zusammen. Das ist ein vielseitiger Musiker, der nicht nur mit dem Taktstock umgehen kann, der auch am Klavier Hervorragendes leistet. Ja, er kann sogar singen! Ich habe einmal unter seiner Leitung bei den Umbrischen Musiktagen in Perugia die Matthäus-Passion gesungen. Es ergab sich, dass die Probe erst am Nachmittag vor der abendlichen Aufführung stattfinden konnte. Wolfgang Sawallisch wollte mir nicht zumuten, zweimal kurz hintereinander diese schwere Partie zu singen. Er ließ mich in der Probe meinen Platz einnehmen – ich stand als Evangelist auf der Kanzel –, er aber sang meinen Part vom Pult aus, und er „markierte" nicht bloß, sondern sang mit voller Stimme, mit einigen Kürzungen freilich, und ich gab nur die erforderlichen Anschlüsse für den Chor.

Von einem solchen Dirigenten wird man als Sänger sehr sicher geführt. Bei „Rheingold"-Aufführungen unter seiner Leitung fiel mir auf, dass er fast alle Texte mitsprach. Es gibt allerdings Kollegen, die sich dadurch irritiert fühlen, weil sie ständig das Gefühl haben, nicht deutlich genug zu artikulieren. – Auf jeden Fall zeigen die Beispiele wohl, wie sehr dieser Dirigent auf den Sänger eingeht, wie er ihn verlässlich begleitet.

In anderer Weise ist mir das bei Herbert von Karajan deutlich geworden. Bei Wagner ist das Orchester zumeist stark besetzt, was leicht dazu führen kann, dass der Sänger davon erdrückt wird. Doch Herbert von Karajan verstand es, auf den Sänger zu hören und ihn zu begleiten, damit die Stimme zur Geltung kommt und nicht vom Orchester zugedeckt wird.

Als Loge in „Rheingold" ist mir das besonders deutlich geworden – ich erwähnte das schon an anderer Stelle. Von mir aus wäre ich nie auf den Gedanken gekommen, diese Wagner-Partie zu singen, weil ich glaubte, dafür reiche meine Stimme einfach nicht aus. Doch Herbert von Karajan empfahl mir, die Partie zu studieren. Und bei den Aufführungen begleitete er mich mit einer Behutsamkeit wie ein Pianist am Klavier, der sich ganz auf den Sänger einstellt. Er nahm den schweren Orchesterapparat zurück, und ich brauchte auch nie gebannt auf den Dirigenten zu starren, sondern konnte frei gestalten und mich zwanglos auf der Szene bewegen.

Übrigens führte er bei dieser „Rheingold"-Inszenierung auch die Regie. Während bei den Proben normales Arbeitslicht geherrscht hatte, erwartete mich schließlich auf der Szene eine böse Überraschung. Bei meinem Auftritt lag die Bühne in tiefem Dunkel. Nun bin ich ja ziemlich kurzsichtig. Das hatte mir bisher auf der Bühne nichts ausgemacht, ich höre schließlich das Orchester und kann die Bewegungen des Dirigenten erkennen, wenn auch nicht seine Mimik. Auf der „Rheingold"-Szene aber war es so dunkel, dass ich – geblendet obendrein durch einen Seitenscheinwerfer – überhaupt nichts mehr sah. Trotzdem fühlte ich mich keinen Moment unsicher, ich spürte, wie Karajan so auf mich einging, dass ich mit dem Orchester in jeder Phase übereinstimmte und mich dabei nie vom Dirigenten abhängig fühlte.

Ich habe „Rheingold" später noch unter anderen Dirigenten gesungen, und da ist mir erst klar geworden, was die „Begleitung" durch Karajan bedeutete. Da merkte ich plötzlich, wie ich stets den Kontakt zum Dirigenten herstellen musste, um nicht aus dem Tritt zu kommen. So etwas wie mein Loge unter Karajan ist natürlich ein seltener Glücksfall für einen Sänger.

Karajan hatte die Partie mit mir erarbeitet, ganz auf den Ausdruck hin studiert, so dass die musikalische Struktur gleichsam nebensächlich wurde. Er musizierte sozusagen über die Taktstriche hinweg, ich brauchte nicht zu zählen, alles gewann von innen her einen natürlichen Rhythmus. Er ließ mich auf ein ganz bestimmtes Ziel hin singen, alles andere wurde quasi beiläufig behandelt. Wesentliches wurde deutlich herausgehoben, mit Ausdruck, „mit Gesicht" vorgetragen. Bei Karajan konnte der Sänger, sofern er den Intentionen des Dirigenten folgte, das Orchester wie einen Teppich empfinden, auf dem er sicher dahin schreitet. Das ist schon eine phantastische Art des Musizierens.

Faszinierende Dirigentenpersönlichkeit: Karl Böhm mit einem Sängerensemble beim Abhören einer Schallplattenaufnahme

Damit soll nicht gesagt sein, dies wäre die einzig akzeptable Art. Bei Karl Böhm zum Beispiel vollzog sich die Arbeit ganz anders. Wohl jeder Mitwirkende war von der Persönlichkeit dieses Dirigenten fasziniert. Wenn er am Pult stand, stellte sich sogleich eine Spannung ein, die Orchester und Sänger gleichermaßen erfasste. Sicher war ein Solist von ihm geradezu sklavisch abhängig, aber andererseits hatte Karl Böhm ein so sicheres Gefühl für Tempi, dass man ihm einfach folgen musste. Es war immer ein sehr diszipliniertes Musizieren unter seiner Leitung.

Als die Musikwelt im Sommer 1981 noch einmal nach Salzburg gekommen war, wussten wir, dass Karl Böhm zu diesem Zeitpunkt schon von schwerer Krankheit gezeichnet war, dass nicht mehr viel Hoffnung auf Genesung bestand. Und dennoch hat uns alle, Künstler, Festspielleitung und Festspielgäste, die Nachricht vom Tode Karl Böhms im August 1981 sehr getroffen. Er war nach Salzburg gekommen, um noch einmal dabei zu sein – diesmal nur als Festspielgast – in seinem geliebten Salzburg, wo er so viele künstlerische Triumphe gefeiert hatte, wo ihn das Festspielpublikum in all den zurückliegenden Jahren mit so viel Liebe und Verehrung bejubelte, wenn er ans Pult trat.

Wahrscheinlich erfasst man doch erst von einem solchen Moment an, was der Verlust eines Menschen, eines so großen Künstlers, wirklich bedeutet.

Ich selbst habe in der künstlerischen Arbeit auch eine enge menschliche Beziehung zu diesem Dirigenten gefunden. In fast allen Mozart-Opern habe ich unter seiner Leitung gesungen, auch in Strauss' „Capriccio" und Wagners „Meistersingern" – in Salzburg und Wien, an der Münchner Oper und in der Mailänder Scala. So war es für mich wirklich ein Herzensbedürfnis, als Solist an der musikalischen Totenfeier für Karl Böhm im Salzburger Dom mitzuwirken: In memoriam wurde Mozarts Requiem aufgeführt, und an die siebentausend dicht gedrängt stehende Besucher waren tief ergriffene Zeugen. Alle Mitwirkenden waren dem Verstorbenen eng verbunden – die weiteren Solisten des Gesangsquartetts Lucia Popp, Christa Ludwig und Walter Berry, der Wiener Staatsopernchor und die Wiener Philharmoniker, bei denen Karl Böhm ja inzwischen eine Art „Vaterstellung" eingenommen hatte.

Lassen Sie mich an dieser Stelle noch eine heitere Anekdote von Karl Böhm erzählen, die mich betrifft. Es muss Ende der sechziger Jahre gewesen sein, als in Prag unter seiner Leitung für die Schallplatte Mozarts „Don Giovanni" aufgenommen wurde. Auf einer Pressekonferenz stellte der Maestro die beteiligten Solisten vor. Als ich an die Reihe kam, ein Sänger, der für ihn zu dieser Zeit noch relativ unbekannt war, sagte er in seinem Urwiener Dialekt: „Meine Damen und Herren, das hier ist Herr Schreier. Der Name ist geradezu ein Paradoxon, denn es ist ein Sänger, der sich diesen Namen wirklich leisten kann ..."

Als Sänger lernt man es im Lauf der Zeit, sich auf die verschiedensten Dirigenten, auf ihre Eigenheiten und Auffassungen einzustellen. Was für unterschiedliche Haltungen erlebt man beispielsweise in Bezug auf die von der neueren Mozart-Forschung wieder stärker ins Gespräch gebrachten Appoggiaturen, also die „Vorschläge" oder Verzierungen bei Rezitativen, auch in Arien oder Ensembles. Ein Musiker wie Karl Böhm, der in den zwanziger und dreißiger Jahren groß geworden ist, konnte sich mit den modernen Vorstellungen nicht mehr anfreunden; das war für ihn sicher eine Sache der Gewohnheit. Seiner Meinung nach konnten Appoggiaturen die Gestaltung einer Melodie oder den Charakter eines Stücks „aufweichen". Darauf stellte ich mich bei der Zusammenarbeit mit Böhm ein und ging mit diesem Gestaltungsmittel sparsam um. Andere Dirigenten wieder zeigen eine für mein Gefühl übertriebene Vorliebe dafür. Zu Mozarts Lebzeiten gehörten die Appoggiaturen zu den selbstverständlichen Praktiken des Musizierens und wurden daher vom Komponisten zumeist gar nicht notiert. Darum ist es heute nicht ganz leicht zu entscheiden, wann und wie sie auszuführen sind. Anhaltspunkte dafür geben uns zeitgenössische Veröffentlichungen wie die Violinschule von Leopold Mozart oder die Flötenschule von Johann Joachim Quantz. Ich als Sänger befürworte auch aus logischen Gründen die Anwendung der Appoggiaturen, und auch ein Dirigent des älteren Jahrgangs wie Ferdinand Leitner ermunterte mich bei einer „Zauberflöten"-Aufführung in Zürich immer wieder, sie zu singen. Bei Sawallisch hingegen stieß ich da auf Widerstand, weil er – ähnlich wie Böhm – auf dem Standpunkt stand, die Musik würde dadurch verweichlicht.

Es erfordert vom Sänger schon einige Einfühlung, sich auf die Absichten und manchmal auch auf den persönlichen Geschmack des jeweiligen Dirigenten einzustellen. In Rom sang ich einmal die „Zauberflöte" unter dem damals schon sehr betagten Ernest Ansermet, dem langjährigen Chefdirigenten des Orchestre de la Suisse Romande, der übrigens viele Strawinsky-Werke uraufgeführt hat. In der Probe unterbrach er mich gleich nach den ersten Takten („Zu Hilfe, zu Hilfe ..."), weil ich seiner Meinung nach zu stark dramatisch akzentuierte. Er wollte zugunsten des Melodiösen den dramatischen Ausdruck fast ganz zurücknehmen. Am Schluss der Aufführung schließlich umarmte mich Ansermet, weil ich so ganz nach seinen Intentionen gesungen hatte. Im Prinzip war ich mit seiner Auffassung gar nicht einverstanden. Aber das gehört vielleicht zum Interessantesten bei der Zusammenarbeit mit verschiedenen Dirigenten, dass man zuweilen etwas ganz anders macht, als es den eigenen Vorstellungen entspricht; da ist dann eben die Überzeugungskraft dieser Dirigentenpersönlichkeiten so stark, dass man die eigene Meinung zurückstellt und das umsetzt, was der Dirigent fordert.

Wenn man als Sänger durch die Welt reist und mit vielen Dirigenten, Regisseuren und Partnern auf der Szene zusammenarbeitet, gewöhnt man sich daran, sich immer wieder auf die jeweiligen Gegebenheiten einzustellen. Das ist nicht ganz einfach, aber es ist anregend, man gewinnt produktive Erfahrungen, und es kommt damit immer wieder eine neue Farbe in die eigene Interpretation hinein, und das macht schließlich lebendiges Musizieren aus. Wenn von einem klassischen Werk mehrere Schallplattenaufnahmen existieren, so besteht der besondere Reiz eben darin, dass jeweils andere Interpreten zu erleben sind, die uns beweisen, welch verschiedene Darbietungen eines Werkes möglich sind, ohne dass die Partitur verfälscht oder nur angetastet würde.

Als Bach-Sänger habe ich sehr viel von Professor Karl Richter gelernt. Er bevorzugte einen „vertikalen", einen scharf skandierten Bach – im Gegensatz etwa zu Karajan, der auch bei Bach „horizontal", großflächig musizierte. Wenn es überzeugend ist, gefällt es mir von beiden, obwohl mir die klar akzentuierte Bach-Interpretation von Karl Richter im Prinzip mehr zusagte. Richters überaus lebendiges Musizieren war durch eine großartige Spontaneität zu den Aufführungen bestimmt. Da ließ er sich gern von der Intuition des Augenblicks leiten und wich durchaus hin und wieder von dem ab, was er in den vorangegangenen Proben erarbeitet hatte. Er wählte für seine Konzerte ganz bewusst Sänger und Instrumentalsolisten, die – wie er es nannte – „avec le coeur", also mit dem Herzen, musizierten. Und er erreichte damit eben auch die Herzen der Zuhörer.

Worin besteht eigentlich die Leistung eines guten Dirigenten, der das ausführende Ensemble ebenso wie das Publikum überzeugt, ja fasziniert? Die Frage stellt sich bei jedem Konzerterlebnis aufs Neue. Es ist ein merkwürdiges Phänomen, das sich kaum zulänglich beschreiben lässt. Erste Voraussetzung eines Dirigenten ist, dass er sein Handwerk beherrscht, dass er sich dirigiertechnisch auszudrücken und mitzuteilen versteht. Orchester lieben es nicht, wenn der Dirigent zuviel redet. Doch es kommt noch etwas Unwägbares hinzu, das schwer in Worte zu fassen ist. Ich kenne einige Dirigenten, die sehr musikalisch sind und ihr Metier verstehen, und trotzdem fehlt ihnen die gewisse Ausstrahlung, die sie befähigt, ein Ensemble zu bezwingender Leistung zu führen.

Wenn ein Dirigent aus der intensiven Erarbeitung und Durchdringung eines Werkes klare Vorstellungen dazu entwickelt hat, wie eine Partitur erklingen soll, und wenn er dieses Ziel unbeirrt verfolgt, wird ihm die Umsetzung auch weithin gelingen. Dabei ist durchaus denkbar, dass er mit einer vielleicht eigenwilligen Auffassung die Absicht des Komponisten nicht voll erfasst oder über das Ziel hinausschießt. Doch wenn er das mit innerer Überzeugung tut und nicht unentschieden herumexperimentiert, dann wird ihm ein gutes Ensemble trotzdem folgen, und die Bestimmtheit des Dirigenten wird sich kraft seiner Persönlichkeit auch dem Publikum mitteilen. Eine solche Interpretation, die im strengen Sinne vielleicht nicht „werkgetreu" zu nennen ist, kann eine solche Ausdruckskraft, etwas so Mitreißendes und Zwingendes haben, dass sie durchaus akzeptiert wird.

Was nach meinem Dafürhalten einen Dirigenten kennzeichnen sollte, ist dieses unbedingte innere Beteiligtsein, diese Kraft der Überzeugung, der unbedingte Wille, eine gewonnene Auffassung in Klang umzusetzen. Das wird nicht allein erreicht, indem der Dirigent mit anfeuernden Gesten den Chor oder das Orchester in Schwung bringt. Zu den äußerlichen Aktionen muss sich eben jene schwer zu bezeichnende Eigenschaft, jene persönliche Ausstrahlung des Dirigenten gesellen, die alle – Ausführende ebenso wie Hörende – in Bann schlägt. Dass es dazu nicht der ausladenden Bewegung bedarf, lässt sich an der Arbeitsweise führender Dirigenten ablesen. Es gehörte zu den Eigenarten Herbert von Karajans, dass er bestimmte Stellen überhaupt nicht dirigierte. Damit zwang er das gesamte Ensemble zu äußerster Aufmerksamkeit. Wenn man Karajan als Dirigenten erlebte, konnte man spüren, wie er die Musik in sich klingen ließ und mit sparsamen Bewegungen dieses innere Bild den Ausführenden und letztlich dem Publikum zu vermitteln suchte.

Durch kleine, präzise Gesten ist ein versierter Aufführungsapparat viel stärker zu beeinflussen als durch aufwendige Bewegungen. Das war übrigens auch das „Geheimnis" von Karl Böhm, der durch seine knappe Zeichengebung jeden Musiker gleichsam zwang, genau hinzuschauen und mit höchster Konzentration bei der Sache zu sein. Ich habe das bei Opernaufführungen unter seiner Leitung an mir selbst erfahren, welche musikalische Intensität aus dieser Spannung erwuchs. Oder ein anderes Beispiel: Bei einer Opernvorstellung unter Wolfgang Sawallisch habe ich fasziniert verfolgen können, wie dieser Dirigent ganz zielstrebig auf bestimmte Höhepunkte hinsteuerte und dies durch seine Bewegungen auch mitzuteilen verstand.

Da ich inzwischen seit vielen Jahren selbst dirigiere, erscheint die Frage berechtigt, was ich von den vielen führenden Dirigentenpersönlichkeiten, denen ich als Sänger begegnet bin, für meine Dirigiertätigkeit profitieren konnte. Nun, es wäre sicher verfehlt, so bedeutende Künstler wie Herbert von Karajan oder Karl Böhm kopieren zu wollen. Und wenn ich – zunächst sicher ganz unbewusst – für mich etwas gelernt habe aus dem Umgang mit Dirigenten, so vor allem, wie ich es nicht machen sollte.

Aber natürlich habe ich während meiner Sängerlaufbahn auch die Gelegenheit genutzt und bedeutenden Dirigenten auf die Hände geschaut. Herbert von Karajan hat in einem Fernsehinterview (für den Report „Peter Schreier – Wege und Stationen eines Weltstars") gesagt, es habe ihn nicht überrascht, als ich eines Tages mit dem Dirigieren anfing. Er hätte das schon lange erwartet, denn ihm sei nicht entgangen, wie aufmerksam ich ihn manchmal bei der Arbeit beobachtete. Karajan hatte das meist stillschweigend geduldet. Einmal allerdings, es war – wenn ich mich richtig erinnere – bei der Generalprobe zur „Missa solemnis" von Beethoven, hatte ich statt des Klavierauszuges die Eulenburg-Taschenpartitur in der Hand.

Das passte Karajan nicht, und er riss sie mir wutschnaubend aus der Hand. Hier ging er für meine Begriffe allerdings zu weit.

Als ich zu dirigieren begann, habe ich mir manches wohl leichter vorgestellt, als es sich in der Praxis erweist. Inzwischen weiß ich, wie überaus schwierig es ist, die eigenen Vorstellungen möglichst verlustlos auf ein Ensemble zu übertragen. Das zwingt den Dirigenten, konsequent seine Absichten zu verfolgen. Aber zwischen dem, was man will und schließlich erreicht, bleibt meist eine ziemliche Diskrepanz, ein unbewältigter Rest.

Wenn ein Orchester den Weisungen des Dirigenten mit hoher Sensibilität folgt, ist das zumeist ein Ergebnis intensiver und vor allem kontinuierlicher Erziehungsarbeit, wie sie etwa Herbert von Karajan viele Jahre hindurch mit den Berliner Philharmonikern demonstriert hat. Daraus erwächst dann ein Höchstmaß an Übereinstimmung und Verständigung; das „Wunder" des künstlerischen Erfolges ist zu einem großen Teil die Frucht ausdauernden schöpferischen Bemühens.

Bach – lebendig musiziert: Am Beispiel Matthäus-Passion

Zu den Werken, mit denen ich mich in allen Phasen meines Lebens immer aufs Neue beschäftigt und auseinandergesetzt habe, gehört Bachs Matthäus-Passion. Über dieses bewegende, in seiner Aussage zutiefst menschliche Oratorium ließe sich vieles sagen: über seine Wirkung auf den Hörer heute, über Besonderheiten der Komposition, über Möglichkeiten der Interpretation. Man könnte jede Arie, jedes Rezitativ, jeden Choral, jeden Chor analysieren – aber das würde den Rahmen dieses Buches sprengen, und darum beschränke ich mich auf einige Aspekte, die mir in Hinblick auf dieses Werk besonders wichtig erscheinen.

Meine Beziehung zu diesem Werk, die meine Interpretation bestimmt, ist aus einer Tradition erwachsen, die – glaube ich – charakteristisch ist für den sächsischen Protestantismus und die mit ihren Wurzeln bis in die Zeit Bachs zurückreicht. Diese Beziehung hat sich seit meiner Kruzianerzeit kontinuierlich weiterentwickelt. Und zwar nicht nur in meiner sängerischen, sondern auch in meiner dirigentischen Tätigkeit. Als Beispiel dafür möchte ich nur meine Auffassung von Bachs h-Moll-Messe anführen. Ende 1981 habe ich dieses Werk für die Aufnahme des VEB Deutsche Schallplatten dirigiert, wenige Zeit später Aufführungen in einem Konzert des Wiener Musikvereins und zum IV. Internationalen Bachfest in Leipzig geleitet.

Gerade bei dem Festkonzert im Neuen Gewandhaus zu Leipzig war meine Absicht schon äußerlich ablesbar: Ich habe den personell reduzierten Leipziger Rundfunkchor von der Chorempore heruntergenommen und den Ensembles der Solisten und des Neuen Bachischen Collegium Musicum unmittelbar zugegliedert. Was mir vorschwebte, war die disziplinierte Einstellung auf kammermusikalische Transparenz. Unter „diszipliniert" verstehe ich hier übrigens auch das Hören aufeinander – eine Grundvoraussetzung dafür, um zu einem wirklich ausdrucksvollen Klangbild zu gelangen.

Aufgrund der glücklichen Leipziger Besetzung boten sich mir in diesem Sinne flexible Möglichkeiten für die Wahl der Tempi und für ein federndes, durchsichtig-schwebendes Musizieren. Jeder Sänger und Instrumentalist lässt sich dabei besser motivieren, zu intensiverem Ausdruck führen; jeder sollte sich vom Dirigenten gleichsam als Solist angesprochen und gefordert fühlen. Ich meine, nur so gelangen die Interpreten bei diesem oratorischen Großwerk zu ideeller und musikalischer Übereinstimmung von vokalem und instrumentalem Musizieren. Selbst Theo Adam, den Basssolisten dieser Leipziger Aufführung, den ich im guten Sinne als konservativen Musiker kenne, konnte ich mit dieser neuen interpretatorischen Konzeption überzeugen.

Aber zurück zum Ausgangspunkt dieses Kapitels. Als Chorknabe nimmt man solche Traditionsbeziehungen peripher, nur unbewusst wahr. Man singt mehr aus Freude an den unvergleichlich packenden und dramatischen Chören und Chorälen, die wie gewaltige Säulen das gesamte Werk tragen. Dabei ist im Falle des Chorals „Wenn ich einmal soll scheiden" fünfmal dieselbe Melodie verarbeitet – aber, jeweils der Stimmung oder der Situation angepasst, in einer anderen Tonart, mit anderem Text. Und sie erscheint in ständiger harmonischer Veränderung.

Da fast jeder Chorsänger stimmliche Wandlungen durchmacht und manch einer vom Sopran bis hin zum Bass vielleicht alle Stimmen während seiner Kruzianerzeit einmal gesungen hat, war es für uns besonders interessant und reizvoll, die verschiedenen harmonischen Wendungen in den Stimmen zu singen, Durchgänge, Harmonieveränderungen gleichsam zu genießen, so dass dieser Choral sich quasi wie ein „Ohrwurm" durch unsere Kruzianerzeit gezogen hat.

Heute noch erlebe ich, dass ehemalige Kreuzchormitglieder beim Hören der Matthäus-Passion „ihre" Stimme, die sie am längsten im Chor gesungen haben, genau nachvollziehen können. Auch für mich entstand eine starke innere Beziehung zu dieser Musik.

Ich singe nun schon seit Jahrzehnten mit immer intensiverem Eindringen in diese Schöpfung Johann Sebastian Bachs den Evangelisten, und ich meine, dass die Grundhaltung, die Leidensgeschichte des Herrn auch wirklich mit Passion vorzutragen, unerlässlich ist. Meines Erachtens genügt es nicht, gleichsam eine neutrale Berichterstattung zu geben, es gehört Engagement, Bekenntnis dazu, es erfordert Besinnung darauf, unter welchen gedanklichen Voraussetzungen das Werk geschrieben wurde. Ich verstehe den Evangelisten in dieser Passion als Mittler und Kommentator der Schriftworte. Meine vom Glauben geprägte Lebenshaltung hilft mir bei meiner Interpretation dieser Partie in hohem Maße.

Nun könnte man mir entgegenhalten, in der logischen Konsequenz würde das bedeuten, die Matthäus-Passion dürfe niemand singen, der nicht mit christlicher Grundhaltung an die Interpretation heranginge. Aber das darf man nicht so absolut sehen. Die Werke Bachs werden heute im sakralen wie im profanen Raum aufgeführt, sie sind Allgemeingut. Doch ich verstehe Bachs Schaffen aus seiner Zeit heraus. Wenn wir heute ein Werk Beethovens aufführen, so bemühen wir uns auch, es aus dem revolutionären Geist seiner Zeit heraus zu begreifen, die Absichten des Komponisten zu erkennen und sie bei der Wiedergabe deutlich zu machen. Genau dasselbe sollten wir bei Bach tun. Wir wissen, dass er als gläubiger Mensch und als Thomaskantor für eine christliche Gemeinde komponiert hat, und darum bin ich überzeugt, dass ich dem Werke Bachs am besten gerecht werden kann, wenn ich mich ihm von dieser Position her nähere.

Ich habe den christlichen Glauben nicht wie ein Lehrfach aufgenommen, sondern gleichsam mit der Muttermilch empfangen. Was durch Einfluss und Beispiel meiner Eltern in mir angelegt worden war, wurde gefestigt und bestätigt durch die Erziehung im Kreuzchor, insbesondere durch meinen Mentor Rudolf Mauersberger, der ein ganz überzeugter Christ war, was sich in seiner menschlichen Haltung, in seiner Lebensführung, in seinen ethischen Grundsätzen ausdrückte. Wenn eine Persönlichkeit wie Rudolf Mauersberger täglich Vorbildwirkung ausübt, wenn man ständig mit sakraler Literatur konfrontiert wird, wenn man überdies in einer christlichen Familie herangewachsen ist, so hat das bestimmenden Einfluss auf die eigene Lebensanschauung.

Doch ich trete keineswegs vor das Publikum einzig mit der Absicht zu missionieren im Sinne eines Predigers, wie ich das geäußerten Erwartungen von Besuchern zuweilen entnehme. Mir geht es als Sänger der Evangelistenpartie in erster Linie darum, den Vorgang lebendig zu interpretieren, die Zusammenhänge des biblischen Berichts, wie Bach sie in der Passion nach dem Matthäus-Evangelium darstellt, dem Hörer so eindringlich zu vermitteln, als wäre ich gleichsam dabei gewesen.

Das Problem für den Sänger liegt darin, mit welchen Mitteln und auf welcher Weise er den Hörer am besten anzusprechen vermag. Mit schönen Tönen allein ist da für die Erschließung des Sinngehalts wenig getan. Wenn ich das Publikum fesseln und überzeugen will, bedarf es einer ganz bestimmten Art und Weise der Interpretation, mit der ich Aufmerksamkeit wecken und gewinnen kann. Dabei gibt es mannigfache Möglichkeiten.

Von den Organisatoren des Internationalen Musikseminars in Weimar aufgefordert, habe ich 1979 einen Sommerkurs für Nachwuchssänger übernommen, mich der Interpretation Bachscher Musik gewidmet. Ich habe dabei zu verdeutlichen versucht: Aufgabe des Interpreten ist es, ein Werk inhaltlich und stilistisch zu erfassen und dem Hörer zu vermitteln. Das erfordert vom Sänger, sich alle Gestaltungsmittel bewusst zu machen und sie anzuwenden. Dazu gehören eine permanente physische Bereitschaft zum Singen, diese schon genannte Art von „Dauerespressivo", ein unbedingtes Engagement – körperlich, seelisch und geistig. Dies spricht sich so leicht hin, aber wie sieht das praktisch aus, wie gelangt man dorthin?

In dem genannten Sommerkurs habe ich versucht, einiges von meinen Berufserfahrungen weiterzugeben. Eine Fülle von Ausdrucksformen wie Phrasierung, Deklamation, Dynamik und andere stehen dem Sänger zu Gebote. All diese Komponenten ergeben ein breites Spektrum für die Gestaltung, und es ist eigentlich unbegreiflich, wie wenig davon gemeinhin für den Vorgang genutzt wird. Eben das wird jungen Sängern während der Ausbildung nur unzureichend vermittelt. Auch ich habe das nicht beim Studium als Lehrstoff aufgenommen, sondern mir allmählich in der sängerischen Praxis angeeignet. Hier muss jeder Sänger weitgehend sich selbst helfen. Aber schließlich besteht ein wichtiges Kriterium für Künstlerschaft darin, inwieweit ein Sänger es versteht, seine eigene Sprache zu finden. Als berufserfahrener Solist kann man da lediglich Hinweise geben, die auf diesem Wege vielleicht voranhelfen.

Häufig fehlen jungen Sängern das erforderliche Engagement und der Mut dafür, dass sie dem Hörer Wesentliches mitteilen wollen. Ich habe Nachwuchssänger mit überdurchschnittlich gutem stimmlichem Material erlebt, denen es genügte, sich in schönen Tönen zu „baden", die aber den Instinkt oder die geistige Beweglichkeit für eine Interpretation nicht mitbrachten oder denen auch die technischen Voraussetzungen nicht in dem nötigen Maße verfügbar waren.

Meine Aufgabe bei diesem Sommerkurs habe ich darin gesehen, Anregungen zu geben, indem ich meine Auffassung zur Diskussion stellte. Ich habe mich mit dem Rezitativ bei Bach am Beispiel der Matthäus-Passion auseinandergesetzt, Aspekte von allgemeiner Gültigkeit benannt. Und ich habe – über meine subjektive Vorstellung – den jungen Künstlern zu erklären versucht, dass durchaus zehn verschiedene Sänger den Evangelisten singen können, jeder auf seine ganz eigene Weise.

Es wäre wenig sinnvoll, wollte ich jungen Sängern meine Auffassung aufdrängen. Sie sollen durch meine Darstellung auf gewisse objektive Kriterien bei der Erarbeitung einer Partie hingewiesen und zu eigener Beschäftigung mit den Problemen inspiriert werden. Bei meinen Bemühungen um eine ganz gegenwärtige Interpretation des Evangelistenberichts gehe ich von dem Bestreben aus, vor allem jene Hörer anzusprechen, die ohne sonderliche musikalische Vorbildung oder auch innere Beziehung zu dem biblischen Stoff in ein Konzert kommen, um die Matthäus-Passion auf sich wirken zu lassen. Ihnen Bachs Botschaft in ihrer zeitübergreifenden historischen Aussage und Bildhaftigkeit nahe zu bringen, darin sehe ich meinen Auftrag.

Welche Mittel zu einer lebendigen Interpretation stehen dem Sänger des Rezitativs zu Gebote? Da gilt es, die Sprache voll zu nutzen, da sind die harmonischen Wendungen bewusst zu machen, da lässt sich mit dynamischer Differenzierung große Wirkung erreichen, da wird durch Tempoveränderungen der Ausdruck maßgeblich bestimmt. Vor allem aber ist bei Bach die Phrasierung entscheidend. Auch die melodiöse Linie kann den Einsatz der Appoggiatur nahe legen. Im Einzelfall wird es dem Geschmack oder Ausruckswillen des jeweiligen Sängers oder Dirigenten anheim gestellt bleiben, wie sie die Vorhalte nutzen.

Wichtige Anregungen für die musikalisch richtige Phrasierung kann der Sänger dem Orchesterpart entnehmen, denn Bach war auf die Möglichkeiten der damaligen Instrumente angewiesen, deren Eigentümlichkeiten ganz bestimmte Phrasierungen erforderten. Nehmen wir zum Beispiel die Stelle „So ist mein Jesus nun gefangen": Hier wird vom Orchester im Vorspiel bereits die Art der Phrasierung und Artikulation vorgegeben, wie sie die Sänger übernehmen müssten. Es gibt dort Achtelvorschläge, die nach meinem Gefühl – Vergleiche mit anderen Stellen rechtfertigen diese Auffassung – aus gestalterischen Gründen fast so kurz wie Sechzehntel gespielt werden müssen, um die Situation klarer zu veranschaulichen. Durch diesen Akzent des Sechzehntelvorhaltes wirkt die Melodie aggressiver und führt logischer hin zu dem folgenden wuchtigen Chor „Sind Blitze, sind Donner ...". Ein ruhiges Achtel würde an dieser Stelle zu weich, zu lyrisch klingen und der Stimmung nicht gerecht werden. Das sind gestalterische Mittel, die auf den Inhalt hinweisen und die vom Sänger beachtet und bewusst eingesetzt werden sollten.

Oder denken wir an Chorstellen, wo zwei Noten mit einem Bogen versehen sind. Das bedeutet, die beiden Noten sind gebunden zu singen, doch zugleich müssen sie dynamisch unterschiedlich erklingen, bei abwärts führender Linie wird die zweite Note jeweils leichter genommen, also „fallengelassen" – ein wichtiges Ausdruckselement.

Wer die Rezitative nicht bloß als sachlichen Bericht versteht und wiedergibt, sondern engagiert und überzeugt den Text deutet, schafft damit eine wichtige Voraussetzung, die Passionsdarstellung geradezu bildhaft-plastisch zu gestalten – ohne stilistische Forderungen der Vorklassik zu missachten. Durch sinngemäßes Akzentuieren des Textes, Hervorheben eines besonders wichtigen Wortes vermag der Sänger Spannungsmomente zu schaffen. Er kann dem Duktus eines anschaulichen Erzählens folgen und dabei durch sprachliche Eindringlichkeit den Hörer fesseln. Ein von der Notierung gefordertes Legato darf nicht Langeweile auslösen. Und eine Reihe gleicher Notenwerte sollte nicht zu Gleichförmigkeit des Ausdrucks verführen. Auch die Pause ist ein wichtiges Gestaltungselement, sie vermag äußerste Spannung zu erzeugen, so dass der Hörer geradezu atemlos auf die folgende Aussage wartet. Als Beispiel möchte ich die große Bass-Arie „Gebt mir meinen Jesum wieder" aus der Matthäus-Passion nennen. Wenn man als Dirigent nach den ersten beiden Takten des Vorspiels mit Hilfe der Pause den Beginn des zweiten Themas ein wenig verzögert, ergibt das eine ungeheure Spannung.

Für relevant erachte ich es auch, dass der Evangelist im musikalischen Ausdruck bereits auf das folgende Stück (Chor oder Arie, Pilatus- oder Christuswort) vorbereitet, dass er Rhythmus und Stimmung vorgibt, andererseits auch an die vorausgegangene Aussage anknüpft und das zuvor Erklungene nachschwingen lässt. Die Christusworte sind durchweg in Streicherharmonien gebettet, doch beim verzweifelten Aufschrei „Eli, eli, lama ..." wird der Sänger lediglich von der Orgel beziehungsweise dem Cembalo begleitet. Das signalisiert, dass Bach den zum Tode verurteilten sterbenden Christus einzig als den leidenden Menschen schildern will, während zuvor die Christusworte durch den Streicherklang gleichsam einen göttlichen Nimbus erhalten. Der Evangelist muss die Christusworte in Dynamik und Tempo so vorbereiten, dass sein Gesang dem Tempo und der Dynamik der Christusworte entspricht, auf Inhalt und Charakter dieser Worte exakt hinführt.

In ähnlicher Weise gilt das für die Übergänge zu den Chören. Wenn am Anfang der Chor verhalten, aber erregt flüstert: „Ja nicht auf das Fest, auf dass nicht ein Aufruhr werde ...", so ist es Aufgabe des Evangelisten, darauf einzustimmen, die Atmosphäre von Erregung und Verschwörung im Tonfall seines Rezitativs schon deutlich zu machen: „.... wie sie Jesum mit Listen griffen und töteten". Diese Stimmung ist von Bach dem Evangelisten kompositorisch vorgegeben. Sache des Sängers ist es nun, durch sprachlichen Ausdruck, durch dynamische Akzentuierung, durch ein Anziehen des Tempos auf den folgenden Chor hinzuführen.

Bei der Schilderung des Verhörs durch die Hohenpriester singt der Evangelist: „Da speieten sie aus in sein Angesicht und schlugen ihn mit Fäusten." Dort muss das Metrum von dem sturen Gleichmaß brutaler Schläge sein, schwere und gleichförmige Achtelnoten sollten die Wucht der Faustschläge kennzeichnen. All diese Zusammenhänge muss der Sänger erkennen und berücksichtigen, solche Nuancen sind notwendige Gestaltungsmittel für eine lebendige, farbige, werkgerechte Darbietung der Matthäus-Passion. Die von Bach mit musikalischen Mitteln ausgedrückte, oft nahezu realistisch-bildhafte Beschreibung von Situationen und Emotionen ließe sich noch an vielen Beispielen aus der Passion nachweisen. So berichtet der Evangelist beispielsweise: „Und da sie den Lobgesang gesprochen hatten, gingen sie hinaus an den Ölberg." Dieser Aufstieg zum Ölberg wird vorher im Continuopart durch eine gleichmäßig aufsteigende Folge von Sechzehntelnoten vorgespielt. Der Evangelist singt das nach, aber bezeichnenderweise wird dieser Lauf oben – wo der Weg beschwerlicher wird – im Tempo etwas verlangsamt, die Notenwerte werden breiter, es erscheinen Achtelnoten. Das sind im Grunde winzige Details, die dem Hörer nicht immer deutlich bewusst werden, die aber auf den Rhythmus des Erzählens erheblichen Einfluss haben und eine bezwingende kompositorische Logik offenbaren. Dieser Stelle folgt das Rezitativ des Christus mit dem Schriftwort: „Ich werde den Hirten schlagen." Hier setzt im Orchester ein Stakkato der Streicher mit sehr raschen, harten Sechzehntelnoten ein – eine fast naturalistische Schilderung des Schlagens auf den Hirten.

Eine charakteristische Stelle, die den musikalischen Duktus des Evangelistenberichts aus dem vorher Gesagten ableitet, ist auch die Verleugnung des Petrus: „Ich kenne des Menschen nicht." Die gleiche Folge von Intervallen mit einer Sexte als Auftakt – nur in entsprechend höherer Lage – singt im selben Tempo wie Petrus anschließend der Evangelist auf den Text: „Und alsbald krähete der Hahn." Damit ist musikalisch auf überzeugende Weise der direkte Zusammenhang zwischen dem Verrat des Petrus und dem prophezeiten Krähen des Hahns verdeutlicht.

Nicht ohne Zögern und Vorbehalt hatte ich mich bei dem Internationalen Musikseminar in Weimar auf das Neuland begeben, das die pädagogische Tätigkeit für mich bedeutete. Bei einem Werk wie der Matthäus-Passion, das eine zentrale Stellung in meiner Sängertätigkeit behauptet, fühlte ich mich zumindest legitimiert, etwas von den Erfahrungen weiterzureichen, die ich in jahrzehntelangem Umgang mit diesem Passionsbericht gewonnen habe.

Worin besteht das Einmalige, das Unvergleichliche der Matthäus-Passion, die Karl Liebknecht als „das wundervollste Werk auf dem Gebiet des Oratoriums" bezeichnete? Obwohl ich seit so vielen Jahren das Werk kenne und bei seinen Aufführungen mitwirke, stelle ich immer wieder fest, dass ich selbst von dieser Musik geradezu überwältigt werde. Wenn einer dieser großen Chöre mit seiner hochdramatischen Wirkung aufbraust, überläuft mich regelrecht ein Schauer. Das ist von Bach so großartig komponiert, dass es mein innerstes Empfinden anrührt, gleich, unter welchen äußeren Bedingungen ich es erlebe – ob als Evangelist auf dem Podium oder unterwegs aus dem Autoradio.

Diese unmittelbar starke Wirkung der Passion hat wiederum Einfluss auf meine sängerische Leistung. Sobald diese Musik anhebt, verlieren sich Nervosität oder Unkonzentriertheit, ich stehe sofort im Banne des Berichts, die Zusammenhänge werden plastisch, und es ist durchaus sekundär, wie ich disponiert bin, weil ich weiß, es geht um eine großes Werk. Und das lässt mich in keiner Phase kalt. Wenn etwa ein turbulenter Doppelchor wie „Sind Blitze, sind Donner ... " vorausgeht, ist es ganz folgerichtig, dass ich mich veranlasst sehe, attacca weiter zu singen in demselben aufgebrachten Tonfall bis zu der Stelle: „.... und schlug des Hohenpriesters Knecht und hieb ihm ein Ohr ab." Das ist eine ungeheuer erregende Szene, die den Berichterstatter nicht gleichgültig lassen kann. Man wird einfach mitgerissen von der Dramatik des Vorgangs.

Anlässlich meiner Schallplatteneinspielung der Bachschen Oratorien in den achtziger Jahren als Dirigent habe ich gleichzeitig auch den Evangelisten gesungen. Das ist bei so einer Aufnahme technisch möglich. Aber das Aufnahmeteam und auch die Musiker der Dresdner Staatskapelle überzeugten mich, dass diese Doppelfunktion auch im Konzert möglich ist. Allerdings muss man dabei eine ganz spezielle Aufstellung praktizieren und so kam ich zu der Überzeugung, dass das am besten möglich ist, wenn man Orchester und Chor in einem Halbkreis aufstellt und der Dirigent und Evangelist aus der Mitte des Halbkreises heraus zum Publikum gewandt agiert.

Ich glaube, dass ich damit Gelegenheit hatte, durch die Interpretation des Evangelisten Einfluss zu nehmen auf den Gesamtablauf der Passionen, und zwar Einfluss zu nehmen auf die Dynamik, auf die Tempi und auf die Stimmungen und Spannungen.

Ich habe diese Art der Aufführung in den letzten 15 Jahren von San Francisco bis Moskau und von Rom bis Helsinki mit großem Erfolg verwirklicht.

Technik im Dienst der Kunst

Seitdem die Schallplatte erfunden ist, üben die rotierenden schwarzen Scheiben – heute die kleinen silbernen – eine besondere Faszination auf das Musikpublikum aus. Die Aufnahmetechnik verbessert sich ständig, die Wiedergabemöglichkeiten werden mehr und mehr verfeinert. Heutzutage ist ein Musikliebhaber jederzeit imstande, ein Opern- oder Konzertprogramm nach seiner Wahl und nach seinen Besetzungswünschen in hoher Tonqualität bei sich zu Hause zu arrangieren.

Der Umfang der CD-Produktion hat international in einem Maße zugenommen, dass man von einer Steigerung ins Unübersehbare, geradezu von einer inflationären Entwicklung sprechen kann. Aber eines ist gewiss: Wir Künstler brauchen in keiner Weise darüber besorgt zu sein, dass uns die CD etwa das Publikum entführt. Den unmittelbaren persönlichen Kontakt, der sich bei einer Musikdarbietung im Konzertsaal herstellt, kann die Schallplatte auch durch große technische Attraktivität nicht wettmachen. Ich beobachte das an mir selbst: Bei aller klanglichen Brillanz ist auch eine hervorragende Musikaufnahme für mich nur eine Konserve, die primär technisches Interesse verdient.

Gewiss, ich erfreue mich an der Musik, die aus meinen Lautsprechern dringt, aber noch mehr an den technischen Finessen, an dem Phänomen Klang, an der Wirkung in meinem Raum. Das eigentliche Kunsterlebnis indessen, das zu Herzen geht, das bewegt, berührt, ergreift – es will sich nur in den seltensten Fällen einstellen. Was für mich das Musikerlebnis ausmacht, vollzieht sich nur in der unmittelbaren Begegnung mit dem Interpreten. Ähnlich wird es anderen Musikfreunden auch ergehen. Denn sonst hätten wir wohl längst leere Konzertsäle und Opernhäuser, und Kunstrezeption fände ausschließlich daheim im Wohnzimmer statt.

Seit Jahrzehnten schon singe ich für die Schallplatte und habe die Erfahrung gemacht, dass die meisten Sänger – so auch ich – mit Aufnahmen in einem Stadium beginnen, da sie künstlerisch noch nicht ausgereift sind.

Mit Herbert von Karajan im Schallplattenstudio. Unzählige Aufnahmen bewahren das künstlerische Vermächtnis des großen Dirigenten.

Ich bin seit meinen frühen Aufnahmen nicht nur stimmlich gewachsen, sondern ich habe auch zu vielen Stücken eine ganz andere Beziehung gewonnen. Manche Platten, die ich vor Jahren aufgenommen habe, möchte ich heute am liebsten noch einmal neu machen. Ich bin davon überzeugt, dass ich vieles anders, besser, überzeugender gestalten würde.

Trotzdem stehe ich zu diesen Aufnahmen, weil sie eine bestimmte Phase meiner künstlerischen Entwicklung dokumentieren. Damals war ich wohl in erster Linie bestrebt, dem Tonregisseur gerecht zu werden. Da war ein Konsonant nicht gut verständlich, ein Ton nicht ganz sauber, und bei der Wiederholung habe ich dann gewissenhaft auf die beanstandeten Punkte geachtet. Die Aufnahme wurde schließlich ganz präzis, nur fehlte völlig die innere Spannung, die eine lebendige Darbietung ausmacht. Man vergisst bei all dem Streben nach höchster Genauigkeit, dass man schließlich jemanden ansprechen möchte.

Den Tontechnikern kann ich kaum einen Vorwurf machen, ihre Aufgabe ist es nun mal, eine technisch akkurate Aufnahme zu garantieren. Und nicht jeder Tonregisseur besitzt das Gefühl für die große musikalische Linie, für den Charakter eines Musikstückes. Ich selbst habe erst nach und nach die Sinne dafür geschärft, wie Schallplatten klingen sollten.

Als Beispiel für eine Aufnahme, die musikalisch sauber und dabei überaus stimmungsvoll ist, empfinde ich die Weber-Lieder zur Gitarre, die ich gemeinsam mit Konrad Ragossnig eingespielt habe. Diese Frische, der emotionale Gehalt, die sich dem Hörer mitteilen, erscheinen mir wichtiger als eine technische, aber kalte Perfektion. Ohne diese Unmittelbarkeit der Wirkung bleibt die Schallplatte sterile Tonkonserve.

Gerade auch jene Opernaufnahmen, die „live" als Mitschnitte bei den Salzburger Festspielen entstanden („Così fan tutte", „Don Giovanni"), haben Atmosphäre, atmen Leben, sie wirken überaus intensiv auf den Hörer, auch wenn gelegentlich ein Husten aus dem Zuschauerraum oder ein Poltern von der Szene zu vernehmen sind. Die Möglichkeiten moderner Aufnahmetechnik können dazu dienen, einem Musikwerk zu starker Wirkung zu verhelfen; aber manchmal verselbständigen sie sich auch.

Es geschieht immer häufiger, dass man einzelne Stimmen synchronisiert, ja dass ganze Partien im Synchronverfahren aufgenommen werden. Wenn ein Sänger wegen Krankheit oder anderer beruflicher Verpflichtung bei der Aufnahme nicht anwesend sein kann, wird die Musikbegleitung vom Orchester aufgezeichnet, und der Sänger kann zu einem späteren Zeitpunkt seine Arie nachholen. In einem solchen Verfahren, das wirklich dem Ausnahmefall vorbehalten bleiben sollte, habe ich mit dem Cleveland Orchestra unter der Leitung von Christoph von Dohnanyi den Loge in Wagners „Rheingold" aufgenommen. Das hat mich enorm hohe Konzentration gekostet, stets den vorgegebenen Tempi zu folgen.

Wenn ich beispielsweise mit einem Dirigenten wie Karl Böhm zusammenarbeitete, bestimmte er im Wesentlichen zwar das Tempo, dennoch ging er auf den Sänger und dessen Gestaltung feinfühlig ein. Machte hier ein kleines Ritardando, beschleunigte dort ein bisschen. Solche produktive Partnerschaft ist durch technische Tricks nicht zu ersetzen und durch das Synchronverfahren unmöglich. Dennoch habe auch ich schon an solchen Aufnahmen mitgewirkt. Beispielsweise kam ich zur Aufnahme von Bach-Kantaten nach München. Mein Duettpartner Dietrich Fischer-Dieskau aber war erkrankt. So machte ich die Aufnahme allein mit dem Orchester, und Fischer-Dieskau holte seinen Part später nach. Als Theo Adam eine Wagner-Platte aufnahm, bat er mich kurzfristig, einige Sätze des Parsifal in der Gurnemanz-Erzählung zu singen. Aus Zeitmangel musste ich es synchron tun.

Erwies sich hierbei die Technik als Hilfe, um die Aufnahme nicht scheitern zu lassen oder auf ungewisse Zeit hinauszuzögern, so sehe ich mit Unbehagen eine andere Seite der Sache: dass nämlich fertige Aufnahmen aufgrund der modernen Aufzeichnungsmethoden nachträglich von der Technik manipuliert werden. Da wird beispielsweise eine Opernszene mit einer 16-Spur-Maschine aufgezeichnet, jeder Sänger hat seine eigene Tonspur, und erst im Nachhinein wird das Ganze gemischt, werden einzelne Stimmen herausgehoben, anderen angeglichen, wird die Aufnahme mit Hall versehen und zusammengeschnitten. Und das Ergebnis ist im ungünstigen Fall „Musik aus der Retorte" nach dem Geschmack eines Tonregisseurs.

Die Frage, ob ein Sänger durch die Schallplatte sein eigener schärfster Konkurrent ist, weil hier die hochwertige Aufnahme einer jeweils schwankenden Tagesform entgegensteht, möchte ich mit Entschiedenheit verneinen. Natürlich kann man für die Schallplatte einzelne Stellen wiederholen, bis die günstigste Variante erreicht ist. Ich denke zum Beispiel an die Isolde in Wagners „Tristan", die bei der Bühnenaufführung nach drei Akten physisch bereits stark beansprucht worden ist, wenn sie den Liebestod singt. Bei einer Schallplattenaufnahme kann sie diese Szene singen, wenn sie ausgeruht ist, um die heiklen Passagen mit der erforderlichen Frische und Intensität zu bewältigen. Diese Vorzüge verkenne ich durchaus nicht. Doch andererseits frage ich mich, ob wirklich so viel davon abhängt, dass ein hoher Ton „steht", dass er mit Kraft und Ausdruck bravourös dargeboten wird. Besteht nicht das eigentliche Erlebnis einer Opernaufführung darin, dass eine Gestalt in all ihren Regungen und Wandlungen uns menschlich nahe gebracht wird? Ist da ein einzelner Ton nicht von zweitrangiger Bedeutung? Ungeachtet meiner Skepsis gegenüber Schallplattenaufnahmen muss ich im Nachhinein feststellen, dass ich doch auf etwa 200 Aufnahmen gekommen bin.

Ein anderes technisches Medium, das Fernsehen, habe ich jahrelang gemieden, weil es in erster Linie doch das Auge anspricht. Musik aber will gehört werden, und Showeffekte jeder Art, die den Zuhörer optisch beeindrucken, durch Äußerlichkeiten fesseln und vom Musikerlebnis ablenken, machen mich misstrauisch. Aber schließlich erkannte ich, dass man über das populäre Medium Fernsehen nicht selten Leute erreicht, die einen Konzertsaal oder ein Opernhaus bislang selten oder gar nicht besucht haben. Ich erhielt im Laufe der Jahre viele Zuschriften von Hörern, die dankbar waren, dass ihnen durch das Fernsehen ein ganz neuer Erlebnisbereich eröffnet wurde. Solche Äußerungen bestätigen mir den Wert von Musiksendungen im Fernsehen.

In der Reihe „Meister des Liedes", die ich selbst kommentiert und moderiert habe, konnte ich interessante Erfahrungen in Bezug auf die Gestaltung und Wirksamkeit von Liedern sammeln. Die ersten Folgen der Sendereihe entstanden im Playback-Verfahren: Es wurden Schallplattenaufnahmen von mir verwendet, und gefilmt wurde an historischen Stätten – im ehemaligen Wohnhaus des betreffenden Komponisten oder auch in der freien Natur. Die „Liebesliederwalzer" von Brahms beispielsweise haben wir im Pillnitzer Schlosspark gedreht, also in einer Szenerie, wo man sonst keine Lieder singen würde.

Aber das Playback-Verfahren besitzt einen großen Nachteil: Als Sänger achtet man zu sehr darauf, mit der Musik vom Band synchron zu sein, und dabei geht viel von der Unmittelbarkeit der Gestaltung im Bild verloren. Ich kann dabei eben nicht die im Konzertsaal selbstverständlichen Mittel des Ausdrucks einsetzen, um die Aussage eines Liedes dem Zuhörer voll zu erschließen. Hinzu kommt, dass ich bei der Musikaufnahme vielleicht mit hoher Spannungsintensität singe, mich aber vor der Kamera keineswegs voll einsetze, weil ich ja nur einen Vorgang simuliere, der in diesem Moment gar nicht stattfindet.

All diese Gründe haben mich später veranlasst, die Lieder „live" aufzeichnen zu lassen. Das hat wieder andere Nachteile: Ich muss häufig in akustisch ungünstigen Räumen singen, oder ich muss infolge des technischen Aufwands, der viel Vorbereitungszeit für jede Aufnahme erfordert, gegen Ermüdungserscheinungen ankämpfen, wenn endlich gedreht werden kann. Es kostet manchmal beträchtliche Anstrengung, sich von den äußeren Belastungen frei zu machen und frisch zu sein für die Aufnahme, um den Hörer beziehungsweise Fernsehzuschauer direkt anzusprechen. Da habe ich mir geholfen, indem ich mir ein kleines Publikum wünschte. Es genügten schon einige wenige aufmerksame Besucher, auf die ich mich einstellen konnte. Der Effekt, den ich dann durch meinen Vortrag erzielte, spiegelte sich in den Gesichtern wider und beflügelte mich, regte mich an.

Das Fernsehbild bedarf verständlicherweise einiger Abwechslung. Für eine Sendung mit Schumann-Liedern haben wir zum Beispiel das Schumann-Haus in Zwickau aufgesucht. Ich konnte dort in den Wohnräumen und an Hand von Originaldokumenten sehr anschaulich von den Lebensverhältnissen des Komponisten, von den seelischen Voraussetzungen, unter denen einige Lieder entstanden, berichten. Hier kann die Bildinformation zu einer wertvollen Ergänzung des musikalischen Teils werden, weil das Publikum anschaulich erfährt, wie der Komponist gelebt und geschaffen hat.

Für die Lieder Carl Maria von Webers sind wir mit dem Aufnahmestab in das ehemalige Wohnhaus in Dresden-Hosterwitz gegangen, haben die winzigen Räume gezeigt, in denen der Komponist gelebt und komponiert hat. Das schafft natürlich Atmosphäre für die Darbietung des Werkes, das sind optische Zutaten, die das Verständnis für die Musik wecken und fördern können, die den Komponisten und sein Werk nahe rücken.

Meine Vorbehalte gegen das Medium Fernsehen sind jedoch geblieben, weil die Zurschaustellung von Musik meinem Wesen nach wie vor widerstrebt. Für mich ist das Hören wichtiger als das Sehen, die optische Aufbereitung von musikalischen Werken birgt stets die Gefahr der Veräußerlichung, der Oberflächlichkeit in sich. Wenn ich ein Publikum vor mir sehe, dann bin ich als Sänger darauf konzentriert, diesen Menschen etwas mitzuteilen, ihnen den Inhalt eines Musikstückes farbig zu schildern. Wenn ich aber im Studio nur das Objektiv der Kamera auf mich gerichtet sehe, ertappe ich mich bei dem Gedanken, ob ich vorteilhaft aussehe und lippensynchron mit der Tonaufnahme bin. Und erst in zweiter Linie rangiert die musikalische Aussage, die Einstellung auf imaginäre Zuhörer, denen ich etwas vermitteln will.

Viel angenehmer ist es mir daher, wenn ich einen Liederabend vor Publikum gebe und die Kameras dabei aufzeichnen. Doch das ist nicht unproblematisch, denn der technische Prozess erfordert mehr Licht als gewöhnlich, Mikrophone und Kameras lenken die Zuhörer ab. Aber mir ist diese Art der Fernsehaufzeichnung lieber, denn dadurch vermitteln wir den Fernsehhörern und -zuschauern eine lebendige Atmosphäre und zugleich eine originale Darbietung – ohne Playback-Mogelei.

Dennoch ist das Klangerlebnis beim Fernsehen zurzeit noch weit geringer als bei der hoch entwickelten Stereotechnik von Rundfunk und Schallplatte. Insofern werte ich die Tätigkeit fürs Fernsehen vor allem als eine Möglichkeit, über das visuelle Erlebnis ein potentielles Konzertpublikum zu erreichen und zur Beschäftigung mit der Musik anzuregen. So halte ich es für richtig, den massenwirksamen Bildschirm zu nutzen, um durch geeignete Sendungen zu dokumentieren, dass beispielsweise auch die Liedkunst zu den kulturellen Erscheinungen und Bedürfnissen des Lebens gehört. Darum möchte ich, ungeachtet meiner genannten Vorbehalte, die Arbeit für das Fernsehen weiterführen.

Während die optische Umsetzung eines Liedes aus den genannten Gründen problematisch ist, halte ich Opernwerke durchaus für geeignet, durch Verfilmung popularisiert zu werden. Die Oper erfordert einen gewissen Schauwert, und die Filmtechnik besitzt vielfältige Möglichkeiten, ganz spezifische Momente des Musiktheaters bildhaft umzusetzen, Details durch Nahaufnahmen hervorzuheben, die Aufmerksamkeit auf szenische Vor-

Listiger Loge mit Glatze in Herbert von Karajans Film nach seiner Salzburger Inszenierung von Wagners „Rheingold"

gänge oder Einzelreaktionen – etwa auf einen Gesichtsausdruck – zu lenken, die im Opernhaus vielleicht kaum beachtet werden.

Ich habe bei der „Rheingold"-Verfilmung unter Herbert von Karajans Leitung mitgewirkt. Das war für mich ein nachhaltiges Erlebnis. Zunächst hatte ich Zweifel, ob es mir gelingen würde, meine Bühneninterpretation des Loge den Gegebenheiten des Films anzupassen. Hier gelten ganz eigene Gesetze. Es berührte mich sehr angenehm, dass wir alle großen Gesten, die auf der Opernbühne notwendig sind, um sie dem relativ weit entfernt sitzenden Zuschauer deutlich zu machen, im Film zurücknehmen konnten. Es wird ein ganz natürliches Spiel verlangt, ohne Übertreibung oder Vergröberung. Mit kleinen Bewegungen, mit dem Ausdruck der Augen, mit sparsamer Diktion ist im Film eine große Wirkung zu erreichen, weil die Kameras nahe genug heranfahren und weil durch den Einsatz von Licht und

Farbe die optische Komponente phantastisch überhöht werden kann. Das Konzentrieren auf ganz kurze Szenen, wie sie die Filmarbeit erfordert, erlaubte uns Sängern genaue, kontrollierte Ausdrucksgestaltung durch kleinste Gesten und mimische Nuancen.

Die Nibelungenszenerie wurde durch etwa zwei Dutzend Liliputaner belebt, die den Nibelungenhort heraufschleppten und das Gold hämmerten – das war von grandiosem Effekt. Da wurde mir bewusst, was der Film zu leisten vermag, wie bildkräftig er eine musikalische Schilderung durch seine spezifischen Mittel veranschaulichen, die Aussagekraft der Oper verstärken kann. Die im Theater unvermeidliche Distanz zwischen Szene, Orchesterraum und Publikum ist hier aufgehoben, jede Aktion spricht unmittelbar zum Hörer und Zuschauer.

Der „Rheingold"-Film fußt auf Karajans Salzburger Inszenierung. Ich trug das rote Lederkostüm der Salzburger Aufführung, meine Maske allerdings war für den Film völlig verändert worden. Statt der feuerroten Haare bekam ich eine Glatze, die den Charakter des Loge in interessanter Weise unterstrich. Durch diese Maske fühlte ich mich auf besondere Weise zu neuen Ausdrucksformen angeregt für den intriganten, überlegenen, sarkastischen Typ, den ich zu verkörpern hatte. Insgesamt hat mich die Arbeit für den Film stark beeindruckt und auf neue Weise bereichert.

Sänger mit Familienleben?

Die Kruzianerzeit hat nicht nur meinen künstlerischen Weg bestimmt, sondern auch mein privates Leben beeinflusst. In der Kreuzschule lernte ich meine spätere Frau kennen. Anfangs eine reine Knabenschule, wurde die Kreuzschule einige Jahre nach dem Krieg – wie fast alle der damaligen Gymnasien – zu einer Oberschule mit gemischten Klassen umgewandelt. Eine Parallelklasse von uns gehörte zu den ersten, die Mädchen aufnahmen. Unter ihnen befand sich meine künftige Frau.

Die Kreuzschule war damals im einstigen Wettin-Gymnasium beheimatet, der Kreuzchor befand sich schon in Striesen in der früheren Scharnhorst-Schule, Eisenacher Straße 21. Bestimmte Fächer aber – wie Chemie, Physik und auch Sport – wurden in der Schule am Wettiner Platz gegeben.

Das bedeutete, dass wir ein- oder zweimal in der Woche von Striesen in die Kreuzschule zum Unterricht fahren mussten. Es war uns eine willkommene Gelegenheit, mit den durch Mädchen angereicherten Parallelklassen in näheren Kontakt zu kommen. In diesem Alter – ich war damals etwa fünfzehn – sind junge Burschen für weiblichen Reiz durchaus schon empfänglich. Auch einige Prüfungen wurden gemeinsam mit den anderen Klassen unseres Jahrgangs in der Kreuzschule absolviert. Bei einer dieser Gelegenheiten bin ich meiner späteren Frau das erste Mal begegnet.

Wie viele Kreuzschüler besuchte sie häufig die Kreuzchorvespern. Am Schluss standen dann einige Mädchen – ebenfalls Kontakte suchend – am Turmausgang der Annenkirche, in der wir damals noch sangen, und warteten auf die Kruzianer. Eines Abends fasste ich Mut und sprach die junge Dame an, die mir so gefiel. Ich fragte, ob ich sie zur Straßenbahnhaltestelle am Postplatz begleiten dürfte. Daraus wurde dann eine gemeinsame Bahnfahrt und eine Begleitung bis vor die Haustür in Strehlen, wo ich mich höflich und korrekt verabschiedete, wie es einem Kruzianer geziemte.

Freundschaftliche Beziehungen begannen, die in gemeinsamen Unternehmungen ihren Ausdruck fanden. Ich denke da etwa an eine Maikundgebung, der ich wohl selten mit so freudiger Erwartung entgegensah wie damals, bot sie mir doch Gelegenheit, anschließend mit meiner Freundin durch den Großen Garten zu spazieren und das Volksfest auf besondere Weise zu genießen. Einer der Anlässe, bei denen wir uns näher kennen lernten, war eine Silvesterfeier mit Freunden in Freital. An diesem Abend stellte ich fest, dass wir beide am gleichen Tag und im gleichen Jahr geboren waren. Diesen Zufall betrachtete ich gleichsam als einen Wink des Schicksals dafür, dass wir füreinander bestimmt seien.

Seltene Momentaufnahme von Familienleben: der stolze Großvater mit seinen fünf Enkelkindern, 1994

So begann unsere Freundschaft und Liebe, die sich mit den Jahren mehr und mehr vertiefte. Wir sahen uns hauptsächlich an den Wochenenden, denn alltags war ich so mit den Choraufgaben und später mit meinen Studien beschäftigt, dass ich kaum Zeit und den Kopf frei hatte für meine Freundin – bei meinen Söhnen beobachte ich eher den umgekehrten Vorgang.

Es kam dann später zu einer längeren Trennung, als meine Frau in Leipzig studierte und in Greiz ihre erste Arbeitsstelle antrat. Aber gerade diese Zeit ließ uns beide erst recht empfinden, wie gut wir zueinander passten. Und so gründeten wir schließlich eine Familie – als Heiratsvermittler fungierte unser Sohn Torsten.

Begreiflich und berechtigt ist die Frage, die mir zuweilen im Blick auf die Familie gestellt wird: Hat ein „fahrender Sänger" überhaupt ein Familienleben? Findet er bei den Belastungen, bei dem Arbeitsaufwand, bei den dicht gedrängten Terminen, die eine internationale Karriere mit sich bringt, noch Zeit für die Familie, für die Beschäftigung mit den Kindern? Das ist eine Gewissensfrage. Eigentlich müsste sie von meiner Frau beantwortet werden. Dann würde dieses Kapitel aber sicher sehr kurz ausfallen und die Antwort sehr sarkastisch.

Ich muss gestehen: Ein geregeltes Familienleben nach gutbürgerlichem Verständnis von einst gab es bei uns nicht. Ein unabänderlicher Rhythmus, dass sich die gesamte Familie etwa Punkt ein Uhr am Mittags-tisch und exakt um sechs zum Abendessen versammelt, war nicht denkbar. Aber in welcher Familie gibt es das heute noch? Solche Vorstellungen rühren doch aus vergangener Zeit her, als es beispielsweise noch nicht möglich war, innerhalb weniger Stunden Tausende Kilometer zurückzulegen und Ozeane zu überqueren. Früher war jeder viel stärker an seinen Wohnort gebunden, und das trug wiederum zu einer – jedenfalls scheinbar – engeren Familienbindung bei. Heute gewinnen die Familienbeziehungen – schon durch die Beschäftigung beider Ehepartner – neue Formen und Qualität.

Unser Familienleben fand unter ganz anderen Voraussetzungen statt. Mein Beruf zwang mich, bis zu einem gewissen Grade egoistisch zu sein in meinen Ansprüchen: Der Rhythmus unseres Lebens wurde vorrangig von meinen beruflichen Verpflichtungen bestimmt. Das fängt damit an, dass die gesamte Familie mich möglichst unbehelligt lässt und eine Ruhezone um mich schafft, wenn ich vor einem großen Konzert, vor einer Premiere stehe, wenn ich eine neue Partie erarbeite. Ich wiederum brauche die Atmosphäre von Heim und Familie, diese Bindung und Geborgenheit, um die erforderliche innere Ruhe zum Arbeiten zu finden, um nicht wie ein Roboter nur der einen Aufgabe zugewandt zu sein und die Berührung mit der Wirklichkeit, mit dem täglichen Leben zu verlieren.

Gewiss, es war schon ein Ereignis, wenn einmal die ganze Familie Schreier um den Mittagstisch versammelt war. Darum nutzten wir diese Stunden vielleicht umso intensiver. Wir tauschten uns aus, ich erzählte von meinen Reisen. Es ging zumeist sehr fröhlich zu bei uns, wir lachten gern.

Oft werde ich gefragt, warum ich meine Kinder nicht in den Kreuzchor gegeben habe. Es ist durchaus logisch und vielleicht auch verständlich, dass ich diesen Ehrgeiz für meine Kinder nicht hatte. Ich habe jahrelang im Internat gelebt, habe die von Strenge und Disziplin bestimmte Erziehung erfahren, auch die Doppelbelastung empfunden, der man dort ausgesetzt ist. Denn diese Kinder müssen als Sänger faktisch die Leistungskriterien eines Profichores erfüllen und dabei zugleich den beträchtlichen Anforderungen des heutigen Schulbetriebes genügen.

Gewiss, für einen künftigen Musiker könnte ich aus eigener guter Erfahrung diese wertvollen Lebensjahre im Kreuzchor nur empfehlen, da kommt es vielleicht nicht so darauf an, wenn er nur eine Drei in Mathematik erwischt wie ich – zum Auszählen der Takte haben meine mathematischen Kenntnisse stets ausgereicht. Aber schließlich wollte ich meine Kinder nicht für den Musikerberuf vorprogrammieren und kein Risiko eingehen.

Noch ein anderer Gesichtspunkt sprach bei meiner Entscheidung mit. Ich hatte im Kreuzchor eine ziemlich exponierte Stellung inne, im Knabenchor als Solist, dann als Präfekt, später als Stimmerzieher. Diese Position und meine Sängerlaufbahn wären für meine Kinder vermutlich sehr belastend gewesen. Schon in der Schule – beide besuchten die Kreuzschule, die ja heute eine gewöhnliche Oberschule ist und nur zu einem geringen Prozentsatz Chormitglieder erfasst – hatten meine Jungen ein bisschen unter dem Namen des Vaters zu leiden. Das wäre im Kreuzchor sicher in viel stärkerem Maße aufgetreten. Und da beide ziemlich sensibel sind, wäre der Schaden für sie vielleicht größer gewesen als der Gewinn.

Eine Zeitlang, als junger, noch unerfahrener Vater, war ich versucht, meine Kinder in einem so disziplinierten Stil zu erziehen, wie ich ihn in meiner Kreuzchorzeit kennen gelernt hatte. Aber Familienleben ist kein Internatsleben, und die individuelle Erziehung in der Familie ist mit keiner noch so gewissenhaften pädagogischen Arbeit in einem großen Kollektiv vergleichbar. In unserer Zeit vollzieht sich wieder eine stärkere Hinwendung zur Familie als wichtige Grundeinheit der Gesellschaft. Als ich meine Kreuzchorerfahrungen bei der Erziehung meiner Kinder umsetzen wollte, stieß ich auf sanften, aber entschiedenen Widerstand meiner Frau. Sie setzte meiner Strenge viel Liebe und Wärme entgegen.

Ein Erlebnis, das ich auf einer meiner Reisen hatte, verhalf mir zu heilsamer Einsicht. Ich erzähle es, um zu zeigen, wie meine Haltungen und Anschauungen auch durch meine Kenntnis von anderen Ländern und Menschen verändert und bereichert wurden. Ich gastierte Ende der sechziger Jahre zum ersten Mal in Südamerika, am Teatro Colón in Buenos Aires, und sang dort in einer Stagione – also in einer Serie von Aufführungen – den Tamino in der „Zauberflöte" und den Sextus in Händels „Julius Caesar".

Ich hielt mich sechs Wochen in Buenos Aires auf. Nun ist die Stadt für meinen Geschmack nicht sehr interessant, aber es leben dort viele deutsche Familien, zu einem Teil jüdische Bürger, die vor dem Faschismus geflüchtet waren. Eine solche Familie, die aus meiner sächsischen Heimat stammt, lernte ich kennen. Sie lud uns Künstler häufig ein, bewirtete uns mit typisch argentinischen Speisen, arrangierte mehrmals einen „Assado", eine Party, bei der ein Stück Lamm im Freien am Spieß gebraten und nach argentinischer Art feurig gewürzt wird.

Diese Familie Fischer hatte mehrere Kinder, die ganz frei und antiautoritär erzogen wurden. Das hängt vielleicht mit der Lebenserfahrung der Fischers zusammen, die unter den Zwängen im faschistischen Deutschland gelitten hatten und die nun bei der Erziehung ihrer Kinder viel Großzügigkeit walten ließen – fern jeder Form von preußischem Drill. Zunächst war ich regelrecht schockiert. All meine bisherigen Vorstellungen von Kindererziehung wurden völlig über den Haufen geworfen. Aber nach einigen Wochen machte ich die Entdeckung, dass ich mich an diese ungezwungene Art gewöhnte. Niemand von den Gästen fühlte sich gestört, wenn die Kinder ausgelassen umhertollten. In dem Zimmer, wo die Gäste versammelt waren, legte sich einer von den Jüngeren bäuchlings auf den Teppich, um seine Schularbeiten anzufertigen. Meine Verblüffung war groß, ich wollte es nicht fassen. Allmählich wurde mir klar, dass ein entscheidender Teil der Erziehung hier in der Vorbildwirkung der Eltern bestand. Als ich von dieser Reise zurückkehrte, sagte ich gleich bei der Begrüßung zu meiner Frau, ich müsste wohl meine bisherigen Erziehungsprinzipien gründlich revidieren.

Das ist nur eine Episode, die wohl noch keine entscheidende Wende in meiner Lebensführung ausgelöst hat, aber auch nicht folgenlos blieb. Und wenn sich Familienleben nach herkömmlichem Verständnis bei uns nur sehr sporadisch vollzieht, so bin ich doch gewiss, dass sich solche und ähnliche Erfahrungen meinen Kindern stets in irgendeiner Weise mitteilen. Sie erfahren durch mich von Gewohnheiten anderer Menschen, von deren ethischen Haltungen, und das bereichert ihre Lebenskenntnis.

Dass mein ältester Sohn, Torsten, den ihm gemäßen Beruf gefunden hat, darf ich zu einem Teil mir zugute halten. Ich hatte ihn häufig zu Schallplattenaufnahmen mitgenommen, und dabei gewann er der Tätigkeit des Tonmeisters so viel Interesse ab, dass er schließlich diese Studienrichtung wählte. So hat meine Sängertätigkeit den Lebensweg meines Sohnes unmittelbar beeinflusst, und auch das möchte ich als eine Form und Wirkung von Familienleben im weiteren Sinne werten.

Die Ehrlichkeit gebietet es zu sagen, dass ich bisher vor allem die positiven Aspekte herausgestrichen habe. Natürlich ist das alles mit Einschränkung zu verstehen. Wenn ich bemerkte, dass ich bis zu einem gewissen Grad egoistisch sein und zuerst an mich denken muss, so bedeutet das verständlicherweise für die übrigen Familienmitglieder, dass sie häufig ihre Ansprüche zurückstellen und sich nach mir richten müssen. Das erfordert gerade von meiner Frau viel Verständnis und Einfühlung. Ich kann meinen Beruf nicht auf acht Stunden täglich eingrenzen und danach einfach „abschalten". Immer habe ich irgendeine musikalische Aufgabe im Kopf, ich beschäftige mich mit Fragen der Gestaltung, mit einem neuen Stück, das ich mir erschließen muss.

Da geschieht es eben, dass ich zwar zu Hause bin, doch für die Probleme der Familie kaum ansprechbar. Wenn ich hier ausführlich meine Ansichten von Kindererziehung darlege, so muss ich zugleich eingestehen, dass ich nur wenig Gelegenheit hatte, diese Prinzipien auch anzuwenden. Ich habe nicht einmal Zeit gefunden, meinen Kindern beim Klavierüben zu helfen, sie waren dabei sich selbst überlassen. Und ich kann nur dankbar vermerken, dass sie nicht „ausgeflippt" sind, sondern sich – weithin ohne mein Zutun – ordentlich entwickelt haben. Im Wesentlichen ist das ein Verdienst meiner Frau, obwohl auch sie sich nicht immer ausreichend um die Erziehung kümmern konnte. Öfter begleitet sie mich auf Reisen, versorgt und chauffiert mich. Ein Sänger ist in gewisser Beziehung ebenfalls ein Kind, ein sensibles obendrein.

Meine Frau muss im Umgang mit mir eine gute Psychologin sein, sie hält Dinge von mir fern, die mich unnötig aufregen oder ablenken könnten, sie bringt mich auf andere Gedanken, wenn mich etwas belastet, sie achtet darauf, mich bei Stimmung zu halten, wenn eine schwierige Aufgabe bevorsteht. Denn sie weiß genau: Die psychische Verfassung ist für einen Sänger von entscheidender Bedeutung.

Reizwort Karriere

Mit einiger Unbekümmertheit benutze ich auf diesen Seiten gelegentlich einen gefährlich schillernden Begriff: Karriere. Was hat es damit auf sich?

In jedem Menschen steckt eine Portion Ehrgeiz. Wer den Ehrgeiz nicht kennt, lebt sicher ruhiger. Er wird nicht ständig vorangetrieben, denn Ehrgeiz ist wie ein Stachel im Fleisch. Ich gehöre wohl zu den Menschen, die mit viel Ehrgeiz ausgestattet sind. Das muss keine angeborene Wesensart sein, ich glaube eher, Ehrgeiz kann anerzogen und durch äußere Gegebenheiten entwickelt werden. Der Umstand, dass ich in jungen Jahren – als Solist im Dresdner Kreuzchor – schon Erfolg hatte und Anerkennung fand, hat mich sicher angespornt und mich gleichsam zu einer Art Erfolgszwang gedrängt.

Dieser Vorgang läuft eigentlich meiner Natur zuwider, denn ich zähle mich nicht zu den rastlosen Menschen, die selbst in ihren Ferien oder Ruhepausen ständig etwas tun, stets in Bewegung sein müssen. Dieser Zug ist mir fremd, ich faulenze sehr gern. Ich arbeite eigentlich nur, wenn ich getrieben bin. Aber durch meinen Beruf bin ich fast immer getrieben, darum arbeite ich so viel. Mein Hang zum Faulenzen ist gewaltig, und daran erkenne ich, dass mir der Ehrgeiz nicht im Blut liegt, sondern durch den Druck von außen stimuliert und wach gehalten wird.

Da müssen neue Liedprogramme einstudiert werden, da muss ich eine Opernpartie lernen, da ist eine Partitur für das nächste Sinfoniekonzert zu studieren – das sind Verpflichtungen, die mich zwingen, fleißig zu sein. Mit den Aufgaben wächst das Verlangen, mit dieser Arbeit Erfolg zu haben. Das ist ein Prozess, dem man nicht ausweichen kann. Jeder künstlerische Erfolg verpflichtet, und unversehens reiht sich die Folge von Ereignissen zu jener Erscheinung, die man Karriere nennt.

Der Termindruck, der Arbeitszwang ist nur die eine Seite der künstlerischen Laufbahn. Ein anderes Moment ist der moralische Druck, der von der Öffentlichkeit ausgeübt wird. Ich hatte in den letzten Jahren zeitweilig gesundheitliche Störungen zu überwinden, ich musste mich auch für kurze Zeit in stationäre Behandlung begeben. Daher war es notwendig, einige meiner sehr langfristig geplanten Auftritte abzusagen. Darauf erfolgten Reaktionen, die mir – ohne dass ich sie überbewerte – symptomatisch erscheinen. Da rief mich beispielsweise eine Berliner Musikfreundin an, die sich besorgt äußerte – weniger wegen meiner Gesundheit, vor allem aber wegen meiner Karriere. Ich hätte nun schon zum zweiten Mal ein Konzert abgesagt, und das könnte doch zur Folge haben, dass ich in der Gunst der Veranstalter sänke, dass ich schließlich nicht mehr „im Gespräch" sei.

Auch in Kollegenkreisen hatte ich zuweilen Bemerkungen wie diese gehört: „Du kannst doch bei Herbert von Karajan nicht absagen. Dann

„Fahrender Sänger": Ankündigung eines Liederabends in der New Yorker Carnegie Hall

bist du doch erledigt!" Natürlich ist das Unsinn. Bei einem Mann wie Karajan war man nicht „erledigt", wenn man mal aus Gesundheitsrücksichten absagen musste. Überhaupt: Was heißt denn „erledigt"? Vielleicht gerät man bei dem verwöhnten elitären Publikum eines vor allem den Marktwert des Künstlers taxierenden Musikbetriebes in „Ungnade", wenn man nicht um jeden Preis erscheint. Die Gepflogenheiten erfordern es, dass der Künstler da ist, dass er sein Licht leuchten lässt, dass er seine Position verteidigt, Erwartungen erfüllt. Wer sich diesem Zwang der „Öffentlichkeit" unterwirft, hat möglichst alle persönlichen Interessen zurückzustellen.

Eine künstlerische Karriere ist überall der öffentlichen Meinung ausgesetzt und auch nicht frei von außerkünstlerischen Wertungen. Es kommt zuweilen vor, dass Kollegen sich besorgt nach meinem Befinden erkundigen, weil man ihnen zugetragen hat, ich sei stimmlich am Ende. Ursache dieses umlaufenden Gerüchts: Ich hatte einen Liederabend wegen eines Schnupfens nicht kurzfristig absagen wollen und war natürlich nicht bestens disponiert.

Wenn solches Gerede einen Künstler anficht, kann die daraus folgende psychische Belastung ihm gehörig zu schaffen machen. In früheren Jahren war ich von diesen Meinungen viel stärker abhängig als heute. Inzwischen habe ich eine gelassene Haltung gewonnen, ich lasse mich durch Gunst oder Missgunst einer weithin anonymen Menge nicht manipulieren oder gegen meine Überzeugung zu Entscheidungen drängen.

Natürlich ist kein Künstler ganz frei von Erwägungen, wie sie eben vom Publikum oder von den Fachleuten angestellt werden: Wenn du in einer Saison nicht in Salzburg auftrittst oder wenn dein Name nicht im Programm der Wiener Festwochen steht, dann werden in diesen Musikzentren vielleicht Mutmaßungen laut, dass es mit der Karriere vorbei ist.

Mit Bewunderung habe ich vor einigen Jahren den Entschluss meines leider früh verstorbenen Freundes und Sängerkollegen Martti Talvela, des bedeutenden finnischen Bassisten, aufgenommen, künftig auf die Teilnahme an den Bayreuther Festspielen zu verzichten, um statt dessen in dieser Zeit mit seiner Familie in Finnland Urlaub zu machen. Damals haben viele Sängerkollegen – ich eingeschlossen – die Befürchtung geäußert, damit werde der Sänger international „weg vom Fenster" sein. Was für ein Fehlschluss! Martti Talvela behauptete weiterhin seinen hohen künstlerischen Rang in den Musikzentren der Welt, der Entschluss hat seiner Karriere in keiner Weise geschadet. Er ist vielmehr ihm und seiner Familie sicher gut bekommen.

Mein Bestreben, die Zahl der Verpflichtungen etwas zu reduzieren, wird freilich behindert durch eine besondere Schwäche von mir: Ich kann schwer „nein" sagen. Ich will das an einem Beispiel erklären. In meiner Anfängerzeit habe ich in vielen kleinen Veranstaltungen gesungen: in Kirchenkonzerten bei Kantoren in meiner Heimat, in Klubhäusern, zusammen mit Laienchören, in Kantaten- und Oratorienaufführungen abseits der großen Städte.

Das waren für mich sehr wichtige Auftritte, um Erfahrungen zu gewinnen, um mich zu erproben. Inzwischen hat meine künstlerische Tätigkeit ganz andere Dimensionen angenommen. Aber noch oft fragen jene Veranstalter, die mich damals engagierten, ob ich nicht wieder einmal bei ihnen singen möchte. Das Publikum würde sich riesig freuen, mir wieder zu begegnen, bei vielen seien die damaligen Konzerte noch in schöner Erinnerung.

Da stehe ich dann jedes Mal vor einer schwierigen Entscheidung. Wie kann ich einen solchen Abend noch unterbringen? Zumeist versuche ich, einen Termin für das nächste Jahr vorzumerken. Wenn dann die Zeit herankommt, merke ich, dass ich mir wieder zuviel zugemutet habe. Aber jetzt kann ich meine Zusage keinesfalls zurücknehmen. Eher könnte ich in Dresden meine Mitwirkung beim alljährlichen Requiem absagen. Denn für das Publikum in der kleinen Ortschaft ist dieses Konzert vielleicht wichtiger als für die durch die vielen Musikereignisse verschiedenster Art verwöhnten Dresdner. Dort warten einige hundert Menschen sehr lange auf diesen Abend, stimmen sich freudig darauf ein. Ich darf sie einfach nicht enttäuschen.

Zu den Belastungen, die eine Karriere mit sich bringt, gehört ohne Zweifel das Gefühl, jeden Abend mit einer Höchstleistung aufwarten zu müssen. Einerseits ist man es sich selbst schuldig, immer sein Bestes zu geben, andererseits wirkt als äußerer Zwang die Erwartungshaltung des Publikums. Wenn ich regelmäßig Liederabende vor einem bestimmten Publikum gebe – etwa im Wiener Musikverein –, dann habe ich jedes Jahr aufs neue den Ruf zu verteidigen, den ich gewonnen habe. Oder ich habe etwas wettzumachen, weil der vorige Abend aus irgendwelchen Gründen – wegen der Programmwahl, einer Indisposition oder Unstimmigkeit mit dem Pianisten – nicht ganz gelungen war.

Man strebt also nach höchster Leistung, um das Publikum zufrieden zu stellen, und darüber wird häufig genug der Dienst am Werk vernachlässigt. Die Verantwortung, die ich als Sänger dem Schaffen des Komponisten gegenüber trage, sollte jedoch mindestens ebenso stark sein wie die Verpflichtung, die ich gegenüber dem Publikum empfinde. Doch in der Praxis ist der Künstler allgemein vor allem auf seine Wirkung auf das Publikum bedacht – ich selbst kann mich davon nicht ausnehmen.

Das fängt schon bei der Programmgestaltung an: Ich wähle die Lieder so aus, dass ich das Publikum nicht überfordere, dass ich Abwechslung biete, dass ich auf die Ermüdbarkeit Rücksicht nehme und den zweiten Programmteil nicht überfrachte – all das sind Überlegungen, die primär die Aufnahmebereitschaft, das Sitz- und Hörvermögen des Publikums und erst in zweiter Linie Wert und Charakter der Musikstücke betreffen.

Eine verhängnisvolle Erscheinung unserer Zeit zeigt sich darin, dass Künstler von internationalem Ruf zu Reisestars werden, die meinen, es ihrem Ruf schuldig zu sein, an allen führenden Bühnen regelmäßig in Erscheinung zu treten: in der Berliner Staatsoper ebenso wie in Wien oder München, an der Mailänder Scala und der New Yorker Metropolitan Opera. Das sind Stationen, die eine Karriere angeblich krönen. Musikfreunde können die Fachpresse verfolgen und sich informieren, an welchem Ort und mit welchen Partien ein Sänger jeweils auftritt. Daraus wird häufig eine Rangordnung abgeleitet, die nur sehr bedingt mit künstlerischer Qualität und um so mehr mit dem „Marktwert" des Künstlers zu tun hat.

Ich habe zum Beispiel seit 1968 nicht mehr an der New Yorker Metropolitan Opera gesungen, obwohl ich wiederholt eingeladen wurde. Meine Haltung hatte zur Folge, dass amerikanische Bekannte bei mir anfragten, ob meine Sängerlaufbahn schon beendet sei. Auch darin besteht also ein Druck der öffentlichen Meinung, dem die meisten Künstler nachgeben. Ich weiß von befreundeten Sängerinnen, dass sie in ständigem Zwiespalt leben, weil sie ihre Familie, ihre Kinder vernachlässigen und um der Karriere und des Rufes in der Öffentlichkeit willen von einem Opernhaus der Welt zum anderen hetzen.

Der technische Fortschritt erlaubt es, riesige Entfernungen in wenigen Stunden zu überwinden. Weil ein Sänger faktisch heute in Berlin und morgen schon in Moskau oder Wien auftreten kann, wird die Möglichkeit oft zum Verhängnis: Das Publikum hier wie dort verlangt nach ihm, und es bedarf schon kluger Einteilung der Kräfte, um nicht dem Stress zu erliegen. Vor einigen Jahrzehnten noch stand ein profilierter Sänger in der Regel die gesamte Spielzeit über beispielsweise der Berliner Staatsoper zur Verfügung. Allenfalls in der Sommerpause gastierte er in Bayreuth oder Salzburg. Übernahm er aber eine Gastverpflichtung in Amerika, dann reiste er für eine Woche mit dem Schiff nach New York, sang dort einige Zeit an der Met, kehrte mit dem Schiff wieder zurück, und das bedeutete wiederum, dass er vielleicht eine ganze Spielzeit hindurch überhaupt nicht in Berlin auftrat.

Einst suchten Musikfreunde jenes Opernhaus auf, an dem ihr Sängerliebling engagiert war, um ihn zu erleben. Heute ist das im Grunde umgekehrt: Wenn das Publikum in einer Musikmetropole einen bestimmten Künstler hören will, dann engagiert ihn der betreffende Intendant oder Veranstalter, und der Künstler kommt zu seinem Publikum.

Für den Außenstehenden mag gerade dieser Aspekt einer Sängerlaufbahn, das Reisen in viele Länder der Welt, etwas ungemein Verlockendes haben. Doch für den Künstler, der jahrelang und sehr häufig reist, bedeutet das ständige Unterwegssein in erster Linie eine Strapaze, die an den physischen und psychischen Kräften zehrt. Der dauernde Orts- und Klimawechsel, mitunter auch erhebliche Zeitverschiebungen, verbunden mit den unvermeidlichen Anstrengungen, die selbst die komfortabelste Art des Reisens mit sich bringt, beeinträchtigen die Kondition. Die Verschleißerscheinungen sind beträchtlich.

In jüngster Zeit bin ich längst nicht mehr wie früher vom Autofahren angetan, weil es Konzentration erfordert und geistige Kräfte beansprucht, die ich lieber für meine künstlerische Arbeit einsetze. Wenn eine Autofahrt geraten erscheint, lasse ich mich daher gern von meiner Frau chauffieren.

Der Beruf des „fahrenden Sängers" erfordert es, langfristig zu planen, die Zeit oft auf Jahre im voraus einzuteilen, Termine für Auftritte, Proben und für die Arbeit an neuen Partien und Programmen miteinander abzustimmen. Daraus ergibt sich für mich eine Art Kuriosum: Ich lebe mit den Gedanken ständig in der Zukunft. Was heute geschieht oder in den nächsten Wochen ablaufen wird, liegt so detailliert bereits fest, dass es fast „abgehakt" werden kann. Im Wesentlichen beschäftige ich mich mit dem, was in ein oder zwei Jahren geschehen soll.

Dieses unaufhörliche Vorausdenken birgt die Gefahr in sich, dass man am Leben mit Riesenschritten vorbeigeht und den Augenblick zu wenig achtet. Aber ein gedrängt voller Terminkalender mit seiner gebieterischen Strenge gehört nun mal zu den Eigenarten des Sängerberufs. Und es genügt ja nicht, die Daten von Konzerten und Opernaufführungen exakt zu vermerken und zu beachten, stets muss ja auch die nötige Vorbereitungszeit einkalkuliert werden.

Wenn ich ein neues Liedprogramm vorbereite, kann ich nicht erst einen Monat vorher anfangen, daran zu arbeiten, denn gerade diese Wochen sind vielleicht mit aufwendigen Gastspielen, Schallplattenaufnahmen oder anderen Aufgaben angefüllt. Das wiederum zwingt mich, ein halbes Jahr vorher bereits die Gedanken auf diesen Liederabend zu lenken, den einen oder anderen Titel zu studieren, eine Konzeption zu erarbeiten. Oder ich habe die musikalische Leitung einer Oper übernommen – etwa vierzehn Tage vorher muss ich mit den Orchesterproben beginnen. Das wiederum setzt voraus, ein Vierteljahr zuvor bereits mit den Sängern zu arbeiten. Und zu diesem Zeitpunkt müssen meine Vorstellungen bereits ausgereift sein.

Solche Vorbereitungsarbeiten lassen sich also nicht mit Terminfestlegungen erfassen; ich muss vielmehr einschätzen können, ob die anderen Verpflichtungen der Vormonate mir genügend Freiraum lassen, um mich gründlich mit dem Werk auseinandersetzen zu können. Das alles zwingt mich also, genau zu planen und die zur Verfügung stehende Zeit diszipliniert zu nutzen. Es erfordert ein umsichtiges Vorausdenken. Dabei kann mir eigentlich niemand helfen, denn nur ich allein vermag einzuschätzen, welche Probleme mir ein Vorhaben aufgibt und wie viel Zeit ich daran wenden muss.

Wenn zum Beispiel ein Veranstalter in Mailand mit mir heute einen Termin für ein Konzert in zweieinhalb Jahren fest vereinbart, dann sieht das in meinem Terminkalender zunächst völlig unproblematisch aus. Da gibt es noch genügend „weiße Flecken". Aber je näher die Zeit heranrückt, umso dichter drängen sich die Aufgaben. Die Berliner Staatsoper und die Staatsoper in Wien, denen ich viele Jahre vertraglich verbunden war, melden ihre Forderungen an. Vielleicht fällt eine Schallplattenproduktion gerade in die zeitliche Nähe des Konzerts, und ehe man sich's versieht, hat sich um den anfangs so harmlos wirkenden Termin ein Ballungszentrum von Aufgaben gebildet. Am Ende bedarf es äußerster Ökonomie der Kräfte, um die langfristig terminierte Verpflichtung überhaupt bewältigen zu können.

Als ehrgeiziger junger Künstler kann man sich schwerlich dazu entschließen, verlockende Angebote abzulehnen. Aber so um die Mitte des Lebens beginnt man doch nachzudenken, zu fragen: Was hat dieses Jagen nach dem Erfolg für einen Sinn? Als ich vor einiger Zeit die Nachricht vom plötzlichen Tode eines mir befreundeten Musikers erhielt, veranlasste mich das, den Wert eines ganz auf die Karriere orientierten Lebens erneut in Frage zu stellen. Wozu ist uns denn das Leben geschenkt? Darf ich denn zum Beispiel dem Streben nach Erfolg mein Familienleben opfern?

Wenn ich in der Vergangenheit nicht immer das rechte Maß gefunden habe, so beginne ich jetzt, diese Erscheinungen zu relativieren, neu zu bewerten. Dabei habe ich in meiner Frau eine verständnisvolle Partnerin, die mir zur Seite steht, damit ich mein reiches Arbeitspensum bewältigen kann, die aber auch rechtzeitig bremst, wenn sie spürt, dass ich über das gesetzte Ziel wieder hinausschießen will.

Flugreise mit Schnarch-Stopper: Alltag im Künstlerleben

Zu DDR-Zeiten musste ich wegen meiner Gastspielreisen einige Male den Berliner Grenzkontrollpunkt Invalidenstraße zum Flughafen Tegel passieren. Dort waren neben furchtbaren „Stieseln" gelegentlich auch nette junge Leute als Grenzbeamte tätig, die sehr aufgeschlossen waren, die mich kannten, aber in ihrem Verhalten eine merkwürdige Gespaltenheit zeigten, wie es wohl typisch ist für Behördenangestellte in einem diktatorischen Staat.

Ich komme da einmal mit meinem Wagen an den Schlagbaum, und der junge Grenzsoldat sagt zu mir: „Herr Kammersänger, ich war gestern im ‚Barbier von Sevilla‘, es war wunderbar." Und gleichsam im selben Atemzug, aber in amtlich strengem Tonfall: „Öffnen Sie bitte Ihren Kofferraum!" Ein Verhalten nach dem klassischen Prinzip: Vertrauen ist gut, aber Kontrolle ist besser.

Eines Tages wurden an diesem Grenzübergang in der Invalidenstraße alle Passanten auf Waffen kontrolliert. Es gab sicher irgendeinen plausiblen Grund, vielleicht eine Warnung. Jedenfalls hatten die Grenzbeamten offenbar die Weisung, in diesem Punkt sehr genau zu sein. Also fragten sie auch mich, und ich sagte: „Sie kennen mich doch, ich fahre zu einem Konzert." Schließlich wurde ich durchgewinkt. Eine Stunde später kam meine Frau, die mich auf der Reise begleitete, mit ihrem Auto an denselben Grenzübergang und wurde ebenfalls nach Waffen befragt. Meine Frau konnte das offenbar nicht so ganz ernst nehmen und erlaubte sich tatsächlich den Scherz zu sagen: „Die Waffen hat mein Mann schon mitgenommen." Das war natürlich ziemlich kess, sie konnte von Glück reden, dass man ihr das nicht verübelte, sonst hätte die lockere Bemerkung üble Folgen haben können.

Ich weiß von einem Sänger, einem international hochgeschätzten russischen Bariton, dem sein allzeit loses Mundwerk einmal zum Verhängnis wurde. Er wollte von London zu einem Gastspiel nach Tel Aviv reisen, und am Londoner Flughafen sagte er, nach dem Inhalt seines Koffers befragt, da drin befinde sich eine Bombe. Den makabren Scherz ließen die Sicherheitsbeamten nicht durchgehen, er musste eine Nacht in Haft zubringen. Solche Dreistigkeit blieb nicht ungestraft, zumal bei Flügen nach Israel überall in der Welt erhöhte Sicherheitsvorkehrungen getroffen werden – aus gutem Grund.

Neuerdings bekomme ich bei Kontrollen auf Flughäfen immer mal Probleme mit meinem Anti-Schnarch-Gerät. Das ist ein vorzüglicher Apparat; es wird über eine Maske, die ich nachts trage, Luft durch die Nase geblasen, das Gaumensegel strafft sich, das Schnarchen unterbleibt. Aber vor allem die gefährlichen Atemaussetzer werden dadurch verhindert. Obendrein fühle ich mich am Morgen frischer, besser ausgeruht. So etwas nützt natürlich nur, wenn man es regelmäßig anwendet, und so nehme ich das Gerät stets mit auf Reisen. Auf dem Dresdner Flughafen weiß man schon Bescheid, dort muss ich den Koffer nicht öffnen oder den Apparat erklären. Aber international wird dieser Schnarch-Stopper zumeist mit ziemlichem Misstrauen gemustert. In Israel musste ich deswegen den Koffer auspacken, das Gerät vorzeigen, dann wurde es in einem Spezialbehälter, der wie ein Schmelzofen aussah, getestet, ob es vielleicht explodieren könnte. Für diesen gewaltigen technischen Aufwand muss man wohl Verständnis haben. Sicherheit ist oberstes Gebot – in Israel ganz besonders.

Bei einem Flug nach Chicago mussten wir Flugpassagiere in München bei der Kontrolle sogar die Schuhe ausziehen und dann auf eine Plattform treten. Offenbar gibt es da entsprechende Erfahrungen mit Leuten, die irgendwie mit der Fußbekleidung Waffen an Bord zu schmuggeln suchen. Auch Amerika ist eben spätestens seit dem bewussten 11. September hoch sensibilisiert für Attacken auf die Flugsicherheit. Und wir Passagiere haben gelernt, Kontrollen ernster zu nehmen, durch die wir uns früher eher belustigt oder belästigt fühlten.

Kritik muss sein

In einem Sportkommentar las ich vor vielen Jahren von einer ungewöhnlichen Entscheidung, die mich wegen ihres psychologischen Aspekts sehr beeindruckte. Der einst berühmte kubanische Schwergewichtsboxer Stevenson, der seit Jahren zur Weltspitze in seiner Klasse gehörte, traf in seiner Heimat zum ersten Mal auf einen ebenbürtigen Boxer. Der Trainer der kubanischen Nationalstaffel, der genau wusste, wie sensibel diese äußerlich so robust wirkenden Sportler sind – am empfindsamsten übrigens die der höchsten Gewichtsklassen –, wollte keinem der beiden großen Boxtalente, die den Endkampf der nationalen Meisterschaft hätten austragen müssen, eine Niederlage zumuten. Er fürchtete um die weitere sportliche Laufbahn des Unterlegenen.

Man fand einen Kompromiss, indem man beiden eine Goldmedaille zuerkannte. Sicher ist diese Lösung anfechtbar, aber psychologisch bemerkenswert, weil sie von der Erkenntnis getragen ist, dass beide Boxer phantastische Sportler sind, denen eine Siegespalme zukäme. Dem Aussetzen des Entscheidungskampfes um die Landesmeisterschaft waren subtile Überlegungen vorausgegangen: Der Verlierer könnte seelisch so stark getroffen werden, dass er möglicherweise für die Olympiade nicht einsetzbar wäre; der Sieger hingegen könnte sich innerlich zu sicher fühlen und demzufolge nicht genügend Motivation für die Kämpfe gegen die Besten aus aller Welt mitbringen.

Warum erzähle ich so ausführlich von dieser Entscheidung im Boxsport? Weil ich mir wünschte, mancher von den Musikkritikern würde ebensoviel Feingefühl und psychologisches Talent einsetzen bei der Ausübung seines Amtes. Er hat es nicht mit Schwergewichtsboxern zu tun, aber Musiker sind sicher nicht weniger sensibel als Leistungssportler. Ich beachte Kritik aufmerksam und gelassen zugleich, trotzdem hat mich schon manche Kritik sehr getroffen, vor allem dann, wenn ich sie in der vorgetragenen Form oder in ihrer Zielsetzung nicht akzeptieren konnte. Häufig stand sie in krassem Widerspruch zur Publikumsresonanz, oder sie fand keine Entsprechung in meiner durchaus kritischen Einschätzung der eigenen Leistung.

Ich will hier nicht über den Grad von Takt und Feinfühligkeit bei Kritikern räsonieren, sondern ein bisschen über das Verhältnis von Kunst und Kritik nachsinnen. Die kritische Wertung einer künstlerischen Leistung ist eine Frage der fachlichen Qualifikation und zugleich der menschlichen Haltung. Richtig angesetzte Kritik bedeutet konstruktive Arbeit. Damit hat der Kritiker ein verantwortungsvolles Amt, und wer den rechten Gebrauch davon macht, kann viel bewirken – durch positive wie auch durch einschränkende Urteile. Wer sich dieser Verantwortung nicht bewusst ist oder wem die nötige Sachkenntnis fehlt, der kann allerdings auch viel Schaden anrichten.

Originelle Widmung von Loriot

Gewiss gibt es objektive Kriterien für die Einschätzung von Kunstwerken. Doch ebenso klar ist, dass subjektive Faktoren sich nicht ausschließen lassen. Der persönliche Geschmack spielt eine große Rolle. Ich weiß von Fachleuten, dass sie Stimmen von bestimmten Sängern nicht mögen, obwohl diese international hohe Wertschätzung genießen. Gerade eine Sängerleistung lässt sich aber schwer nach eindeutigen Kriterien bewerten, indem man gleichsam alle Teilaspekte eines Vortrags mit Noten versieht und unter dem Strich dann die Summe der positiven Erscheinungen zusammenrechnet. Vielleicht darf ich hier noch einmal den Sport zum Vergleich heranziehen: in der Leichtathletik zum Beispiel kann man eine Leistung ganz präzis nach Zentimetern und Hundertstelsekunden messen. Doch bereits beim Eiskunstlauf kennen wir das leidige Problem, dass die Punktrichter häufig zu ganz unterschiedlichen Wertungen kommen. Handelt es sich also beim Eiskunstlauf – wie der Name schon andeutet – um eine im weiteren Sinne künstlerische Disziplin, die sich eindeutiger Beurteilung nach exakten Maßstäben entzieht?

Dass man als Künstler ohne Eitelkeit oder Empfindlichkeit in den meisten Fällen einschätzen kann, ob und inwieweit eine Kritik sachlich zutreffend ist oder ihr Ziel verfehlt, will ich an einem Beispiel erläutern. Ein deutscher Musik-Rezensent merkte einmal kritisch an, ich sei absolut kein Belcantosänger. Das weiß ich, ich bin kein italienischer Tenor mit der dafür typischen Art der Gesangsschulung. Dieser Belcantostil hat seinen speziellen Anwendungsbereich, die große italienische Oper vor allem. Er eignet sich vielleicht auch für Mozart, gewiss nicht für Wagner, schon gar nicht für das deutsche romantische Lied oder etwa für Bach.

Ich selbst liebe den Belcanto, ich höre gute italienische Stimmen gern. Aber meine eigene stimmliche Veranlagung tendiert nicht in diese Richtung. Ich habe diese Kritik nicht als Abwertung empfunden, sondern einfach als unzutreffend. Was soll eine solche Bemerkung? Es ist kein Kriterium für die Qualität einer Stimme, ob sie dem Belcantostil zugeordnet werden kann. Das ist einfach eine Geschmacksfrage, und ich kann dem Kritiker den Vorwurf nicht ersparen, dass er hier offensichtlich den falschen Maßstab anlegte und seine persönliche Vorliebe zur Bewertungsgrundlage machte.

Unter Musikkritikern gibt es nicht viele, die sich engagiert und kenntnisreich zugleich insbesondere mit sängerischen Leistungen beschäftigen. Im Allgemeinen werden Sänger mehr oder weniger pauschal beurteilt. Das Gesangsspektrum ist aber sehr breit. Wenn man Singen als eine musikalische Ausdrucksform bezeichnen darf, um einen bestimmten Inhalt, eine Aussage mit stimmlichen Mitteln wiederzugeben, so erfordert das eine Vielfalt stimmlicher Gestaltung, die allein etwa mit den Mitteln des Belcanto nicht zu erzielen ist. Wie oft muss man von strengen gesangstechnischen Grundsätzen abweichen, um einen bestimmten Ausdruck zu erreichen, manchmal sogar vom Ton weggehen, dem Text zuliebe die Stimme verfärben und dergleichen – das lässt sich mit Worten nur unzulänglich beschreiben und bedürfte eigentlich akustischer Veranschaulichung. Ich will damit nur andeuten, dass die reichen musikalischen Formen eine gehörige sängerische „Bandbreite" verlangen und dass mit Einseitigkeit, mit engen Vorstellungen weder die Künstler noch die Kritiker den jeweiligen Aufgaben gerecht werden können.

Beim jahrelangen Umgang mit Kritikern habe ich feststellen können, dass jeder irgendwo seine Vorlieben und seine Aversionen hat, nur sollte er vermeiden, dadurch seine künstlerischen Wertungen beeinflussen zu lassen. Ein Berliner Musikschriftsteller und Kritiker fragte mich einmal: „Herr Schreier, wollen Sie denn Ihr ganzes Leben lang bloß Mozart singen?" Die Frage hätte allenfalls am Beginn meiner Sängerlaufbahn ihre Berechtigung gehabt, als ich zunächst die Mozart-Partien meines Fachs erarbeitet habe. Inzwischen aber hatte ich ja mein Repertoire längst erweitert. Ich denke nur an den Almaviva im „Barbier von Sevilla", an den „Liebestrank", an „Don Pasquale", an den „Meistersinger"-David, an weitere Aufgaben wie den Lenski in „Eugen Onegin", den Einfältigen in „Boris Godunow", auch an die zeitgenössische Oper (Dessaus „Einstein").

Aber ich glaube, die Frage des Kritikers hatte einen ganz anderen Hintergrund. Für viele beginnt die Oper nämlich erst mit dem großen musikalischen Drama – bei Verdi, Puccini, Wagner. Mozarts Bühnenwerke werden wohl in ihrer musikalischen Substanz und Schönheit gewürdigt, aber in ihrer opernhaften Wirkung doch eher gering geschätzt. Für viele wird Oper erst bei den großen Tönen und dramatischen Ausbrüchen interessant und attraktiv, sie wollen das effektvolle Spektakulum. Etwas von dieser Haltung schien mir auch hinter jener Fragestellung zu lauern. Und das hat mich stutzig gemacht. Wenn schon ein Kritiker so etwas äußert, wie mag da erst der einfache, von differenzierteren Erwägungen freie Opernbesucher denken? Sicher erschließt sich Mozarts Musik in ihrem subtilen Ausdruck dem Publikum schwerer, weil ihr die effektvolle Geste fehlt. Dabei ist diese intimere musikalische Sprache zu hohem dramatischen Ausdruck fähig.

Für einen jungen Sänger hat die Kritik ganz sicher große Bedeutung. Ich weiß aus Kollegenkreisen, wie eine positive Einschätzung manchen Künstler geradezu beflügelt, sein Selbstgefühl stärkt und damit zugleich das Leistungsvermögen steigert. Das sollte ein Kritiker ebenso bedenken wie die Tatsache, dass ein „Verriss" einen Künstler sehr verunsichern kann.

Ich möchte hier wieder einen Vergleich aus dem Bereich des Sports anführen. Wenn ein Fußballspieler einen Fehlpass schlägt und alle im Stadion pfeifen, dann kann es passieren, sofern der Spieler sehr empfindlich reagiert, dass er für den Rest des Spiels keinen intelligenten und risikovollen Spielzug mehr wagt, weil er die Pfiffe des Publikums fürchtet.

Vielleicht befremden manchen Leser meine Vergleiche zwischen Musik und Sport. Aber ich halte solche Gegenüberstellungen durchaus für legitim. Ich bin ja seit meiner frühen Jugend ein großer Fußballanhänger, und jeder Sportfreund wird mir bestätigen, dass ein niveauvolles Fußballspiel sich vor allem durch spielerische Intelligenz und Ideenreichtum auszeichnet und für den Kenner ein ästhetisches Vergnügen von hohem Reiz sein kann. Natürlich wird Fußball mit viel körperlichem Einsatz gespielt, aber die klugen Spielzüge werden in den Köpfen begabter Spielerpersönlichkeiten geboren.

Junge Sänger werden – im Gegensatz zu Fußballspielern – in unseren

Breiten nur selten durch Pfiffe des Publikums verschreckt, sondern eher durch Scharfschüsse der Musikkritik. Ich selbst kann mich nicht beklagen, in meiner Entwicklungszeit bin ich von der Kritik sehr wohlmeinend und freundlich behandelt worden. Daraus kann man ersehen, dass meine Vorbehalte gegenüber Musikkritikern nicht als späte Rache eines „Unverstandenen", sondern ganz objektiv als Ergebnis von Beobachtungen und Erfahrungen über Jahrzehnte zu werten sind.

Eine ganz persönlich gefärbte, stark subjektiv geprägte, aber hochinteressante Art von Musikkritik gibt es in Wien: ein hektographiertes, einmal monatlich erscheinendes Blättchen mit dem Titel „Der Merker". Darin wird jede Repertoirevorstellung der Wiener Staatsoper rezensiert. Die Autoren sind musikbegeisterte Laien, die sämtlich seit vielen Jahren regelmäßig die Oper besuchen und dadurch gute Vergleichsmaßstäbe besitzen.

Bezeichnenderweise habe ich dieses Blatt bei vielen Intendanten, mit denen ich verhandelte, auf dem Schreibtisch liegen sehen – ein Zeichen wohl dafür, dass die Meinung dieser Laienkritiker nicht ohne Eindruck auf die Fachleute bleibt. Ich habe gelegentlich schon den „Merker" gekauft und über Vorstellungen nachgelesen, die ich besucht hatte. Ich konnte feststellen, dass die dort geäußerte Meinung im Prinzip mit meinen Eindrücken übereinstimmte. Im „Merker" wird oft scharf kritisiert, aber die Verfasser geben ihre Eindrücke nicht als alleingültige Wahrheiten aus, sondern bekennen sich offen zur Subjektivität ihrer Ausführungen. Sie schreiben etwa: „Nach meinem Empfinden" war das eine überragende oder auch eine unzureichende Leistung des Sängers X.

Ein Mitarbeiter des „Merker" sagte zum Beispiel über meinen Octavio, ich hätte sehr schön und stilvoll gesungen und auch starken Beifall vom Publikum erhalten, doch ihm persönlich gefalle mein Timbre nicht für diese Partie, da möchte er doch lieber einen mehr italienisch gefärbten Tenor haben. – Das ist eine Form von musikalischer Wertung, die ich respektiere, weil hier eben einer seine ganz persönliche Meinung kundtut und keinen weiteren Anspruch daraus ableitet.

Ich habe über Konzerte und Opernaufführungen manchmal in zehn verschiedenen Zeitungen schon zehn verschiedene Beurteilungen gelesen. Offenbar dominiert auch da der Geschmack des jeweiligen Kritikers, nur kommt das in den Presseveröffentlichen nicht zum Ausdruck, sondern die Ansichten werden wie eine unumstößliche Gewissheit vorgetragen. Beim Lesen von Kritiken muss der Künstler also lernen, sorgsam zu unterscheiden, welche Hinweise ihm wirklich weiterhelfen können.

Bei der Entstehung von Kritiken wirken viele Komponenten zusammen, die man berücksichtigen muss, um nicht ungerecht zu urteilen. Wenn ein Kritiker beispielsweise in einer konzentrierten Biennalewoche Tag für Tag neue Musik hört, wird er am fünften Abend schon nicht mehr die gleiche Frische, Aufgeschlossenheit und Hörbereitschaft mitbringen wie am Anfang. Das dürfte sich auf seine Rezensionen auswirken. Ich habe in einem Wiener Konzertsaal einen Kritiker herzhaft gähnen sehen, und dann war in der Kritik zu lesen, die Aufführung sei spannungslos gewesen und habe ihn gelangweilt. Ich habe das ganz anders empfunden, aber vielleicht war ich ausgeruhter an diesem Abend.

Ein bedenklicher Trend wird in den Kritiken einiger westeuropäischer und auch außereuropäischer Musikzentren erkennbar: das Bestreben der Verfasser, den Musikbetrieb zu manipulieren, Intendanten und Konzertveranstalter zu beeinflussen und Künstler, die in der Gunst des jeweiligen Kritikers stehen, zu lancieren, zu protegieren. An diesem Punkt aber wird Kritik fragwürdig, hat mit sachlichem Werten nichts mehr gemein.

Ein anderes Problem: In Wien – und nicht nur da – erscheinen Musikkritiken fast immer gleich am nächsten Morgen. Das bedeutet, sie werden nachts unter Zeitdruck geschrieben. Manchmal besucht ein Kritiker nur die erste Hälfte eines Konzerts, um den Termin zur Abgabe seines Manuskripts nicht zu versäumen. Und da es Wiener Morgenblätter gibt, die schon in der Nacht ausgeliefert werden, kann man kurze Zeit nach dem Konzert bereits erste Rezensionen lesen. Der Kritiker muss also sofort schreiben, ohne den vielleicht wünschenswerten Abstand von der Sache gewonnen zu haben. Andererseits kann es interessant und kreativ sein, den frischen Eindruck sogleich festzuhalten. Doch es kann auch bedeuten, dass eine kritische Äußerung, die viele Tausende in ihrer Meinungsbildung beeinflussen kann, möglicherweise übereilt und unüberlegt hingeschrieben worden ist und nur in Umrissen zutrifft. Das stimmt mich doch bedenklich.

Und dennoch: Vor die Frage gestellt, ob der Künstler den Kritiker braucht, ob vom Kritiker einiges abhängt, möchte ich mit einem klaren Ja antworten. Ein Kritiker kann auf zahlreiche Konzertbesucher oder potentielle Musikhörer einwirken, bevor sie selbst überhaupt Gelegenheit hatten, sich ein Bild zu machen. Hier liegt die Verantwortung des Kritikers, hier liegt auch die Gefahr. Gewiss, ein Künstler von Rang wird sich stets durchsetzen, ungeachtet der Kritik – sofern er das Publikum durch seine Leistung, durch seine Ausstrahlung anspricht, beeindruckt, überzeugt.

Aus früherer Zeit sind uns Arbeiten von Kritikern überliefert, die inzwischen zu den Klassikern dieses Genres gehören, denken wir an Lessing und

Fontane, an Alfred Kerr, George Bernard Shaw oder an den Musikkritiker Eduard Hanslick. Sie alle schrieben mit großem Engagement und Selbstbewusstsein, sie urteilten mit beträchtlicher Schärfe und griffen auch mal – mit Überzeugung – total daneben. Starke Persönlichkeiten standen hinter diesen kunstästhetischen Wertungen, auch wenn sie sich in einigen Fällen – insbesondere bei Hanslick – als grandiose Irrtümer erwiesen oder als geistvolle Stilübungen verselbständigten.

Wenn man über das Verhältnis von Kunst und Kritik spricht, muss man sich vor pauschalen und verallgemeinernden Urteilen hüten und zu differenzieren suchen. Was für die Künstler gilt, trifft ebenso auf die Gilde der Kritiker und wohl auf jeden Berufsstand zu: Es gibt einige Meister und viel Mittelmaß. Ziehe ich ein Fazit des Themas und des in sich vielleicht widersprüchlichen Kapitels, dann kann es nur in dem Rat an den Musikfreund bestehen, sich selbst eine Meinung zu bilden und die Kritik dabei als Anregung, nicht aber als alleingültige, unbedingt verbindliche Weisheit zu verstehen.

Das Publikum und seine Gunst

Bei jedem Konzert und bei jeder Opernvorstellung vollzieht sich für den Künstler ein bedeutsamer Vorgang: die Begegnung mit dem Publikum. Als Sänger und Dirigent, der schon viele Länder bereist hat, weiß ich mittlerweile nach geographischen Breiten und nach Mentalität zu differenzieren, wenn ich von meinen Erlebnissen mit dem Publikum erzähle.

Da gibt es das oft zitierte südländische Temperament (schon südlich von Dresden scheint sich eine merkliche Veränderung der Wesensart abzuzeichnen). Dresden hatte ja früher einen fabelhaften Ruf wegen seines Publikums, wegen der starken Resonanz, die Künstler in dieser Stadt fanden. Die Teilnahme der Besucher am Musikleben äußert sich heute vielleicht in anderer Weise als noch vor einigen Jahrzehnten. Fraglos haben sich die Interessengebiete der Menschen erweitert, auch sind die Erlebnis- und Informationsmöglichkeiten reicher geworden. Früher war die intensive Verbindung zum Theater, zur Oper, zum einzelnen Künstler nicht zuletzt von dem Bestreben geleitet, über alle Vorgänge und Vorhaben informiert zu sein, auch ein bisschen Theaterklatsch zu erhaschen. Die Akzente haben sich inzwischen etwas verschoben, insbesondere in unseren Breiten.

Anders ist die Situation etwa in Wien, in Salzburg oder in München. Dort beschäftigen sich die Leute noch überaus lebhaft mit dem Opern- und Konzertleben. Wenn man zum Beispiel auf der Fahrt vom Wiener Flughafen zur Innenstadt den Taxifahrer fragt, was heute Abend in der Oper gespielt wird, dann kann es geschehen, dass man nicht nur über den Spielplan, sondern auch über Details der Besetzung informiert wird. Solches Interesse wird natürlich durch die regionale Presse fleißig genährt. Es gehört eben zur Mentalität etwa der Wiener, sich mit dem Musikleben ihrer Stadt zu identifizieren.

Wie genau man unterscheiden muss bei Einschätzungen durch das Publikum, ist mir deutlich geworden, als ich einmal zu einer Opernpremiere in Salzburg war, zu der auch etliche meiner Wiener Anhänger angereist waren. Ich hatte – was reiner Zufall war – mehrere Monate lang nicht mehr in Österreich gesungen, und inzwischen hatte ich auf ärztliches Anraten mehrere Kilo abgenommen. Nach der Aufführung kamen einige meiner Fans – mir schon vertraute Gesichter – zu mir, beglückwünschten mich.

Und da waren es die Wiener, die sagten: „Sie sehen aber schmal aus, Herr Kammersänger, Sie haben so abgenommen, ist Ihnen net wohl?" Ich beruhigte sie über diesen Punkt, schließlich hatte ich wirklich nur mein Übergewicht ein bisschen reduziert. Meine Salzburger Freunde aber äußerten sich zu dem gleichen Tatbestand überschwänglich: „Herr Kammersänger, Sie sind so fabelhaft schlank geworden, wie machen S' das nur?" Lässt sich exemplarischer die Gegensätzlichkeit von Mentalitäten dokumentieren?

Wien ehrt Tenöre: Verleihung der österreichischen Kammersängertitel an Placido Domingo und Peter Schreier durch Operndirektor Seefehlner

Das Wiener Publikum ist allzeit zu großer Begeisterung fähig, es hat seine Lieblinge, die es nicht im Stich lässt. Ich habe erlebt, wie ein berühmter Sänger, der inzwischen den Zenit seiner Karriere überschritten hatte, in der Wiener Oper sang. Trotz der hörbaren Schwächen, die mich als Sängerkollegen etwas wehmütig stimmten, wurde er von seinem treuen Wiener Publikum gefeiert wie in seinen großen Tagen. Das hat mich gerührt. Ich glaube, wer dem Wiener Publikum die Treue hält, wer es nicht durch irgendwelche Affären verärgert, der hat die Chance, bis ins hohe Alter anerkannt zu werden.

Wohl kaum anderswo in der Welt wird auch ein unbedeutender Zwischenfall in der Oper am nächsten Tag auf den ersten Seiten der Zeitungen behandelt. Es passierte vor etlichen Jahren, dass ein bekannter und stimmgewaltiger Heldentenor in Wien „Walküre" sang und dabei im ersten Akt völlig aus dem Konzept kam. Der Dirigent des Abends geriet darüber so in Zorn, dass er vom Pult aus die richtigen Töne laut vorsang. In der Pause gab es einen erregten Wortwechsel zwischen den Künstlern und ein Buhkonzert durch das Publikum, und alle diese Vorgänge wurden tags darauf auf den Titelseiten der Wiener Blätter referiert, waren Tagesgespräch. Das ist ein – wenn auch negatives – Beispiel dafür, wie stark das Musikleben in Wien im Blickpunkt steht und wie es die Gemüter bewegt. Zugespitzt könnte man sagen: Was bei uns der Fußball ist, bedeutet für den Wiener die Oper.

Das Wiener Publikum liebt es auch, bei allen Vorkommnissen im Musikleben mitzureden. Eine kleine Episode mag dafür sprechen: In der Wiener Staatsoper war „Don Giovanni"-Premiere, ich sang den Octavio. Der Regisseur Zeffirelli hatte auch die gesamte Ausstattung besorgt. Mir hatte er eine eigenartige Perücke verpasst – mit schräg in die Stirn gekämmtem Haar –, die mir gewisse napoleonische Züge gab. Das missfiel einem großen Teil des Publikums. Mir selbst war diese Maske zunächst etwas fremd, aber heute – beim Betrachten der Fotos – kann ich mich durchaus damit anfreunden.

Doch was geschah damals? Nach der Premiere drängte sich – wie üblich – am Bühnenausgang eine dichte Menschentraube. Hundert waren es mindestens, die Autogramme haben wollten, und das Gespräch mit den Künstlern suchten: „Herr Kammersänger, wann singen S' den nächsten ‚Giovanni', Herr Kammersänger, was für ein Programm hat Ihr nächster Liederabend, was bringen S' für einen Pianisten mit, was sagen S' zu der Inszenierung?" Und prompt kam mehrmals die Frage: „Herr Kammersänger, mussten S' denn die grässliche Perücke aufsetzen, konnten Sie sich net weigern?"

Das ist Wien. Häufig ist man nach einer Aufführung etwas abgespannt und gar nicht mehr zum Gespräch aufgelegt. Doch wenn ich mir mal einen anderen Ausgang suche, wird mir das von den Fans sehr verübelt. Zumeist überwinde ich Vorbehalte und Müdigkeit, um das Publikum nicht zu enttäuschen. Schließlich nehmen die begeisterten Opernbesucher oft große Anstrengungen auf sich: Sie stehen stundenlang nach Karten an, manche von ihnen stehen dann auch noch während der ganzen Vorstellung – im Stehparkett, am Balkon oder auf der Galerie.

Aber gerade diese „Kinder des Olymp" sind es ja, von denen die stärkste Resonanz kommt. Das sind diese impulsiv reagierenden Musikfreunde, die jubeln oder verdammen, und es gibt Abende, da tönen die Buh- und Bravorufe lustig durcheinander. Man würde sich in Wien oder in Salzburg wundern, wenn diese spontanen Reaktionen ausblieben.

Andererseits sollte man diesen Beifallsäußerungen auch nicht zuviel Bedeutung beimessen, denn das Wiener Herz neigt leicht zum Überschwang. Ich habe mich halt auf den liebenswürdigen Charme und auf die titulierfreudige wortreiche Art der Wiener erst allmählich einstellen müssen.

Mit Schmunzeln erinnere ich mich einer Episode nach meinem ersten Auftreten in Wien. Ich hatte im März 1965 im Konzertsaal des Wiener Musikvereins, der mich später zum Ehrenmitglied ernannte, die h-Moll-Messe gesungen. Das war für mich eine aufregende Sache, an dieser traditionsreichen Stätte aufzutreten: Hier wurden Brahms-Sinfonien uraufgeführt, ebenso Werke von Bruckner.

Am nächsten Vormittag ging ich mit meinen ersten verdienten Schillingen durch die Geschäftsstraßen bummeln und wollte mir – es war recht kühl – einen Pullover kaufen. Ich sah mir erst einige Schaufenster an, dann fand ich ein Geschäft, das mir nicht allzu teuer erschien. Der Verkäufer kam mir sogleich mit großer Freundlichkeit entgegen und sagte: „Kompliment, Kompliment!"

Ich hatte keine Ahnung, dass das in Wien eine übliche Begrüßungsformel ist, und bezog das Kompliment insgeheim auf mein Debüt. Der Verkäufer, so mutmaßte ich, hatte offenbar mein Konzert gehört und wollte mir seine Anerkennung aussprechen. Inzwischen aber betrat der nächste Kunde das Geschäft, und wieder hörte ich: „Kompliment, Kompliment!" So kann man sich irren, wenn man die Bräuche des Landes nicht kennt! Heute benutze ich in Österreich selbst zuweilen diese Redeweisen und begrüße einen mir bekannten Künstler auf der Straße mit „Verehrung, Herr Professor!".

In noch südlicheren Gefilden – etwa in Italien – nehmen die Publikumsäußerungen häufig uns fast schockierende Formen an. Bei meinem ersten Besuch in der Mailänder Scala erlebte ich von der Loge aus das Publikum in seiner Eigenart sozusagen „hautnah". Die italienischen Opernbesucher warten regelrecht darauf, dass der Tenor oder die Primadonna einen Höhepunkt ihrer Partie erreichen, und dann geht ein gewaltiger Tumult los, Beifall prasselt, Bravorufe ertönen. Aber einige Sekunden später ist alles wieder ruhig, man folgt dem musikalischen Ablauf. Einige Logenbesucher treten gar auf den Gang hinaus, um eine Zigarette zu rauchen; sie wissen genau, wann die nächste Arie fällig ist, wann der nächste ihnen wichtige Höhepunkt kommt. Das Interesse für die Inszenierung ist zumeist gering, der Rampensänger, der seine schönen Töne abliefert, gehört noch immer zum Charakteristikum der italienischen Oper, wenn sich auch durch die Regiebestrebungen von Männern wie Giorgio Strehler und anderen das Bild allmählich gewandelt hat.

Meine erste Partie in der Scala war der Idamantes in Mozarts „Idomeneo". Vor der Aufführung erschien in meiner Garderobe ein untersetzter, nicht ganz seriös wirkender Herr und fragte, ob ich für die Claque zahlen wolle. Das ist eine Truppe, die im Hause den Beifall steuert. Nun wirkte in der gleichen Aufführung mein Wiener Kollege Waldemar Kmentt mit, der schon

Scala-Erfahrung hatte. Durch ihn war ich vorgewarnt und mit der Empfehlung versehen worden, nicht zu zahlen – wohin sollte so etwas schließlich führen.

Wie diese Claque das Publikum anheizt und manipuliert, konnte ich übrigens noch am gleichen Abend beobachten. In der Vorstellung wirkte als Elektra eine ältere Sängerin mit, die ihre Glanzzeit hinter sich hatte, das war nicht zu überhören. Aber sie erhielt einen tosenden Beifall. Sie mochte gehörig dafür bezahlt haben.

Eine ganz eigenartige Atmosphäre hat ein Liederabend in Italien. Zunächst hatte ich generell Vorbehalte: Die Italiener lieben ihre Belcantosänger, sie bevorzugen Bravourarien oder neapolitanische Volksgesänge – was sollte ich da mit Liedern von Schubert oder Schumann? Aber die Italiener sind zu einem großen Teil musikalisch sehr empfindsam und entdecken in der deutschen Romantik etwas ihnen durchaus Wesensnahes. Ich konnte feststellen, dass dort beispielsweise „Die schöne Müllerin" sehr populär ist.

Einmal sang ich diesen Zyklus bei den Festspielen in Perugia, in der Aula der Universität. Zunächst war das Publikum lange Zeit sehr unruhig. Aber dann folgte es doch mit großer Aufmerksamkeit, jederzeit bereit, die Hände zum Beifall zu rühren. Das kann bei einem Liederzyklus die ganze Stimmung verderben und den inneren Zusammenhang zerstören, und so hatte ich ständig Mühe, Zwischenbeifall zurückzuhalten.

Das Ungewöhnlichste jedoch war: Einige Besucher hatten ihre Kinder mitgebracht. Diese saßen auf den breiten Fensterbrettern der Aula – sicher hatte man für sie gar keine Eintrittskarten. Die Kinder nahmen auch kaum Notiz von den Liedern, sie hockten da beieinander und machten Spiele. Das wurde vom Publikum geduldet, niemand ließ sich dadurch ablenken. Offenbar ist das in Italien üblich, denn die Kinder gelten dort als höchstes Gut, und man verwehrt ihnen so gut wie nichts.

Eine Beifallsfreudigkeit wie in südlichen Landen ist unserem Publikum – etwa in Berlin oder vergleichsweise in Hamburg, in London, in Warschau, auch in Moskau – weitgehend fremd. Ich will damit nicht sagen, dass die Fähigkeit zur Begeisterung etwa bei den Berlinern geringer wäre, nur äußert sie sich nicht so spontan und impulsiv. Gerade von Berliner Musikfreunden bekomme ich sehr viele Zuschriften, ganz persönlich gehaltene Briefe auch, die oft über die künstlerische Anerkennung weit hinausreichen und zu kleinen Liebeserklärungen werden. Dass die meisten Briefe von Frauen stammen, will ich nicht aus männlicher Eitelkeit überbewerten.

Inhaltlich sind die Briefe von Frauen oft sehr subjektiv gefärbt. Ich habe zum Beispiel eine Verehrerin in Stuttgart, eine sehr gebildete, feinsinnige

Frau, die mir regelmäßig zum Geburtstag und zu Weihnachten längere Briefe schreibt. Sie möchte mich am liebsten ausschließlich als Bach-Interpreten und als Liedsänger hören. Volkslieder, meint sie, seien meiner künstlerischen Potenz nicht gemäß, und wenn ich gar Unterhaltungsmusik singe, dann fehlt ihr dafür jegliches Verständnis. Ich versuche ihr zu erklären, dass es schließlich Millionen Menschen gibt, die so etwas gern hören, und vielleicht sind einige darunter, die auf dem Umweg über dieses Genre eines Tages zur klassischen Musik finden.

Viele dieser Briefe sind von solcher Dankbarkeit erfüllt, dass es mich sehr froh stimmt und aussöhnt mit den Belastungen und manchmal auch mit den Belästigungen, die Fans und Autogrammjäger mit sich bringen. Denn diese Verehrer tauchen ja zumeist dann auf, wenn die Kräfte verbraucht sind; da bedarf es schon einer gelassenen Haltung, um noch zu freundlichem Plaudern bereit zu sein. Andererseits bestätigt sich mir bei solchen Begegnungen, was ein Musikerlebnis bedeuten und bewirken kann. Menschen, die in ihrem Beruf oft bis an die Grenze ihrer Kräfte belastet sind, finden in der Musik einen Ausgleich, eine Sinnerfüllung. Dazu beitragen zu können macht natürlich einen Künstler sehr glücklich, das bestätigt und ermuntert ihn.

Wieder ein ganz anderes Publikum bilden die Moskauer. Sie äußern sich nicht gerade applausfreudig, aber dafür erweisen sie sich als ein Fachpublikum, wie man es sich wünscht. Nach einem Konzert kommen häufig die Zuhörer in Scharen nach vorn zum Podium und reichen Zettel herauf. Darauf stehen Liedtitel, oft ganz exakt mit Opuszahlen und sogar Tonart bezeichnet, die sie gern hören möchten. Das sind keineswegs gängige populäre Lieder wie das „Heidenröslein", sondern manchmal ganz ausgefallene, erlesene Stücke. Daran erkennt man, wie genau sie das Werk eines Komponisten kennen. Sie äußern auch nie einen Wunsch, der stilistisch nicht zu dem Programm passt.

In der baschkirischen Hauptstadt Ufa gab ich einmal einen Liederabend. Da saßen viele Frauen etwa der mittleren Generation mit Klavierauszügen in der Hand. Bei anschließenden Begegnungen erzählten sie mir, dass sie in der Volkshochschule meinen Liederabend vorbereitet und in der Schule auch mit der Jugend über den Komponisten und seine Zeit gesprochen hatten. Hier wird eine tiefe Ernsthaftigkeit bei der Beschäftigung mit der Musik spürbar. Das erfüllt einen Sänger natürlich mit großer Freude.

Ganz überraschende Konfrontationen mit dem Publikum erlebte ich in Japan. Erstaunlicherweise gibt es dort sehr enge Beziehungen zur Musik, etwa der deutschen Klassik und Romantik. Ich habe zum Beispiel eine verblüffende Beobachtung gemacht, als das Japanische Handelszentrum in Berlin mit einem Festkonzert eingeweiht wurde. Ein japanisches Ensemble trat mit traditioneller Musik aus seiner Heimat auf. Als anschließend Theo Adam die Ansprache des Hans Sachs aus den „Meistersingern" darbot, hörte ich auf der Seitenbühne zu, und neben mir standen die japanischen Instrumentalisten. Als Theo Adam begann, drehte ich mich verblüfft um, denn die Japaner neben mir hatten ebenfalls eingesetzt und sangen leise die ganze Ansprache mit. Sie kannten jede Note.

Wie begeisterungsfähig und gefühlsbetont das japanische Publikum ist, habe ich häufig erlebt. Bei einem Konzert in Osaka kam eine junge Frau zur Bühne und brach in Tränen aus. Während einer Konzertreise wurde ich von einem jungen japanischen Tenor angesprochen, der den Wunsch äußerte, sich in meiner Nähe niederzulassen in der Absicht, von mir zu lernen. Er lebte dann einige Zeit in Magdeburg und besuchte mich von Zeit zu Zeit, sang mir vor und ließ sich beraten. So wie ihn habe ich viele Japaner kennen gelernt: als kunstsinnig, ungemein wissbegierig und lerneifrig.

Meine Erfahrungen mit den USA sind sehr zwiespältig. Die Atmosphäre des dortigen Kulturbetriebes ist mir zu sachlich, zu geschäftsmäßig. Schon das neue Gebäude der Metropolitan Opera wirkt auf mich wie ein modernes Bürohaus. Ausgestattet ist es komfortabel wie ein First-Class-Hotel. Aber so keimfrei wie das Wasser, das dort aus dem Getränkeautomaten läuft, empfinde ich auch die künstlerische Atmosphäre, die Henry Miller so treffend als „Alptraum mit Klimaanlage" bezeichnete.

Das ist allerdings ein ganz persönlicher Eindruck, den ich in den Jahren bei meinen vielen Auftritten in Chicago und Los Angeles revidiert habe. Denn vom Gesang und von Stimmen versteht man durchaus sehr viel in Amerika. Es existieren dort auch hervorragende Gesangsschulen. An allen großen Opernhäusern in Europa sind ja heute Amerikaner in beträchtlicher Zahl beschäftigt, allesamt Sänger mit einer phantastischen Ausbildung.

Was mich in den USA etwas unangenehm berührt hat: Ich habe erlebt, wie die Kunst dort vor allem Geschäft ist. Als ich das zweite Mal an der Met gastierte, fand in New York gerade der so genannte Künstlermarkt statt. Zu ihm kommen Manager aus dem ganzen Land zusammen, bauen in einem riesigen Saal ihre Stände auf und bieten ihre Künstler wie eine Messeware feil. Da stand also auch ein Foto von mir, eine kurze Übersicht über meine wichtigsten Partien und Liedprogramme war beigefügt. Und es waren – fotografisch reproduziert und mit gigantischen Schlagzeilen versehen – Auszüge aus Kritiken ausgestellt, zu Werbesprüchen umfunktioniert.

Die Manager suchen sich hier gegenseitig zu überbieten und machen aus dem Sänger einen „Verkaufsschlager". So etwas befremdet mich doch sehr. Ich möchte, wo ich auch singe, einen Kreis von Zuhörern haben, die aus ehrlichem Interesse an der Kunst und an meinem Gesang kommen, und nicht sensationserpichte Leute, die durch eine raffinierte Werbung manipuliert wurden.

Jede Art von Starwesen widerstrebt mir, weil damit allein der Interpret in den Vordergrund gerückt und das Kunstwerk zur zweitrangigen Erscheinung degradiert wird. Das Publikum wird von Schallplatte, Rundfunk und Fernsehen verwöhnt und vielleicht auch angeregt, Interpreten nach seinem Geschmack zu wählen. Aber mit dieser scheinbar freien Entscheidung hat es seine Tücken, denn der Hörer ist durch das von den Medien manipulierte Angebot bereits verführt und beeinflusst.

Im Musikbetrieb wird insbesondere von den Schallplattenproduzenten der Starkult geradezu genießerisch gefördert. Einzelne Künstler werden durch massive Reklame derart herausgehoben, dass jeder Hörer oder Plattenkäufer förmlich in eine unkritische Bewunderungshaltung gedrängt wird. Es zeigt sich ein Trend, gefördert auch durch eine nicht immer seriöse Pressearbeit, der das künstlerische Klima beeinträchtigt. Der Künstler gerät in die Lage, sich wichtig und nachgerade unersetzlich zu fühlen, Egoismus macht sich breit. Auf die künstlerische Arbeit wirkt sich das nicht unbedingt positiv aus. Das Image, der Kult erscheinen oft wichtiger als das Ergebnis der Arbeit, als die Leistung. Das Publikum wiederum gewöhnt sich daran, Idole zu verehren und in diese ganz bestimmte Erwartungen zu setzen.

Der Starkult, wie er zum Beispiel in Salzburg während der Festspiele von den Schallplattenfirmen durch gewaltige Werbekampagnen angeheizt wird, ist eindeutig von geschäftlichen Interessen bestimmt. Das Bestreben des Publikums, seine Lieblingssänger und -dirigenten zu erleben und zu feiern, wird berechnend für den Umsatz genutzt und in vorbestimmte Richtungen gelenkt. Wenn ein Künstler sich auf dem Plattenmarkt nicht gut verkauft, wird er gnadenlos fallengelassen, sein Bild verschwindet sehr rasch von den Plakatwänden des feilen Ruhmes. Von solchen Firmen, die das Geschäft mit der Kunst betreiben, wird kaum ein junger Solist aus künstlerischen Gründen gefördert, sondern erst dann zum Star aufgebaut, sobald sein Name Klang und Zugkraft erwiesen hat.

Andererseits habe ich den Eindruck gewonnen, dass sich gerade in Salzburg die Festspielleitung und andere künstlerisch Verantwortliche von Erscheinungen des Starkults in ihren Entscheidungen nicht beeinflussen lassen. In den Festspielaufführungen zeigt sich beim Einsatz der Künstler eine erfreuliche Kontinuität, die von Ernst und Verantwortungsgefühl zeugt. Auch das Publikum scheint mir grundsätzlich bereit – vor allem in den Konzerten –, einem noch wenig bekannten Künstler aufgeschlossen zu begegnen. Aber der große Teil der Hörer wird vor allem emotional von einem Künstler angesprochen und vermag dessen Leistung nicht fachlich fundiert zu werten. Und so werden sich viele letztlich doch an Leitbildern orientieren, aufgerichtet von einer Kunstpropaganda, die das Erprobte und Erfolgssichere bevorzugt.

Seit jeher besitzen die führenden Opernhäuser in den Hauptstädten Repräsentationsfunktion. Hohe Staatsgäste besuchen die Vorstellungen. Im Laufe meines Sängerlebens habe ich so manchen Politiker von Rang in den bewussten Logen sitzen sehen, ob in Wien oder in der Deutschen Staatsoper Unter den Linden. Meinen Belmonte hat der sowjetische Staatsmann Alexej Kossygin ebenso gehört wie die Königin von Holland. Wurde ich zunächst von dem Vorurteil geleitet, solchen Besuchen ausschließlich protokollarische Bedeutung beizumessen, so war ich bei Begegnungen und Gesprächen mit Politikern häufig überrascht, wie stark bei vielen kulturelle Interessen ausgeprägt sind, dass sie sich bei einem künstlerischen Erlebnis von der weithin spröden Materie des politischen Alltags erholen. Es sind keineswegs nur diplomatische Erwägungen, die einen Mann wie den Kaiser von Japan veranlassen, eine Vorstellung des Staatsoperngastspiels in seinem Lande zu besuchen. Und es war mehr als eine noble Geste, als Leonid Breshnew nach einem Konzert von DDR-Musikern auf die Bühne des Kremlpalastes kam, um den Künstlern zu danken.

In Österreich, wo die Aufgeschlossenheit für Musik traditionell stark entwickelt ist, wunderte es niemanden, dass Bundeskanzler Bruno Kreisky regelmäßig die Abonnementskonzerte der Wiener Philharmoniker besuchte. Auch bei einer Aufführung der Matthäus-Passion sah ich ihn unter den Zuhörern. Und es ist bezeichnend für die Wertschätzung der Kunst in diesem Lande, dass ich die „Flötenuhr", die höchste Auszeichnung der Wiener Mozart-Gesellschaft, für meine Schallplatte mit Mozart-Liedern aus den Händen des Bundespräsidenten Rudolf Kirchschläger entgegen genommen habe.

In Berlin war eine Zeitlang ein französischer Botschafter tätig, der mich stets mit besonderer Freundlichkeit grüßen ließ, wenn ich wieder ein Visum beantragen oder abholen ließ. Bei einer persönlichen Begegnung erzählte er mir, mit welch tiefem Genuss er kurz zuvor in seinem Hause in der Provence die Übertragung eines Salzburger Liederabends von mir gehört hatte. Solche Resonanz freut mich natürlich. Und all diese Erfahrungen zeigen mir, dass viele, die führende Positionen der Politik und Diplomatie innehaben, keineswegs eingleisig in ihren Interessen sind, sondern sich von künstlerischen Eindrücken berührt und bereichert fühlen.

In Wien
ist vieles anders

Wer als Künstler die oft herzlichen Gunstbeweise des Publikums erfährt, sieht sich zuweilen in einen Konflikt gedrängt: wenn er nämlich einmal aus gesundheitlichen Gründen nicht die gewohnte Leistung zu bringen vermag. Die richtige Entscheidung wäre abzusagen. Ich bin der Meinung, wenn man sich nicht im Vollbesitz seiner Kräfte und stimmlichen Mittel weiß, dann sollte man sich krank melden. Denn das Publikum hat ein Recht auf eine gültige Leistung, es hat bezahlt, seine Erwartungen sind hoch. Nun gut, der eine oder andere drückt vielleicht ein Auge – besser wohl: ein Ohr – zu, aber künstlerisch ist das eigentlich nicht zu verantworten.

Aus diesem Grunde habe ich mich zumeist auch erfolgreich gesträubt aufzutreten, wenn ich gesundheitlich nicht auf der Höhe war – bis auf einen Fall: Da stand in Berlin „Così fan tutte" auf dem Programm, und am Tag der Aufführung war ich völlig heiser und sagte ab. Nun war aber wohl kein Ersatz aufzutreiben. Und da bat mich Professor Pischner, der damalige Intendant der Staatsoper Unter den Linden, die Vorstellung zu retten; im Glauben mir entgegen zu kommen, meinte er, ich könnte auch die Arie weglassen, mich sängerisch zurückhalten, Hauptsache ich wäre anwesend und spielte mit. Das habe ich dann getan.

Aber was war damit erreicht? Gut, die Vorstellung konnte stattfinden, möglicherweise hätte sonst eine andere Aufführung angesetzt werden müssen, oder man hätte das Publikum gar nach Hause geschickt. Doch die Qualität der Darbietung litt gehörig unter meiner Indisposition. Und was nicht weniger problematisch war: Weil ich auf meiner Erkältung „herumsang", wahrscheinlich forcierte, weil die Stimme nicht ansprach wie sonst, also mit Kraftaufwand die Leistung erzwingen wollte, bekam ich prompt die Quittung: Ich fiel für längere Zeit aus. Hätte ich an dem Abend geschwiegen, dann wäre die Erkältung nach wenigen Tagen abgeklungen, und ich wäre wieder fit gewesen. So aber habe ich eine beträchtliche Zeit gebraucht, bis ich wieder singen konnte.

Das Absagen bedeutet stets einen schwierigen Entschluss. Nicht weniger problematisch ist das „Ansagen", nämlich die Mitteilung einer Indisposition an das Publikum. Ich weiß von einem Fall, da hat Placido Domingo in München vor einer Vorstellung ansagen lassen, er sei indisponiert. Sogleich gab es empörte Buh-Rufe aus dem Zuschauerraum. Bis zu einem gewissem Grad ist das sogar verständlich, vielleicht hatten die Leute lange angestanden und teuer bezahlt für die Karten und waren nun enttäuscht, dass sie keine Topleistung geboten bekamen. Aber eine Absage hätte sie möglicherweise noch weniger gefreut.

Übrigens gibt es auch Sänger, bei denen das „Ansagen" schon zur Routine geworden ist. In Wien war es eine Zeitlang beinahe an der Tagesordnung, dass Sänger sich wegen einer Indisposition entschuldigen ließen, wohl um Eventualitäten vorzubeugen. Vielleicht befürchteten sie, einen heiklen hohen Ton nicht zu treffen, meldeten sich also indisponiert, damit sie ein Alibi hätten. Mit solchen Tricks wurde überall mal gearbeitet, doch gerade in Wien häuften sich zeitweilig die Fälle, dass der Stellvertretende Direktor abends vor den Vorhang trat und um Verständnis bat, dass ein Sänger – um die Vorstellung nicht zu gefährden – mitwirken würde, obwohl er gesundheitlich nicht voll disponiert sei.

Nun gehört ja die Beziehung des Wiener Publikums zu seinen Künstlern ohnehin in eine besondere Kategorie. Ich habe an anderer Stelle schon gelegentlich von dieser besonderen Beziehung der Bevölkerung zu seinem Opernhaus erzählt. Manchmal gewinnt man den Eindruck, mindestens jeder zweite Wiener fühlt sich als eine Art designierter Operndirektor. Fast alle meinen jedenfalls es besser zu wissen als das Leitungsteam der Wiener Staatsoper, was für das Haus und seinen künstlerischen Fortbestand das beste sei. Und der Operndirektor ist eine der am stärksten angefeindeten und zugleich auch meist beneideten Personen.

Dabei hätte kaum ein Außenstehender je die Chance, in Wien die Staatsoper zu leiten. Das Amt wird nahezu „unter der Hand" an dafür Prädestinierte weitergereicht. Ich habe während meiner Tätigkeit an dem Hause drei Wechsel an der Spitze der Oper erlebt, und jedes Mal kam der Berufene aus einer verwandten Institution, in der er sich schon bewährt hatte: einer war vorher Direktor des Musikvereins, ein anderer Bundestheaterchef. Überhaupt kann man die Vorgänge um die Wiener Oper nicht vergleichen mit anderen Häusern in anderen Ländern. Die Wiener Staatsoper ist kein landläufiges Theater, das ist eher eine Art Glaubensbekenntnis.

Die Anteilnahme der Fangemeinde – ich könnte auch einfach sagen: des Stehplatzpublikums – ist zuweilen derart intensiv, dass ich gelegentlich schon, um einigermaßen unbehelligt davonzukommen, dem Portier einen Geldschein zusteckte, und der führte mich dann durch beinahe geheime Gänge zu einer Seitentür, damit ich nicht den manchmal durchaus aufdringlichen Fans Rede und Antwort stehen musste. Denn da hörte man zuweilen ziemlich dreiste Fragen und Meinungsäußerungen. So drangen zum Beispiel nach einer Premiere schon mal junge Leute auf mich ein und erklärten, dass sie etwa mein Kostüm unglaublich fänden und wollten wissen, warum ich mich gegen solche Scheußlichkeit denn nicht verwahrt hätte.

Doch was soll ich denn in einem solchen Falle sagen? Diese Dinge liegen doch in der Entscheidung des Regisseurs oder der Kostüm- und Bühnenbildner, und die muss ich akzeptieren. Ob ich mich damit noch als fescher Mann fühle, hat ja nichts mit der beabsichtigten Wirkung der Aufführung zu tun. Aber solche geschmäcklerischen Kritiken von Seiten des Publikums sind nicht selten, da muss man sich als Sänger gelegentlich einiges anhören.

Natürlich gibt es bisweilen Schwierigkeiten, den eigenen Geschmack mit den ästhetischen Vorstellungen von Regie und Szene in Einklang zu bringen. Man ist als Sänger ganz sicher auch eitel, man möchte vorteilhaft wirken, und das steht vielleicht im Gegensatz zu dem, was das Inszenierungsteam beabsichtigt. Ich gebe zu, das war für mich gelegentlich schon ein Problem, mich den ästhetischen Intentionen anderer zu unterwerfen. Dabei geht es keineswegs bloß darum, als gut aussehender Mann zu erscheinen. Ich habe durchaus auch den Mut zur Hässlichkeit, wenn das der Charakterisierung der Rolle dient. Und ich habe mich dann auch wohl gefühlt in solcher Ausstattung. Das ist wohl überhaupt ein entscheidender Punkt: Man sollte sich wohl fühlen auf der Bühne, man sollte empfinden: Das Äußere harmoniert mit der Aufgabe im Stück. Und es gab immer wieder auch Fälle, da ich absolut konform ging mit meiner Kostümierung: beispielsweise als Pfitzners Palestrina in der Berliner Staatsoper. Gerade in Berlin waren durchweg gute und erfahrene Kostümbildner am Werk, die Geschmack hatten.

Aber ich wollte noch von Wien und seinem Publikum erzählen. Die Einmaligkeit der Wiener Atmosphäre besteht wohl vor allem darin, dass nahezu alle Wiener an der Oper Anteil nehmen. Wenn man wie ich etwa 300 Vorstellungen an der Wiener Staatsoper gesungen hat, besitzt man in dieser Stadt eine Popularität, wie man es in Deutschland allenfalls von hochrangigen Politikern kennt. Wenn ich da in einem stark frequentierten Restaurant nach einem Tisch fragte, genügte die Nennung des Namens, und schon geriet einiges in Bewegung. „Selbstverständlich, Herr Kammersänger, wir machen das möglich. Wie viel Plätze brauchen Sie?"

Die Künstlerverehrung in Wien nimmt zuweilen überaus herzliche Formen an. Wenn man mit Freunden zum Heurigen geht, stellt sich meist rasch ein ganz ungezwungener Kontakt her. Das habe ich immer als sehr angenehm empfunden.

Trotzdem spürt man in Wien zunächst meist eine gewisse Spannung und Reserviertheit des Publikums, das erst gewonnen werden möchte. Bei einem Liederabend im Musikvereinssaal etwa bemerkt man anfangs eine abwartende Haltung. Wenn man dann eine Zeitlang gesungen hat, das Publikum überzeugt hat, dann erwärmt sich die Stimmung, schließlich werden die Zuhörer überschwänglich, sie fallen – bildlich gesprochen – dem Sänger um den Hals. Davon kann man ganz schön „besoffen" werden, wenn ich das mal so drastisch formulieren darf. Jedenfalls lässt man sich beeindrucken; aber das trägt einen Sänger, die Resonanz des Publikums ist sehr wichtig.

Ich weiß aber auch, dass die Wiener in ihrer Zustimmung und Abneigung nachgerade unberechenbar sein können. Ein Beispiel: Ich sang den Loge im „Rheingold" unter der Regie von Sanjust, Zubin Mehta dirigierte. Die Premiere verlief gut, nur der Dirigent bekam massive Buhs. Das war mir ganz unverständlich. Ich hatte das Stück schon mit Karajan, mit Horst Stein und Wolfgang Sawallisch gesungen, und mir gefiel gut, was Zubin Mehta an diesem Abend geleistet hatte, das Orchester klang vorzüglich. Nach der Vorstellung traf ich mich mit Wiener Freunden, und meine erste Frage war: Warum buhte das Publikum bei Zubin Mehta. Antwort: Er sei „furchtbar" gewesen, einfach „unmöglich". Ich glaubte, wir sprächen von verschiedenen Vorstellungen. Ich konnte das nicht nachvollziehen, fragte also beharrlich weiter nach dem Grund der Ablehnung und stieß schließlich auf ein typisch wienerisches Vorurteil: Die Leute dort mögen ihn grundsätzlich nicht als Wagner-Interpreten, da lehnen sie ihn von vornherein ab. Wenn er Verdi dirigiert oder Puccini, da lieben sie ihn, aber Wagner nehmen sie nicht von ihm – weiß der Kuckuck, woher diese Einstellung kommt. Und so wird dann – ungeachtet einer guten Leistung – eigentlich grundlos opponiert. Da sind die Wiener einfach unberechenbar und mitunter eben auch ungerecht.

In früheren Jahren gab es mal einen fast schon grotesken Vorgang. Da lief eine „Tannhäuser"-Aufführungs-Serie, in der alternierten der deutsche Heldentenor Hans Beirer und der Amerikaner Jess Thomas. Beide hatten in Wien ihre Anhängerschar. Wenn Beirer sang, buhten die Freunde von Jess Thomas, sang Thomas, dann protestierte die Beirer-Truppe. Der Sängerkrieg wurde gleichsam vom Zuschauerraum her angeheizt. Das war so eine Stimmungsmache, die man eigentlich nicht ernst nehmen dürfte. Aber es beeindruckt eben doch, wenn da gebuht wird. Und es ist ganz sicher für den Künstler unangenehm, Unmutsäußerungen zu hören, obwohl die Leistung stimmt. Mit solchen Vorkommnissen muss man in Wien einfach rechnen. Von solchen Erscheinungen lebt schließlich das Theater, das macht einen Teil von seinem Reiz aus, doch man sollte sie nicht überbewerten.

Womöglich gibt es heute in Wien Erscheinungen in dieser extremen Form auch nicht mehr. Wir leben ja in einer Zeit, in der die in Anekdoten fortlebenden heiteren Episoden immer seltener werden. Es ist mittlerweile ein Ernst eingezogen in den Theaterbetrieb, da wären viele Späße und lustige Situationen, wie ich sie in früheren Jahren am Theater erlebte – und an die ich mich noch vergnügt erinnere – gar nicht mehr denkbar.

Verehrung auf Japanisch

Mein erstes Konzert in Japan wäre beinahe gescheitert, weil meine Tourneeplaner das Überfliegen der Datumsgrenze nicht einkalkuliert hatten und ich demzufolge mit einem Tag Verspätung in Tokio eintraf – eben noch rechtzeitig, um vom Flughafen direkt zum Konzertsaal zu fahren und zu singen. Für die physische Anstrengung, die dieser Blitzstart meines Japangastspiels mit sich brachte, wurde ich aufs angenehmste entschädigt durch dieses einmalige Publikum. Es ging mit einer so großen Bereitschaft und Aufmerksamkeit mit, wie ich es bei einem uns von der Tradition und Mentalität her so fernen Hörerkreis gerade bei einem Schubert-Zyklus nicht erwartet hätte. Diese Resonanz überwältigte mich.

Mindestens ebenso beeindruckend wie die Konzentration der Hörer im Konzertsaal erweisen sich die Wissbegier und Aufnahmefähigkeit der Japaner für alle mit dem Programm und seinem Interpreten zusammenhängenden Fragen. Nach jedem Konzert warten Scharen von Besuchern am Bühneneingang, nehmen Zurechtweisungen durch den Veranstalter geduldig hin, lassen sich aber nicht abweisen. In Japan brauchte der Künstler nach einem Konzert eigentlich noch einmal ebensoviel Zeit für Autogramme und Gespräche. Das Interesse gilt der Musik und nicht minder dem Künstler: Wie erarbeitet er ein Liedprogramm, welche Beziehung hat er zu diesen Liedern, wie lebt der Künstler?

Als ich das zweite Mal nach Japan kam, stellten sich mir einige Damen vor und ersuchten mich um mein nachträgliches Einverständnis dafür, dass sie in der Zwischenzeit in Japan einen „Klub der Anhänger Peter Schreiers" gegründet hatten. Mir kam das zunächst ziemlich abwegig vor, dass sich in solcher geographischer Entfernung ein Freundeskreis formiert, der um einen Sänger beträchtlichen Aufwand treibt. Immerhin gibt der Klub ein in größeren Abständen erscheinendes Informationsblatt heraus, das über alle Neuigkeiten aus meiner künstlerischen Arbeit berichtet und sogar Details aus meinem privaten Leben vermerkt.

Das Interesse für meine Person geht mitunter so weit, dass meine japanischen Freunde anfragen, was es mit dem Gerücht auf sich habe, ich sei neuerdings mit einer ungarischen Sängerin liiert. Das war so entstanden: Nach einer „Don Giovanni"-Aufführung in Wien hatte ich zusammen mit einer aus Ungarn gebürtigen Kollegin – und deren Mann übrigens – in einem Lokal zu Abend gegessen. Irgendwer hatte diesen Vorgang beobachtet und zum Gerücht aufgebauscht, das offenbar bis nach Japan gedrungen war. Selbst solche Randepisoden aus meinem Leben, Tratsch der Boulevardpresse, werden also registriert.

Dem Informationsbedürfnis des Peter-Schreier-Klubs versuche ich insoweit gerecht zu werden, dass ich gelegentlich einen ausführlichen Brief nach Tokio schicke, in dem ich von meinen künstlerischen Plänen spreche, über meine Arbeitsweise berichte, über meine Vorliebe für bestimmte Komponisten und deren Musik, über Details der Liedgestaltung.

Jedes Mal, wenn ich jetzt nach Japan komme, arrangiert der Freundeskreis einen Klubabend. Es wird ein Raum in einem Hotel gemietet, ein festliches japanisches Essen gegeben, und anschließend erzähle ich dann von mir und meiner Arbeit. Bei diesen Abenden werde ich von den Gastgebern stets so reich beschenkt, dass ich regelrecht beschämt bin von so viel Liebenswürdigkeit und Zuneigung.

Das Interesse für einen Abend mit deutschen Liedern ist in Japan so erstaunlich groß, dass Säle mit 2500 bis 3000 Plätzen immer restlos ausverkauft sind. Ich musste darum von meinem Grundsatz abgehen, den Liedgesang als eine rein kammermusikalische Form zu betrachten, die einen intimen Raum verlangt. Man ist es einem so musischen, aufnahmewilligen, begeisterungsfähigen und dankbaren Publikum einfach schuldig, sich solchen Forderungen zu stellen. Und weil ich um die starke Hinwendung der Japaner zur europäischen Musik weiß, respektiere ich die Wissbegier dieses Freundeskreises und bemühe mich, das Interesse in eine auch mir genehme Richtung zu lenken. Ich demonstriere beispielsweise, welche stilistischen Voraussetzungen nötig sind für eine Liedinterpretation. Die Japaner versuchen bei ihrem Bemühen um die europäische Liedkunst, unsere Interpreten nachzuahmen, manchmal ohne dabei zugleich den Inhalt der Werke voll zu erfassen. Diese Grundlage aber wollen sie sich aneignen, und dabei kann ich ihnen zu einem Teil wenigstens behilflich sein.

Wie viel Verständnis, Talent und Begeisterung für Musik unseres Kulturkreises die Japaner beweisen, zeigt sich übrigens auch immer wieder bei internationalen Musikwettbewerben in Europa, bei denen Japan häufig mit mehreren Kandidaten vertreten und auch erfolgreich ist.

Die Form der Verehrung, wie sie sich in meinem japanischen Freundeskreis äußert, ist natürlich stark von einem schwärmerischen Gefühl betont. Aber diese Haltung wurzelt wohl in dem unstillbaren Drang, über den Sänger möglichst viel von der Musik zu erfahren und in ihr Wesen einzudringen. Das japanische Publikum geht bei einem Konzert mit solcher Leidenschaft mit, dass ich beobachten konnte, wie viele Hörer die Noten, die sie mitgebracht hatten, sinken ließen und nur noch gebannt auf jedes Wort und auf jede musikalische Nuance lauschten.

Ich bekomme häufig Post von japanischen Musikfreunden. Da schrieb mir zum Beispiel eine Kindergärtnerin, dass sie vor allem Mendelssohn-Lieder liebt und mit ihnen – als Schallplattenaufnahmen – schon den Tag beginnt. Diese Musik spreche sie stark an und beeinflusse ihre Einstellung zum Leben und zu ihrem Beruf, sie wirke auf ihre seelische Verfassung ein. Und das strahle auch auf die ihr anvertrauten Kinder aus.

Japanische Dimensionen: Säle von 2500 bis 3000 Plätzen sind ausverkauft, wenn deutsche Lieder auf dem Programm stehen. Vor einem Auftritt mit dem Pianisten Helmut Deutsch

Wem Musik so viel bedeutet, dem darf ich mich als Interpret nicht verschließen. Das ist ein Grund mehr, mit meinen japanischen Klubfreunden im Kontakt und im Gespräch zu bleiben, ihre Fragen zu beantworten und ihren Wissensdurst zu stillen, soweit er vom Interesse an der Sache, an der Musik bestimmt ist.

Beachtet
und beobachtet

In einem Hotel oder Restaurant geschieht es gelegentlich, dass Leute an mir vorbeigehen und tuscheln: „Hast du gesehen, da sitzt Peter Schreier." Als Künstler, der im Blickpunkt des Publikums steht, ist man daran gewöhnt, in der Öffentlichkeit erkannt, beachtet, ja auch beobachtet zu werden. Wie wird man als Musiker mit dieser Art Popularität fertig? Der Künstler ist nichts ohne sein Publikum, und dass sich die Würdigung, die seiner Kunst zuteil wird, außerhalb des Theaters oder Konzertsaales als Verehrung für die Person des Künstlers in der einen oder anderen Weise äußert, ist wohl ganz natürlich.

Einerseits spricht solche Beachtung in der Öffentlichkeit von einem starken Interesse für den Künstler, das durch seine Leistung auf der Bühne geweckt ist. Andererseits erlegt das dem Künstler gewisse Beschränkungen auf. Man kann sich nicht so ungeniert bewegen wie jeder andere, weil man stets damit rechnen muss, dass einem die Blicke folgen. Nun heißt das nicht, ich müsste mir irgendwie Zwang antun. Aber ich kenne nicht wenige Künstlerkollegen, die große Scheu vor der Öffentlichkeit haben, die sich möglichst abzuschirmen suchen, die nach einem Konzert die Bühnentür meiden und sich durch einen Seitenausgang davonstehlen. Das wird ihnen von den Leuten sofort als eine gewisse Arroganz, als Hochmut ausgelegt.

Aber es ist wirklich nicht ganz einfach, dieser allgemeinen Aufmerksamkeit in der geeigneten Weise zu begegnen, selbstverständlich und natürlich zu reagieren, ohne sich dabei zum Sklaven der Popularität zu machen. Vom Publikum anerkannt zu werden ist sehr wichtig für den Künstler. Doch oft genug ist die Beachtung der Privatperson eine sehr äußerliche, oberflächliche Reaktion. Manche Leute haben sich das Gesicht des Künstlers aus einer Fernsehsendung gemerkt. Und nun sehen sie diesen Menschen „live", ohne den elektronischen Vermittler, und sie starren ihn an wie eine exotische Erscheinung. Das hat nichts mit einer ehrlichen Beziehung zu dem Sänger und seiner Leistung zu tun – es ist pure Neugierde. Doch das muss man als Künstler in Kauf nehmen. Man muss das Publikum insgesamt ernst nehmen und darf sich nicht von Randerscheinungen beirren lassen.

Ich werde oft nach den praktischen Vorteilen gefragt, die mir aus dem Bekanntsein erwachsen. Zum Beispiel weiß ich durchaus zu schätzen, dass ich doch noch in einem längst ausgebuchten Flugzeug mitgenommen werde, wenn die Zeit drängt. Das gehört zu den angenehmen Seiten der Sache. Aber ein Hauptmoment des Bekanntseins besteht eben doch darin, dass von der Öffentlichkeit auch vom Privatleben des Künstlers möglichst viel registriert wird. Das Publikum möchte wissen, ob der Sänger, den man von der Bühne her kennt und schätzt, als Privatmann in etwa dem Bilde entspricht, das man sich von ihm gemacht hat. Ein gewisser Anspruch entsteht, Eindruck und Leistung verpflichten. Dieser Anspruch wurde sogar auf meine Kinder ausgedehnt, die während der Schulzeit in Bezug auf ihr Betragen oder gar auf ihre Leistungen im Fach Musik gelegentlich daran erinnert wurden: Als Söhne von Peter Schreier müssten sie eigentlich Vorbilder sein.

Es ist auf Dauer anstrengend und gar nicht realisierbar, einem Idealbild zu entsprechen, das da – obendrein von jedem ein bisschen anders – entworfen wird. Ich bin ein Mensch mit Schwächen wie jeder andere, und ich bemühe mich, nicht gerade meine Schattenseiten zu zeigen. Aber wer weiß schon so genau über sich und seine Schwächen Bescheid?

Einigermaßen zwiespältig sind meine Erfahrungen mit gewissen Boulevardblättern und Illustrierten, die in der angeblichen Absicht, ihren Lesern das Leben eines Künstlers zu schildern, der Phantasie die Zügel schießen lassen, zu Entstellungen und auch zu grotesken Übertreibungen greifen und mich beinahe wie eine Märchenerscheinung präsentieren. Ein winziges Goldfischbassin vor meinem Haus in Lungkwitz wird durch den Reporter zu einem künstlich angelegten See für den privilegierten Kammersänger erweitert, die Toiletten des Hauses verwandeln sich unversehens in mehrere luxuriöse Bäder. Das ist die Kehrseite des Beachtetwerdens. Gegen Verfälschungen und Verunglimpfungen dieser Art ist man weithin wehrlos, und es würde wenig nützen, wenn man sich gegen Journalisten dieser Couleur ganz abzuschirmen suchte. Derartige Berichte aber können leicht dazu führen, dass viele ahnungslose Leser ein völlig falsches Bild von mir und meinem Leben bekommen.

Zuweilen werde ich auch von fremden Menschen angesprochen, aber meist in einer respektvollen Weise, aus der Sympathie und Anerkennung für den Sänger und seine Leistungen sprechen, selten in einer Art, die man als Belästigung empfinden müsste. Weitaus problematischer ist es mit Briefen, in denen mitunter Ansinnen gestellt werden, auf die ich beim besten Willen nicht eingehen kann.

Natürlich birgt der tägliche Posteingang auch viel Erfreuliches, oft Ermutigendes. Einige Briefe von Persönlichkeiten des kulturellen Lebens haben für meinen künstlerischen Weg besondere Bedeutung gewonnen, weil sie über Anerkennung einer Leistung hinaus Hinweise und Anregungen enthielten, die mir wichtig und förderlich waren. Ich denke an Schreiben von Walter Felsenstein, von Paul Dessau, von Wieland Wagner, Josef Krips, von Eva und Erwin Strittmatter. Ihre Briefe besitzen für mich einen großen Wert, ich verwahre sie sorgsam und lese sie von Zeit zu Zeit wieder mit Freude und Gewinn.

Meine Liebe zum Sport

Häufig wähle ich Beispiele aus dem Bereich des Sports, wenn ich ein künstlerisches Problem verdeutlichen will. Nach meinem Dafürhalten weisen Kunst und Sport in vieler Hinsicht verwandte Züge auf. Sportler produzieren sich ebenso wie Künstler vor einem Publikum, sie sind in gleicher Weise der unmittelbaren Kritik ausgesetzt. Kunst und auch Sport befriedigen ein öffentliches Bedürfnis, freilich unterschiedlichen Charakters.

Eine weitere Gemeinsamkeit zwischen Künstlern und Sportlern besteht darin, dass beide vom Ehrgeiz angestachelt werden in dem Bestreben, ständig in Bestform zu sein, die einmal erreichte Leistung zu stabilisieren und weiter zu steigern. Dem sind beim Sportler Grenzen gesetzt durch das körperliche Leistungsvermögen, das wiederum stark vom Lebensalter abhängt. Ein Sänger hat – gut gerechnet – vielleicht 25 Hochleistungsjahre, während ein Sportler wesentlich rascher jene Kräfte verbraucht, die ihn zu Spitzenleistungen befähigen. Im künstlerischen Bereich wäre ihm am ehesten der Tänzer vergleichbar.

Was mich von Jugend an am Sport gefesselt hat, war wohl die prickelnde Atmosphäre in einem Stadion, das Ungewisse, oft Überraschende beim Ausgang eines Wettkampfes, der gewisse Nervenkitzel. Ich habe selbst gern Sport betrieben, weil ich Freude an der körperlichen Betätigung fand, und vielleicht wollte ich ein bisschen auch meinen Ehrgeiz befriedigen – denn ehrgeizig bin ich, das sagte ich schon bei anderer Gelegenheit. Meine Liebe zum Sport geht auf die Kreuzchorzeit zurück. In einem Internat, in dem man in der Gemeinschaft lebt, bietet sich Sport als ideale Freizeitbeschäftigung an. Die Mannschaftssportarten wurden bei uns sehr intensiv betrieben: Handball, Fußball, Volleyball. Auch Tischtennis wurde gespielt, und den Spaß daran habe ich auch auf meine Kinder übertragen. Mein Sportlerherz aber gehört bis heute vor allem dem Fußball.

Die Fußballleidenschaft hat manchen kuriosen Zwischenfall während meiner Kruzianerzeit verursacht. Auf einer Konzertreise durch die Bundesrepublik Deutschland traten wir auch in Stuttgart auf. Das Konzert war für den Abend angesetzt, am Nachmittag aber fand im Stuttgarter Neckarstadion das erste offizielle Länderspiel der BRD-Mannschaft statt. Ein paar sportbegeisterte Chormitglieder – darunter auch ich – hatten irgendwie Eintrittskarten dafür auftreiben können, und so frönten wir am Nachmittag unserer Fußballbegeisterung – heimlich, denn Professor Mauersberger hätte einen solchen Ausflug kurz vor dem Konzert nie gebilligt.

Wir vom Knabenchor waren körperlich noch ziemlich klein. Und um in der riesigen Zuschauermenge etwas sehen zu können, hatten wir uns vorsorglich Ziegelsteine ins Stadion mitgebracht, um uns darauf zu stellen. Wir trugen damals noch Schülermützen mit den Farben der Kreuzschule (blauweiß), und einige Zuschauer hinter uns, denen wir durch unseren erhöhten Standort die Sicht nahmen, schnappten sich unsere Mützen und ließen sie weithin über die Zuschauerränge segeln. Mich störte das zunächst überhaupt nicht, so sehr war ich – mit beträchtlichem Stimmaufwand – am Spielgeschehen beteiligt.

Abends zum Konzert waren wir alle entsprechend abgespannt und müde, und einem von den Kleineren wurde sogar schlecht während des Konzerts. Mauersberger vermutete zuerst die bei uns stets nahe liegende Ursache: zuviel gegessen! Denn wohin wir kamen, verwöhnten uns die jeweiligen Quartierelten mit dem Essen meist über das verträgliche Maß hinaus.

Am folgenden Tag jedenfalls hielt Mauersberger Gericht und bekam natürlich heraus, dass einige von uns das Fußballspiel besucht hatten. Er hielt uns eine gewaltige Standpauke, ganz besonders mir; ich war damals schon Altsolist und sollte seiner Erwartung gemäß den anderen Vorbild sein. Zur Strafe mussten wir auf den weiteren Stationen der Reise jeweils mit einem älteren Chormitglied das Zimmer teilen. Das war eine sehr unbeliebte Maßnahme, einem Älteren unterstellt zu werden. Schreier also musste zusammen mit Scholz ins Quartier – den konnte ich nicht leiden. Es wurden ohnehin meist junge Männer als „Aufpasser" ausgesucht, die besonders streng waren. Und damit war uns der Spaß an der weiteren Reise verdorben.

Aber die Freude an dem Fußballerlebnis hatte mir die Strafmaßnahme im Nachhinein nicht trüben können. Ich weiß heute noch, wie die Partie damals ausging: Eins zu null durch einen Elfmeter von Burdenski. Mein Erinnerungsvermögen für Fassballereignisse ist geradezu phantastisch entwickelt. Namen und Aufstellungen der renommierten Mannschaften beherrsche ich perfekt, und bis heute sind mir Einzelheiten deutlich gegenwärtig. Das bestätigte mir auch einmal Georg Buschner, der frühere Trainer der DDR-Nationalmannschaft. Wir sind miteinander gut befreundet, er hat viel Interesse für Musik und besucht häufig meine Konzerte.

Nach einem Konzert in Jena lud er mich für den nächsten Tag zu einem Oberligaspiel ein. Da saß ich neben ihm auf der Ehrentribüne und nannte ihm auf Anhieb die komplette Aufstellung der beiden Mannschaften, ohne dass es etwa eine Ansage dazu gegeben hatte. Er war verblüfft, und als ich ihm dann noch aufzählte, welche Spieler früher einzelne Positionen bei den Mannschaften innehatten, wehrte er lachend ab, da wisse ich mehr als er selbst.

Meine Fußballbegeisterung als Kruzianer war nicht bloß passiver Natur. Auf einer Tournee bekam ich einen herrlichen Lederball geschenkt. Das war damals eine Rarität, und die Freude war groß. Nach dem letzten Konzert der Tournee fuhren wir noch in der Nacht mit Autobussen nach Hause und kamen früh gegen vier Uhr in Dresden an. Es wurde schon hell, und wir hatten nichts Eiligeres zu tun, als den neuen Ball aufzupumpen und auf dem Platz des Internats auszuprobieren.

Irgendwie bekam Mauersberger Wind von der Sache, obwohl er nicht im Hause wohnte. Jedenfalls erschien er plötzlich mitten unter uns und donnerte gewaltig los über so viel Unverstand, mitten in der Nacht Fußball zu spielen (was bei uns schließlich nicht geräuschlos abging). Zum Glück waren einige von den älteren Chormitgliedern beteiligt, das wirkte sich mildernd bei der Strafzumessung aus. Wenn ich mich recht erinnere, erhielten wir für einige Zeit Fußballverbot, und das traf uns härter als jede andere disziplinarische Maßname.

Meine lebhafte Anteilnahme am Sportgeschehen habe ich mir bis heute bewahrt. Ereignisse wie Weltmeisterschaften oder Olympische Spiele veranlassen mich stets, die Nähe eines Fernsehgeräts zu suchen. Bei sportlicher Hochsaison bin ich am liebsten zu Hause. Das lässt sich in meinem Beruf allerdings schwer verwirklichen. Aber wenn es sich einrichten lässt, nehme ich meine Chance wahr.

Ich kann mich an Olympische Spiele erinnern, bei denen die Übertragungen wegen der Zeitverschiebung bis tief in die Nacht hinein andauerten. Ich sah mir die Finalkämpfe im Boxen an, die mich sehr interessierten und so fesselten, dass ich bis zum Schluss der Sendung vor dem Apparat sitzen blieb. Es war morgens um halb sieben. Meine Kinder erschienen, weil sie in die Schule mussten, und fragten verwundert, warum ich so früh schon auf den Beinen wäre.

Natürlich ist so etwas nur im Ausnahmefall möglich, denn normalerweise habe ich ja am nächsten Tag reichlich zu tun und kann es mir nicht leisten, auf den Schlaf zu verzichten.

Meine aktive sportliche Betätigung habe ich im Laufe der Jahre leider immer mehr reduzieren müssen, weil die Zeit dazu fehlte. Dabei weiß ich sehr wohl, wie wichtig sportliche Betätigung für einen Sänger und auch Dirigenten ist, weil beide Berufe ja eine solide körperliche Konstitution verlangen. Je aktiver ich körperlich an mir arbeite, umso günstiger wirkt sich das auf mein sängerisches Leistungsvermögen aus. Gesang ist auch eine Form von körperlicher Tätigkeit. Mediziner haben exakt gemessen, dass die Anstrengungen und der Kräfteverbrauch eines Sängers denen eines Schwerarbeiters vergleichbar sind.

Musste ich meine sportliche Betätigung auch einschränken, so sind mein Interesse als Zuschauer, meine Anteilnahme an den Vorgängen im Sport unvermindert stark. Und in meiner Raritätensammlung nehmen Autogramme und Erinnerungsstücke von Spitzensportlern einen bevorzugten Platz ein.

Plädoyer für die leichte Muse

In Briefen von Musikfreunden, die mich als Bach-Interpreten oder als Mozart-Sänger schätzen, schwingt zuweilen Bedauern mit, dass ich auch Titel der Unterhaltungsmusik singe. Und in der Zuschrift an eine Tageszeitung hieß es sogar zornig: „Wie kann sich ein Peter Schreier dazu hergeben, ‚O sole mio‘ zu singen?"

Hier liegt doch wohl ein Missverständnis vor. Es macht mir Freude, auch einmal Tenorlieder der so genannten leichten Muse zu singen. Warum soll ich denn nicht auch, Mozart, Schubert und zugleich Jazz oder Unterhaltungsmusik lieben können?

In der Klassik oder Vorklassik waren die Grenzen zwischen der „seriösen" und der Unterhaltungsmusik durchaus fließend, Stücke wie die Kaffeekantate von Bach sind beschwingt, erheiternd und sprechen andere emotionale Bereiche an als etwa seine großen Oratorien. In der spätbürgerlichen Gesellschaft begann die Unterhaltungsmusik eigene Wege zu gehen, Operette und Revue hatten ihre Blütezeit, der Tonfilm brauchte und verbreitete das gefällige Tenorlied, um prominente Bühnensänger für ein großes Kinopublikum attraktiv zu machen.

Viele große Sänger fanden Gefallen an der leichten Muse und waren durchaus erfolgreich mit solchen Liedern: Richard Tauber, Joseph Schmidt, Benjamin Gigli und andere. Die Unterhaltungsmusik rührt ganz andere Gefühlsschichten an, sie trägt zur Entspannung bei, sie vermag eine gelöste, heitere Stimmung zu verbreiten. Diese Tenorlieder etwa der zwanziger Jahre sind zum Teil musikalisch reizvoll. Sie sind ganz für die Spezifik, für das Timbre und den besonderen Ausdruck der Tenorstimme geschrieben. Ein Heldenbariton oder ein Bassbuffo könnte sie nicht mit annähernd gleichem Effekt vortragen – für sie gibt es wieder andere charakteristische Stücke, Trink- und Scherzlieder.

Meine Hörer, die mich wegen des Eintretens für die leichte Muse kritisieren, halten mir gelegentlich vor, als Sänger von meinem Rang hätte ich die

Aufgabe, kraft meiner Autorität für die Bildung des Geschmacks, für die kunstästhetische Erziehung zu wirken. Wie werden sie mich erst schmähen, wenn sie erfahren, dass eine Schallplatte wie „O sole mio" um ein Vielfaches den Verkaufserfolg meiner Mozart-Platten übertrifft. Aber vielleicht darf ich den Kritikern meiner „Schnulzen"-Tätigkeit entgegenhalten: Ich kann mir durchaus vorstellen, dass manch ein Käufer und Hörer meiner Unterhaltungsplatten aus Neugier oder wach gewordenem Interesse schließlich zu einer Schubert- oder Mozart-Aufnahme von mir greift. Auch Umwege führen mitunter zum Ziel und zur ästhetischen Bildung. Damit will ich mich keineswegs rechtfertigen, denn die Haltung derer, die mit gerümpfter Nase Unterhaltungsmusik ablehnen, kann ich grundsätzlich nicht teilen.

Außerdem weiß ich, wie schwer gute Unterhaltungsmusik zu machen ist. Die berühmten Operettenlieder etwa von Franz Lehár sind gesanglich so anspruchsvoll, dass ihre Interpretation schon Sänger von großem Können erfordert. Eine Geringschätzung der Unterhaltungsmusik ist durch nichts gerechtfertigt. Natürlich hat jeder das Recht, Unterhaltungsmusik abzulehnen. Ich jedoch singe diese Stücke nicht wegen der Publicity, sondern weil ich Spaß daran habe.

Diese Erfahrung habe ich vor kurzem erst wieder gemacht. Ich hatte eine Einladung zu einem Dresdner Walzerball bekommen, auf dem ich gleich drei solcher berühmten Tenorlieder gesungen habe. Und immer noch hat es mir großen Spaß gemacht, abgesehen davon, dass ich von einer Elite-„Band", bestehend aus Streichern der Dresdner Staatskapelle, live begleitet wurde.

In Italien beispielsweise hat die leichte Muse einen ganz anderen Stellenwert. Gesänge wie die berühmten neapolitanischen Lieder sind von einer starken Beziehung zur Volksmusik geprägt, und diese von der Bevölkerung geliebten – und häufig von den Leuten auf der Straße gesungenen – Stücke gehören durchaus zum Repertoire der Opernsänger. Für den Musikgenuss des italienischen Publikums machte es keinen Unterschied, ob Gigli ein neapolitanisches Lied oder eine Puccini-Arie sang – beides wurde gleichermaßen geschätzt und mit Freude gehört. Folklore und leichte Muse sind nach südländischem Verständnis einander sehr nahe. In unseren Breiten hingegen ist man bereits Kritik ausgesetzt, singt man ein Volkslied in einer Bearbeitung, die auch nur ein bisschen nach Unterhaltungsmusik riecht.

In Österreich genießen die Wiener Lieder, die Heurigenlieder, so große Popularität, dass sie ohne Vorbehalt auch von Kammersängern der Wiener

Staatsoper gesungen werden. Während der Wiener Festwochen war ich an einem Sonntagvormittag in ein Heurigenlokal eingeladen, wo die „Philharmonischen Schrammeln" auftraten. Das sind fünf Wiener Philharmoniker, die häufig in Konzerten Schrammelmusik spielen. Sind die Mitglieder dieses renommierten Orchesters deswegen unseriös, oder zeigen sie nicht vielmehr eine erfreuliche Verbundenheit mit dieser volkstümlichen Musizierform?

Ich habe mir von dort eine Schallplatte mitgebracht, und es gibt Momente, da höre ich mir diese Musik mit Vergnügen an. Sie schafft eine so gelöste Atmosphäre, eine beschwingte Stimmung – auch solche Musik brauche ich für mein seelisches Wohlergehen. Darum möchte ich hier ausdrücklich feststellen: Unter der Voraussetzung einer guten Qualität hat jede Art von Musik zum geeigneten Zeitpunkt ihre Berechtigung. Man sollte nicht ein Genre der Kunst a priori als minderwertig einstufen.

Übrigens wurde ich bei dieser Gelegenheit von den „Philharmonischen Schrammeln" gefragt, ob ich bereit wäre, mit ihnen zusammen Wiener Lieder zu singen. Ich habe das nur deshalb abgelehnt, weil ich den Wiener Dialekt nicht beherrsche, der meiner Meinung nach diesen Liedern erst das richtige Kolorit gibt – auch wenn mir die Philharmoniker entgegenhielten, dass Sänger wie Fritz Wunderlich und Julius Patzak diese Wiener Lieder hochdeutsch dargeboten hätten. Wiener Opernkünstler wie Waldemar Kmentt, Erich Kunz oder Eberhard Wächter sangen jederzeit einmal ein Wiener Lied, ohne vom Publikum dafür gerügt zu werden.

Entscheidend ist natürlich immer, mit welcher Qualität Musik dargeboten wird. Sicher ist da im Unterhaltungsgenre in den letzten Jahren nicht immer sehr anspruchsvoll verfahren worden. Und damit erhalten natürlich die Kritiker Aufwind, wenn sie Niveaulosigkeit beklagen. Hier haben Komponisten, Arrangeure und Interpreten eine hohe Verantwortung, die leichte Muse dem Zeitgeschmack angemessen und klanglich niveauvoll darzubieten.

In Österreich habe ich vor Jahren zwei sehr populäre Persönlichkeiten der Unterhaltungsmusik näher kennen gelernt – Peter Kreuder und Robert Stolz, beide inzwischen verstorben. Und diese Begegnungen haben mich außerordentlich beeindruckt. Die beiden Künstler darf man sich nicht auf den Bannkreis der Unterhaltung eingeengt vorstellen. Beide fühlten sich zur klassischen Musik hingezogen und haben viele Anregungen von dort aufgenommen. Bei unserer persönlichen Begegnung und auch in Briefen an mich hat Robert Stolz seine Freude darüber ausgedrückt, dass ich – zumindest für die Schallplatte – zusammen mit Sylvia Geszty einige Titel von ihm gesungen habe. Durch solchen Einsatz von Opern- und Konzertsängern für die leichte Muse – so meinte er – könne dokumentiert werden, dass die Unterhaltungsmusik durchaus ihren Stellenwert in der Musikliteratur behauptet. Andererseits bestärkte er mich in der Ansicht, dass über die Unterhaltungsmusik mancher Hörer auch für die klassische Literatur interessiert werden könnte.

Mit Peter Kreuder habe ich mehrere persönliche Gespräche geführt. Dabei bemerkte ich mit Erstaunen, wie stark er mit der klassischen Musik vertraut war, wie viel er zum Beispiel von Bach gelernt hatte, wie er Bachs Kompositionstechnik zu analysieren verstand und dass er im Grunde nach ähnlichen Prinzipien komponierte. Er war keineswegs einseitig auf das Unterhaltungsgenre eingeschworen. Es gibt von ihm unter anderem sehr hübsche Lieder nach Ringelnatz-Texten, die er mir empfohlen hat. Diese reizvollen Stücke sind sehr effektvoll, und es ist eigentlich schade, dass ich sie bisher nicht aufführen konnte.

Nicht nur wegen meiner positiven Einstellung zur Unterhaltungsmusik werde ich von Musikfreunden kritisiert, einige möchten mich überhaupt auf Bach festlegen und finden es für einen ehemaligen Kruzianer und Interpreten der Musica sacra geradezu unschicklich, auf der Opernbühne zu agieren. Andere wieder wollen mich nur als Liedgestalter akzeptieren und glauben, alles andere wäre dieser Kunst abträglich.

Mit Publikumsäußerungen dieser Art muss ich mich zuweilen näher beschäftigen. Ich erinnere mich an eine Episode vom Beginn meiner Opernlaufbahn, die mich zunächst ein bisschen verwirrte. Damals wurde im Kleinen Haus in Dresden die Oper „Der brave Soldat Schwejk" von Robert Kurka gespielt. Erich Geiger hatte das originelle Werk inszeniert, und als in der Aufführung die Partie des Feldkuraten neu zu besetzen war, wurde ich damit betraut.

Das war musikalisch nicht ganz leicht, aber die Darstellung des leicht karikierten Feldpredigers machte mir Spaß. Nach meinem ersten Auftreten in dieser Rolle erhielt ich einen bösen Brief von einem Opernbesucher, der sich bitter beklagte, wie ich denn als ehemaliger Kruzianer, der früher das Vater-unser in Mauersbergers Vertonung gesungen hätte, jetzt auf der Bühne einen betrunkenen Militärpfarrer darstellen könne. Man müsse an meiner christlichen Haltung zweifeln, offenbar sei alles, was ich bisher gezeigt hätte, nur Tünche und Heuchelei gewesen.

In meiner Betroffenheit über einen solchen massiven Angriff setzte ich mich mit Rudolf Mauersberger in Verbindung, der mir jederzeit ein guter

Ratgeber war und im Übrigen eine Zweitschrift ebendieses Briefes bekommen hatte. Mauersberger zerstreute meine Bedenken und äußerte Interesse daran, die Aufführung einmal kennen zu lernen. Ich reservierte ihm Karten für die nächste Vorstellung. Mauersberger sah und hörte sich den „Schwejk" an und amüsierte sich köstlich über dieses musikalisch so kurzweilige Stück. Anschließend versicherte er mir, dass ich wegen des Briefes und wegen dieser Bühnenaufgabe nicht die geringsten Selbstzweifel zu haben brauche.

Am Anfang der künstlerischen Laufbahn wird man durch eine solch heftige und ganz unerwartete Publikumsreaktion nachdenklich gestimmt. Später gewöhnt man sich daran, dass man als Sänger in der Öffentlichkeit steht und von den verschiedensten Seiten unterschiedliche Resonanz spürt. Und man weiß genau, dass man es nie allen recht machen kann. Für mein Selbstverständnis gibt es nur ein Kriterium für künstlerische Arbeit: Qualität. Und das gilt uneingeschränkt auch für die Unterhaltungsmusik. Dass ich Bach und Mozart liebe, brauche ich nicht zu betonen. Doch ich höre ebenso gern zuweilen guten Jazz.

Auch der Jazz ist eine äußerst virtuose Musik. Hier wird vom Ausführenden eine Art der Improvisation verlangt, die unter guten Voraussetzungen geradezu genial sein kann. Variable Rhythmisierung, einfallsreiche Harmonisierung – all das erfordert großes Können und Musikalität, wie sie in allen Branchen der Musik gefordert wird. Oscar Peterson, Count Basie, Benny Goodman und wie sie auch alle heißen, sind für mich große Musiker und hervorragende Improvisatoren. Und was das Erfreuliche ist: Die Zeit des Jazz mit den legendären Interpreten geht keineswegs dem Ende zu. Es gibt Protagonisten der Jazzmusik, ich denke an Herbie Hancock, aber auch an Keith Jarrett, die mit größtem Vergnügen, aber auch riesigem Erfolg ihre Anregung von Johann Sebastian Bach nehmen und hin und wieder auch Bach original spielen. Das „Wohltemperierte Klavier", gespielt von Keith Jarrett, möchte ich in meiner Schallplattensammlung nicht missen.

Auch an gutem Nachwuchs fehlt es nicht. Da treten immer wieder jüngere Musiker in Erscheinung, die dem Jazz neue Impulse verleihen. Eine große Entdeckung für mich war die Kanadierin Diana Krall, eine außergewöhnliche Pianistin, die obendrein fantastisch singt. Sie hat einen enthusiastischen Kritiker einmal zu der Schlagzeile inspiriert: „Jazz ist blond".

Natürlich hat der Jazz seinen Ursprung, seine Wurzeln in New Orleans, er war Ausdruck der afro-amerikanischen Lebensart. Aber inzwischen wird er schon lange nicht mehr nur von Farbigen gepflegt, wie schon die blonde Kanadierin beweist.

Für mein musikalisches Verständnis gehört der Jazz eindeutig zu den klassischen Formen der Unterhaltungsmusik. Auf meinen Nordamerikareisen habe ich keine Gelegenheit ausgelassen, interessante Jazzkonzerte zu besuchen. An einem Abend in einem Jazzkeller in San Francisco hatte ich sogar Gelegenheit, mit einem Jazzsänger ins Gespräch zu kommen und mich mit ihm über unser sehr unterschiedliches Repertoire auszutauschen.

An meiner umfangreichen CD-Sammlung kann man sehen, welche Sympathien ich für den Jazz habe, der von vielen Menschen unterschätzt wird.

Zielscheibe des Witzes: Die „dummen" Tenöre

Was hat es mit dem alten Vorurteil auf sich, Tenöre seien dumm? Würde ich dieses Pauschalurteil ernst nehmen, dann säße ich hiermit bereits in einer logischen Falle. Denn schließlich bin ich selbst Tenor, müsste mir „die Jacke anziehen", wie der Volksmund sagt, wäre also infolge mangelnden Verstandes gar nicht in der Lage, Erwägungen zu diesem Thema anzustellen. Ich versuche es trotzdem.

Beim Nachdenken über die Problematik des Singenlernens wurde ich mit der Tatsache konfrontiert, dass in der Vergangenheit immer wieder einmal außerordentliche Stimmbegabungen wie Meteore am Opernhimmel aufstrahlten und häufig genug auch rasch wieder verblassten. Diese Leute hatten irgendwelche Berufe ausgeübt, ehe jemand ihr Naturtalent entdeckte. Sie verfügten – zumeist durch eine Lebensweise, die harte Arbeit einschloss – über eine solide körperliche Konstitution, die ihrem stimmlichen Material und der sängerischen Begabung zugute kam.

Solche Stimmwunder wurden oft im „Schnellverfahren" zu Bühnensängern entwickelt und dann von einem Theater sofort engagiert und groß herausgebracht. Gesangstalente dieser Provenienz besaßen – naturgemäß – häufig eine geringe Allgemeinbildung und kaum Notenkenntnisse, was dem alten Vorurteil natürlich neue Nahrung gab. Ich selbst habe noch Sänger gekannt, die keine Noten lesen konnten und alle Partien von Korrepetitoren mühsam eingepaukt bekamen. Die Intendanten waren da egoistisch und skrupellos zugleich, ihr Trachten bestand darin, eine tolle Stimme für ihr Theater zu gewinnen, und es interessierte sie vermutlich herzlich wenig, wie lange ein nahezu ungeschulter Sänger das durchhielt.

Dass die unzähligen Anekdoten über dumme Sänger sich vor allem auf Tenöre beziehen, besagt sicher nicht, dass andere Stimmlagen mit einem höheren Intelligenzquotienten rechnen dürfen. Tenöre waren schon immer rar, das hängt damit zusammen, dass die hohe Stimmlage eine vergleichsweise unnatürliche ist, denn die normale Männerstimme liegt etwa im Baritonbereich. Die extremen Lagen, der schwarze Bass ebenso wie der hohe Tenor, sind eher Ausnahmen und darum verhältnismäßig selten. Doch schon in der Frühzeit des Gesanges wurden gerade die hohen Stimmen, der Tenor genauso wie etwa der Koloratursopran, mit besonders virtuosen Aufgaben betraut, sie waren – und blieben – die Primadonnen in der Welt des Gesanges. Insofern konzentrierte sich die Aufmerksamkeit des Publikums vor allem auf die Vertreter dieser Stimmfächer, und darum wurde wohl auch der „dumme Tenor" rasch zum Gegenstand des Volkswitzes.

Sängern, die auf die geschilderte Weise von geschäftstüchtigen Managern „entdeckt" und „vermarktet" wurden, konnte man die mangelnde Bildung und Ausbildung kaum zum Vorwurf machen, ihnen fehlten einfach unerlässliche Voraussetzungen für den künstlerischen Beruf, sie wussten häufig gar nicht, was sie eigentlich sangen. Heute hat ein Sänger, wenn er an eine Bühne verpflichtet wird, in der Regel ein mehrjähriges Studium an einer Musikhochschule absolviert. Damit sind – bei allem, was im Einzelnen gegen das Gesangsstudium in der heute geübten Form einzuwenden wäre – umfassende musikalische Grundkenntnisse und eine hinreichende Allgemeinbildung gesichert. Das alte Vorurteil wird demzufolge mehr und mehr gegenstandslos, es nährt seinen Witz aus überlieferten Geschichten vergangener Zeiten.

Aber mein Exkurs zu diesem Seitenthema soll niemandem den Spaß an Anekdoten über dumme Tenöre nehmen. Der berühmte Tenor Leo Slezak hat ja manche amüsante Begebenheit genussvoll kolportiert und sich dabei selbst köstlich ironisiert. Auch ich höre und erzähle zuweilen mit Vergnügen Witze über die Dummheit von Tenören, von denen ich zum Beleg dafür wenigstens einen mitteilen will: Zwei Kannibalen beraten, was sie zu Mittag essen könnten. Der eine erinnert sich, da wäre doch noch ein Stück von dem Tenor, den sie tags zuvor gemeuchelt hatten. Darauf entgegnet der andere: „Ach, nicht schon wieder Knödel!"

Gesund leben und entspannen

Aus Geschichten, die von Sängern früherer Generationen im Umlauf oder im Gedächtnis sind, haben sich teilweise dubiose Ansichten über deren Lebensgewohnheiten geformt: Sie dürften kein kaltes Bier trinken, sie dürften nicht rauchen, sie müssten beim leisesten Lüftchen schon einen dicken Schal um den Hals legen und überhaupt stets in warme Kleidung gehüllt sein.

In unserer Zeit haben sich die Ansichten erheblich geändert. Schon die äußere Erscheinung eines Sängers heute hat nichts von den überlieferten Bildern früherer Sängerstars, die zumeist sehr korpulent waren, weil das als wichtige Voraussetzung für eine gute Resonanz galt. Wenn heute ein Sänger meint, Anrecht auf ein paar Kilo Gewicht mehr zu haben, dann mag das seiner nervlichen Verfassung zugute kommen – denn die Beanspruchung der Nerven ist zumindest bei Sängern der Spitzenklasse sehr beträchtlich.

Aber selbst der Sänger des so genannten schweren Heldenfachs ist heutzutage nicht von besonderer Leibesfülle – eine gewisse athletische Konstitution freilich geht mit der stimmlichen Veranlagung sicher einher. Die Heldentenöre der jüngeren Generation sind eher sportliche Erscheinungen. Da zeigt sich der Trend zu guter physischer Kondition, zu körperlicher Fitness. Und zugleich wird deutlich, dass die Anforderungen an einen Sänger bis zu einem gewissen Grad denen vergleichbar sind, die an einen Sportler gestellt werden. Der Körper wird darauf trainiert, dass er zu einem bestimmten Zeitpunkt zu höchster Leistung fähig ist.

Meine Maxime ist eine möglichst natürliche Lebensweise. Ich bin nicht der Ansicht, dass das Leben eines Sängers außergewöhnliche „Vorkehrungen" erfordert, die letztlich immer die Gefahr von Hysterie in sich bergen. Ich versuche, mein Leben so selbstverständlich ablaufen zu lassen wie jeder andere auch, ob er nun in einer Werkhalle oder an einem Schreibtisch arbeitet. Das Besondere im Leben eines Sängers besteht allenfalls im andersgearteten Rhythmus, in der Tageseinteilung. Mein Dienst beginnt normalerweise am Abend, und die körperliche Bereitschaft muss zu dieser Tageszeit am größten sein. Das erfordert zunächst eine Umstellung, eine Veränderung der üblichen Lebensgewohnheiten.

Im Übrigen achte ich darauf, nicht zu verweichlichen durch allzu ängstliche Rücksichten auf meine Person. Eiskalte Getränke meiden sollte nicht bloß der Sänger. Wenn sich allerdings eine Erkältung ankündigt, wird jeder Sänger etwas dagegen tun und zu heißem Tee greifen statt zum gewohnten Glas Saft oder Wein. Den dicken Schal als Sängerutensil kenne ich vor allem aus Karikaturen und freilich von einigen kauzigen Kommilitonen aus meiner Studienzeit, die sich damit drapierten, weil sie glaubten, sich dies als angehende Sänger schuldig zu sein. Ansonsten ist der Schal des Sängers mehr Witzblattrequisit.

Die beste Voraussetzung für einen Sänger, sich gesund und leistungsfähig zu halten, besteht also in der Beachtung vernünftiger Lebensregeln, wie sie für jeden Menschen gelten. Dazu gehört zum Beispiel ausreichend Bewegung. Die körperliche Frische ist für den Sänger wichtig, weil sie nicht nur der Stimme zugute kommt, sondern auch Auswirkungen auf seine Darstellungsweise hat, auf seinen körperlichen Ausdruck, den er auf der Bühne braucht. Es beeinträchtigt die Wirkung einer Darbietung erheblich, wenn ein Sänger wie ein „nasser Sack" herumsteht und nichts von ihm ausgeht. Auch das hat etwas mit Ausstrahlung zu tun.

Der Arbeitstag zum Beispiel an der Oper beginnt gemeinhin mit Vormittagsproben, nicht vor zehn Uhr mit Rücksicht auf die abendliche Vorstellung. Da muss der Sänger noch nicht voll aussingen, er kann „markieren". Wenn allerdings ein bestimmtes Probenstadium erreicht ist, genügt es nicht mehr, sozusagen mit halber Spannung zu arbeiten. Denn schließlich „markiert" man nicht nur mit der Stimme, auch der Ausdruck leidet. Es gibt Dirigenten, die es geradezu hassen, wenn ein Sänger auf der Probe nur mit reduzierter Stimme singt, weil sie keinen Eindruck davon gewinnen, was sie bei der Aufführung am Abend von ihm erwarten können. Aber bei Stellproben auf der Bühne oder zu Beginn der Arbeit an einem neuen Liedprogramm singe ich nicht voll aus und nutze das „Markieren" zum Einsingen. Insbesondere Sängern mit leichten, lyrischen Stimmen hilft diese Art des Einsingens, weil sie nach und nach die Resonanzräume öffnen und dabei den richtigen „Sitz" der Stimme finden können.

Wohl kaum ein Sänger, der viele Abende im Jahr auf der Bühne oder dem Podium steht, wird zu den Frühaufstehern gehören. Schließlich ist ausreichender Schlaf Grundbedingung für eine gute sängerische Kondition, für die nötige Konzentration, für körperliche Spannkraft und ein Gefühl des Wohlbefindens. Ich habe die Erfahrung gemacht: Nach genügend Schlaf bin ich auch im Wesen ausgeglichen, der gesamte Organismus profitiert davon, es bereichert meine Ausdrucksmöglichkeiten.

Manchmal lässt es sich nicht vermeiden, dass Schallplattenaufnahmen am Vormittag angesetzt werden. Da muss meine Stimme schon frühzeitig „ausgeschlafen" sein. Sie ist aber durch Gewöhnung und Training auf den Abend „programmiert". Also muss ich mich am Morgen zeitiger wecken lassen, damit der Organismus rechtzeitig die Müdigkeit überwindet, damit die Stimme eben „munter" wird. Unter Sängern gibt es ausgesprochene „Morgenmuffel", die früh einfach nicht imstande sind zu singen. Ich kenne allerdings einige verblüffende Ausnahmen, Sänger, die unmittelbar nach dem Aufstehen singen können und mit der Stimme sofort präsent sind.

Die Leistung hängt auch von der jeweiligen Tagesform ab, psychologische Momente spielen ebenfalls eine Rolle. Steht eine Routineprobe bevor, bei der es nicht auf großen Einsatz ankommt, die halt „durchgestanden" werden muss, sind die innere Spannung und die sängerische Bereitschaft geringer – ob ich will oder nicht. Vielleicht ist es nicht ganz fair, wenn ich das hier ausplaudere, aber als Beleg für meine Behauptungen nicht ganz uninteressant: Wenn eine Probe unter Herbert von Karajan bevorstand, konnte man um zehn Uhr bereits singen. Wahrscheinlich geht im Unterbewusstsein etwas Aktivierendes vor sich, man kommt zur Probe mit einer gewissen inneren Erregung, die jede Müdigkeit verscheucht; den berühmten Orchestern geht es übrigens ebenso.

Auch eine beeinträchtigte gesundheitliche Verfassung kann die Ursache dafür sein, wenn eine Stimme etwas längere Anlaufzeit benötigt. Das beobachte ich an mir selbst. In den letzten Jahren leide ich zeitweilig unter einer Allergie, die sich auf die Bronchien auswirkt. Wahrscheinlich war die Dauerbelastung für den Organismus in den letzten Jahren zu groß, der Leistungsdruck wirkt sich körperlich aus. Da wird das Singen zuweilen auch zur Anstrengung, und ich spüre, wie wohl es mir tut, ein paar Tage auszuspannen und „die Seele baumeln" zu lassen. Solche Erholungspausen braucht der Körper dringend, um seine Kräfte zu erneuern.

Es gibt Sänger, die recht kuriose Gewohnheiten entwickeln, wenn es darauf ankommt, stimmlich in Form zu sein. Gundula Janowitz zum Beispiel, eine von mir sehr geschätzte Kollegin, mit der zusammen ich viele Mozart-Aufführungen in Wien und Salzburg gesungen habe, hatte es sich zur Regel gemacht, einen Tag vor der Premiere oder einem großen Liederabend nicht mehr zu sprechen. Auch mit ihrer Familie, mit ihrem Kind wechselte sie kein Wort. Das klingt ein bisschen wunderlich, aber jeder Künstler muss seinen Organismus kennen und also wissen, was er ihm abverlangen kann, wie er ihn behandeln muss.

Wem eine schöne Stimme geschenkt ist, der soll mit diesem Pfunde auch wuchern und andere durch seine Kunst erfreuen oder bereichern. Andererseits ist Singen keineswegs die wichtigste Sache der Welt, und ich mag es nicht, wenn der Sängerberuf geradezu glorifiziert wird. Ein Startum mit der Tendenz, sich über andere zu erheben, ist mir gründlich zuwider. Allerdings kommt das Starwesen einem Bedürfnis des Publikums insofern entgegen, als sich für manchen Hörer der Musikgenuss erhöht durch das Gefühl, einen berühmten Interpreten zu erleben. Nur sollte das einen Künstler nicht dazu verleiten, sich selbst so wichtig zu nehmen, dass er an Kontakt oder Mitteilsamkeit einbüßt, dass er sich isoliert. Ich habe mich immer bemüht, ein Leben wie andere zu führen, „auf dem Teppich" zu bleiben.

Sorgsamkeit im Umgang mit der Stimme muss nicht in ängstliche Besorgnis münden. Gewiss ist Rauchen für niemanden gesund, trotzdem werde ich mir aus übertriebener Rücksicht auf die Stimme nicht die gelegentliche Tabakspfeife versagen. Sie bedeutet mir eine kleine Ablenkung, wenn mich den ganzen Tag lang künstlerische Aufgaben in Atem halten oder mich der Gedanke an ein größeres Vorhaben durch Zeitdruck vielleicht belastet. Da bedeutet mir ein „Pfeifchen" willkommene Entspannungshilfe. Mein Tenorkollege Nicolai Gedda, wohl einer der schönsten lyrischen Tenöre insbesondere in romanischen und slawischen Opernpartien, wurde einmal fürs Fernsehen interviewt, und während des Gesprächs begann er plötzlich zu rauchen. Der Reporter fragte ganz konsterniert: „Sie sind ein Sänger, der raucht?" Darauf entgegnete Gedda schlagfertig: „Nein, ich bin ein Raucher, der singt."

Ich kenne viele Kollegen, die rauchen, und ich erwähne das nicht, um mich zu rechtfertigen oder gar für den Tabakkonsum zu werben. Mir imponiert einfach, dass diese Sänger sich nicht zu Sklaven ihres Berufes machen. Kollegen hingegen, die nur warmen Tee schlürfen und eine Portion Eis wie einen Giftbecher von sich weisen, haben für mich etwas Komisches.

Vor einem anstrengenden abendlichen Auftritt schlafe ich gern am Nachmittag ein wenig. Meine Frau ist immer wieder erstaunt, dass es mir meine nervliche Verfassung erlaubt, vor einem strapaziösen Liederabend zwei Stunden tief zu schlafen. Vielleicht ist das aber eines meiner Erfolgsrezepte: dass ich für einige Zeit völlig „abschalten" kann. Manchmal habe ich nach einem solchen Schlaf etwas Mühe, die Stimme rechtzeitig wieder in Schwung zu bringen. Da hilft nur, eine Stunde lang den Stimmapparat voll zu belasten, um sich „wachzusingen". Außerdem habe ich mir angewöhnt, vor einem Liederabend nahezu das ganze Programm zur Übung vorher einmal durchzusingen. Das frischt das Gedächtnis für Texte und Melodien auf und ist zugleich eine probate Methode, sich „einzusingen".

In meinen Essgewohnheiten habe ich jahrelang große Fehler gemacht, indem ich – wohl der Aufregung wegen – vor einem Auftritt überhaupt nichts gegessen habe. Ein voller Bauch studiert nicht gern, heißt es im Sprichwort. Und mit vollem Bauch singt es sich gewiss nicht sonderlich gut. Doch es spricht nichts dagegen, zu angemessener Zeit vor dem Auftritt eine Kleinigkeit zu sich zu nehmen. Früher hatte ich jedenfalls nach einem Konzert oder Opernabend infolge des langen Fastens – und wohl auch im Gefühl der Freude über einen gelungenen Abend – stets gewaltigen Appetit, den ich ausgiebig befriedigte. Das hat mir nicht gut getan, ich wog zeitweilig mehr als zwei Zentner.

Ich habe einige Zeit gebraucht, mich auf neue Essgewohnheiten einzustellen. Dazu gehört beispielsweise, dass ich abends nach sechs Uhr möglichst nicht mehr esse. Dann kann der Körper bis zum Schlafengehen noch alles verarbeiten. Für die unbedingt notwendige Gewichtsabnahme hat mir diese Maßnahme sehr geholfen. Ich halte mein zulässiges Gewicht und fühle mich seitdem viel wohler. Ich habe eine bessere Kondition, größere Atemreserven, ich ermüde weniger schnell und kann meinem Körper mehr zumuten.

Gerade in Sängerkreisen gab es – besonders in früheren Zeiten – tragische Schicksale durch zu reichlichen Alkoholgenuss. Das ist wohl in erster Linie daraus zu erklären, dass die Künstler ihr Lampenfieber, ihre Hemmungen nicht durch eigene Willenskraft zu besiegen vermochten, dass sie vielleicht auch – infolge unzureichender Ausbildung – die Materie nicht beherrschten, irgendwann an einen kritischen Punkt gelangten und dann aus Ratlosigkeit oder Angst zum Alkohol griffen. So mancher Sänger hat eine verheißungsvoll begonnene Karriere auf diese Weise vorzeitig beenden müssen. Diese schlimmen Beispiele stellen jedoch durchaus nicht in Frage, dass ein Sänger gelegentlich – aus geselligem Anlass – Alkohol trinken darf. Den Genuss eines guten trockenen Weines zum Beispiel weiß ich durchaus zu schätzen. Hier gilt, wie bei allen Genuss- und Nahrungsmitteln, als Faustregel, Maß zu halten und sich von einem Gefühl der Euphorie nicht verführen zu lassen.

Was ich über den Wert einer gesunden Lebensweise für die Leistungsfähigkeit eines Sängers gesagt habe, gilt in nicht geringerem Maße auch vom seelischen Wohlbefinden. Psychische Probleme vermögen die künstlerische Arbeit sehr zu beeinträchtigen. Ein gutes Familienklima, eine angenehme Arbeitsatmosphäre im Theater und in den Beziehungen zu den Kollegen – all das kann die Leistung eines Künstlers beleben. In den Theatern sind die Garderobiers generell angewiesen, Telegramme einem Künstler erst nach der Vorstellung auszuhändigen, weil eine schlechte Nachricht gehörige Auswirkungen auf den Gemütszustand und auf das Leistungsvermögen eines Künstlers haben kann.

Es gab schon Situationen in meinem Leben, da fühlte ich mich durch irgendwelche Umstände so unglücklich, dass ich kaum noch Kraft zum Singen hatte, ich konnte meinen Körper nicht wie sonst einsetzen, mir fehlte die nötige Stütze, ich brachte die erforderliche Konzentration nicht auf. Beim Regenerieren meiner seelischen Kräfte nach einer anstrengenden Phase hilft mir am besten die Musik – so verwunderlich das klingen mag bei einem, der selbst den ganzen Tag musiziert. Bei Musik kann ich mich entspannen, innere Ruhe finden. Vor allem Mozart bringt besondere Saiten in mir zum Klingen und weckt eine Art von Glücksgefühl, ein Empfinden dafür, dass es lohnt zu leben.

All diese Überlegungen führen mich zu der Frage, wie man sich als viel beschäftigter Künstler am besten entspannt. Auf mich hat auch das Naturerlebnis eine ungemein belebende Wirkung. Schon in meiner Kindheit gehörte ja das „Herumstromern" auf den Wiesen oder im Wald zu den schönsten Beschäftigungen. Und auch heute bedeutet ein Waldspaziergang für mich ein starkes Erlebnis. Das Beobachten der Vorgänge in der Natur fesselt mich und erfüllt mich mit Ruhe. Im eigenen Garten sind es häufig ganz unscheinbare Dinge, an denen ich mich freue: wie die Küchenkräuter wachsen, wie die Radieschen gedeihen. Jede Veränderung nehme ich ganz bewusst wahr, dabei „tanke ich auf" und erneuere meine Kräfte. Für einige Zeit kann ich drängende Termine vergessen. Diese Art Entspannung ist eigentlich ein Faulenzen. Ich genieße solche Momente herrlichen Nichtstuns, denn im Grunde bin ich keiner von den geschäftigen Typen, von den so genannten „Betriebsnudeln".

Ich mag auch keine großen Menschenansammlungen – sofern es sich nicht um Publikum handelt. Das freilich brauche ich. Aber Empfänge mit vielen Leuten sind mir eher lästig. Ich habe sehr gern Gäste, nicht zu viele, da lässt sich am besten ein Gespräch führen. In einem solchen Kreise von guten Freunden, in einer gelösten Atmosphäre, vermag ich ebenfalls zu entspannen.

Was ich sonst mit Begeisterung in meiner Freizeit tue: am Sportgeschehen Anteil nehmen. Aber das gehört – mit leichter Übertreibung gesagt – fast schon wieder zum Stress. Denn bei einem spannenden Fußballspiel oder einem Leichtathletik-Länderkampf engagiere ich mich so stark, dass meine Nerven aufs äußerste angespannt sind.

Wenn man wie ich das ganze Jahr über von vielen Menschen umgeben ist, vor großem Publikum auftritt, im Trubel von Großstädten und Festspielen sich bewegt, dann lauten die drei dringlichsten Wünsche für den Urlaub: Ruhe, Ruhe und nochmals Ruhe. Gern treibe ich ein bisschen Sport, spiele Tennis, wenn sich ein nachsichtiger Partner findet. Doch auch das Faulenzen will gelernt sein, denn eine Ruhepause von mehr als einer Woche bringt bereits Probleme: Die Stimme braucht dann eine längere Anlaufzeit, um wieder in Hochform zu kommen.

Als wertvolle Entspannungsübung gilt die Beschäftigung mit einem Hobby. Eine Neigung, der ich von Zeit zu Zeit fröne, ist die Kunst des Kochens. Da probiere und experimentiere ich mit Begeisterung, und schließlich gibt es moderne technische Geräte, die die Arbeit erleichtern und der Beschäftigung einen zusätzlichen Reiz verleihen.

Von meinen vielen Auslandsreisen bringe ich nicht nur Kochbücher aller Geschmacksrichtungen mit – ich verfüge bereits über eine ansehnliche Sammlung –, sondern vor allem die gebräuchlichen Gewürze des jeweiligen Landes. Und die erprobe ich daheim bei den unterschiedlichen Gerich-

Das Grillen auf der heimischen Terrasse gehört zu den Lieblingsbeschäftigungen in der Freizeit.

ten. Meine Familie behauptet zwar, das Geheimnis meiner Würzmethode bleibe ihnen verborgen, und im Endeffekt schmecke jedes Gericht gleich, aber ich beachte und bemerke schon feine Unterschiede. Ich bin jedes Mal selbst auf das Ergebnis gespannt. Und anschließend bin ich selbst mein bester Kunde: Ich esse mit großem Appetit, was ich gekocht habe.

Nun bin ich durch meinen etwas ramponierten Stoffwechsel mehr auf diätetische Kost eingestellt. Bevorzugt beschäftige ich mich mit Geflügelkost in den verschiedensten Varianten. Und es bereitet mir auch Freude, einen Gemüseeintopf mit geschmacklichen Raffinessen zuzubereiten. Aber ich habe nicht vor, hier Rezepte mitzuteilen, auch wenn das mittlerweile von renommierten Autoren literaturfähig gemacht wurde.

Alle meine Freunde wissen – und Theo Adam hat das auch schon ausgeplaudert –, wie gern ich grille. Das Grillen bietet eine Fülle von Möglichkeiten delikater Zubereitung. Es ist ja nicht damit getan, das Fleisch oder die Wurst auf den Rost zu legen. Ich habe zum Beispiel die Erfahrung gemacht, dass bestimmte Gewürze schon in die Holzkohle getan werden müssen, damit durch den Rauch ihr Aroma in das Fleisch gelangt. Es gibt auch die verschiedensten Mittel, das Fleisch zu bestreichen, um die richtige Bräune zu erzielen und den Geschmack zu verfeinern.

Die Japaner fangen sogar schon vor dem Schlachten an, das Fleisch für bestimmte Gerichte zu präparieren, indem sie zum Beispiel Rinder mit Bier massieren, deren Fleisch dann für das Schabu-Schabu, eine Art Fondue, vorzüglich geeignet ist. Den Vorgang des Grillens jedenfalls kultiviere ich mit großem Genuss. Damit werde ich von meinen Freunden gern aufgezogen, aber aus diesem Anlass auch ebenso gern besucht – und beschenkt: Ich besitze mindestens ein Dutzend Grillschürzen mit speziellen Widmungen – vom heiteren Vers bis zu Aussprüchen, die man besser nicht im Druckbild wiedergibt.

Der linke Schuh zuerst: Theaterbräuche

Der große Puppenspieler Obraszow hat – zur Erläuterung seiner Löwennummer – einmal gesagt, das Publikum sei darum so fasziniert vom Zirkus, weil es stets damit rechnet, der Löwe werde doch einmal zubeißen, wenn der Dompteur ihm den Kopf in den Rachen steckt.

Bei Artisten, die in jeder Vorstellung ihr Leben riskieren, nimmt es nicht wunder, wenn sie ein bisschen abergläubisch sind und zur Abwendung eines möglichen Unheils eine Beschwörungsformel murmeln. Aber bei einem Opernsänger steht ja nicht das Leben auf dem Spiel. Ein Ton, der wegrutscht, ist ein geringfügiges Missgeschick, das einem leicht widerfahren kann, wenn man an einem Abend nicht gut disponiert ist. Dennoch geistern an den Theatern noch ein paar sonderbare Bräuche umher, die wir als Erscheinungen des Aberglaubens bezeichnen – fälschlicherweise, denn der Begriff stammt aus dem finsteren Mittelalter und hat mit Unglauben oder Fanatismus zu tun.

Wenn ich vor einem Liederabend zu einem Pianisten „Toi-toi-toi" sage, dann bedeutet das nichts anderes, als würde ich ihm in wohlgesetzten Worten gutes Gelingen wünschen. Darauf zielen viele dieser Worte und Gesten: Erfolg zu wünschen, den man als Künstler nun einmal braucht. Und dass zu einer künstlerischen Karriere nicht nur Talent und Fleiß gehören, sondern auch eine Portion Glück, wird keiner leugnen. Dem versucht mancher Künstler eben ein bisschen nachzuhelfen, indem er gewisse Bräuche und Regeln

Kurz vor dem Auftritt: als Basilio in der „Hochzeit des Figaro" unter Daniel Barenboim, Berliner Staatsoper 1999

beachtet. Das fängt bei ganz lächerlichen Dingen an: Mein Garderobier hat mir beim Ankleiden immer zuerst den linken Schuh gereicht, und ich habe mich daran so gewöhnt, dass ich mir geradezu „linkisch" vorgekommen wäre, hätte ich den rechten zuerst angezogen.

Als ich Anfang der sechziger Jahre das erste Mal von der Berliner Staatsoper eingeladen wurde, den Belmonte in der „Entführung aus dem Serail" zu singen, kam ich mit gehörigem Respekt vor diesem traditionsreichen Haus angereist. Das war schon eine bedeutende Aufgabe für mich jungen Sänger, und ich erinnere mich, dass die damalige Interpretin der Konstanze den Neuling aus der „Provinz" mit leicht arrogantem Primadonnenlächeln musterte. Nun, das entmutigte mich keineswegs, ich hatte die Partie gründlich studiert, die Vorstellung lief sehr gut, und noch am gleichen Abend in der Garderobe erhielt ich das Angebot, weitere Vorstellungen zu singen und einen Gastvertrag mit der Staatsoper abzuschließen. Über dieses Angebot habe ich mich riesig gefreut, denn es bedeutete für meine gerade begonnene Bühnenlaufbahn sehr viel.

Vierzehn Tage später sollte ich bereits wieder in Berlin singen. Die zweite Vorstellung ist immer die etwas kritischere. Einerseits wiegt man sich vielleicht schon zu sehr in Sicherheit, andererseits weiß man, was auf dem Spiele steht. Und so sucht man sich doch ein bisschen „abzusichern". Das erste Auftreten war erfolgreich, den Erfolg wollte ich wiederholen und rechtfertigen, und so begann ich, während ich mich zur Fahrt nach Berlin rüstete, zu überlegen, welche Kleidung ich an jenem Tag getragen hatte. Und ich wählte tatsächlich dieselben Schuhe, denselben Anzug, dasselbe Hemd – einfach von dem Gefühl geleitet, durch diese Wiederholung äußerer Bedingungen könnte ich auch den Erfolg des ersten Auftritts an der Staatsoper erneuern, es müsste alles gut gehen.

Das ist ein simples Beispiel dafür, dass auch ich zeitweilig für solche Beschwörungen des Schicksals anfällig war. Aber ich bin sicher, dass die als Aberglauben etikettierten Theatergewohnheiten von den Künstlern nicht wirklich ernst genommen, sondern eher wie ein alter Ritus gepflegt werden, der dem Theater etwas von dem Nimbus des Geheimnisvollen gibt. Auch eine Art Traditionsverbundenheit.

Zu den ungeschriebenen Gesetzen des Theaterbetriebes gehören bestimmte Tabus. Es gilt geradezu als Frevel, auf der Bühne zu pfeifen. Und man darf mit einem Mantel der privaten Garderobe den Bühnenbereich nicht betreten. Auch wird es nicht geduldet, auf der Bühne zu essen. Wenn alte Theaterhasen einen vielleicht unerfahrenen, uneingeweihten Neuling bei einem

Verstoß ertappen, wird er sofort von der Bühne gewiesen. Aber das alles hat wohl weniger mit Aberglauben zu tun, sondern leitet sich von traditionellen Auffassungen des Theaters als weihevollem „Musentempel" her, für den unumstößliche Gebote gelten.

Bestimmte Daten, etwa Freitag der dreizehnte, bedeuten mir überhaupt nichts, solchen Erscheinungen gegenüber bin ich weitgehend „störfrei". Ich bin zumeist stark auf meine künstlerische Aufgabe konzentriert und komme gar nicht zum Überlegen, ob die Konstellationen günstig sind. Nun gehe ich heute sicher mit größerer Gelassenheit an eine Aufgabe heran als ein Anfänger, für den es bei einem Gastspiel auf den ersten Eindruck ankommt, weil er seine weitere Laubahn entscheidend beeinflussen kann. Unter solchen Umständen stellt sich leicht Nervosität ein, und man greift gern nach einem Strohhalm, um sich sicherer zu fühlen. Wie viel gerade im künstlerischen Bereich von der Gunst der Stunde und der Umstände abhängt, habe ich zur Genüge bei Kollegen erlebt.

Gesundes Selbstbewusstsein ist bestimmt der verlässlichste Helfer in schwierigen Situationen. Das setzt allerdings solides Können und klares Einschätzungsvermögen der eigenen Leistung voraus – und das ist schwierig genug. Mir scheint, wenn heute ein Künstler wirklich abergläubisch ist, liegt der Grund dafür meist in einer Unsicherheit, in einem Misstrauen seinem Talent gegenüber. Natürlich können physische Faktoren eine Rolle spielen und das Selbstvertrauen untergraben. Ich bin wohl nicht sehr kompetent, mich zu diesem Aspekt zu äußern, weil ich in meiner Laufbahn so extreme Situationen nicht erlebt habe. Und ich bin – zu meinem Glück – auch nicht der Typ, der sich durch äußere Umstände sehr beirren lässt.

Ich wurde beispielsweise am Beginn meiner internationalen Karriere häufig mit Fritz Wunderlich verglichen, später dann, als der Sänger durch einen Unglücksfall früh ums Leben gekommen war, als sein Nachfolger bezeichnet – was ich für ungerechtfertigt halte, weil wir vom Stimmcharakter her doch recht verschieden waren. Es hat mich aber nie beirrt, an diesem berühmten und gefeierten Sänger gemessen zu werden, im Gegenteil, es spornte mich an. Ich erinnere mich an eine Oratorienaufführung in Wien, bei der mir Hermann Prey vorher erzählte, unter den Zuhörern sei sein Freund Fritz Wunderlich. Das hat mir nicht vor Ehrfurcht die Kehle zugeschnürt, sondern mich dazu bewegt, mein Bestes zu geben. Es hat mich regelrecht beflügelt. Also ist es vielleicht mein Naturell, was mich davor bewahrt, leicht unsicher zu werden und dann bänglich das Glück zu beschwören.

In Petersburg erzählt man, es bringe Glück, dreimal um die Alexandersäule herumzugehen. Als ich dort gastierte, habe ich zusammen mit meiner Frau die Säule umrundet, heiteren Sinnes, wie ein Tourist so etwas tut, und gewiss nicht, um das Glück herauszulocken. Wir sind mittlerweile weit über vierzig Jahre verheiratet – auch ohne Säule. Ob ein bisschen Aberglaube mitsprach damals? Ich verneine das. Trotzdem: toi-toi-toi!

Vorzeigekünstler mit Privilegien?

Wenn ein Künstler in der vorderen Reihe steht, also stärker beachtet wird, bleibt es nicht aus, dass er zuweilen bevorzugt behandelt wird, zum Beispiel bei der Abfertigung am Flughafen. Das hat aber noch nichts mit Privilegien zu tun und ist auch nicht gesellschaftsspezifisch. Wenn heute einer viel Geld hat, sich also jeden Luxus leisten kann, dann hat er auch ein Privileg – seinen Reichtum nämlich. Wer viel fliegt, bekommt gar eine „Goldene Karte", da wird er dann schneller abgefertigt, vielleicht gar freundlicher behandelt – sollte man sich dagegen sträuben?

Gleichviel, nachdem die DDR als Staat aufgehört hatte zu existieren, wurde auch mir gelegentlich vorgeworfen, ich sei ein Privilegierter gewesen, ein Vorzeigekünstler. Da fällt mir spontan eine kuriose Begebenheit ein, über die wir in unserem Bekanntenkreis oft gelacht haben. Ich brauchte – es war im Frühjahr – dringend einen Strauß Blumen, ging also in Kreischa zur Gärtnerei und trug meinen Wunsch vor. Die Blumenfrau, die mich gut kannte, machte ein bekümmertes Gesicht und sagte in schönstem Sächsisch: „Oh, Herr Kammersänger, Blumen ham mer geene. Aber," und dabei sah sie mit Verschwörerblick um sich und griff unter den Ladentisch, „hier is 'ne Tüte Tomaten." Das waren so die kleinen Privilegien eines Vorzugskunden.

Natürlich brachten es die DDR-Verhältnisse mit sich, dass man als international gefragter Künstler einen Vorzug genoss, den ich aber nicht wirklich als Privileg bezeichnen möchte. Ich besaß einen Pass, damit ich jederzeit meine Auslandsgastspiele wahrnehmen konnte. Unter normalen Bedingungen, wie wir sie jetzt erleben, ist das eine Selbstverständlichkeit. Aber diese Normalität gab es in der DDR eben nicht. Es hob mich aus der großen Mehrheit der DDR-Bürger hervor, erweckte aber auch verständliche Neidgefühle. Anderseits: hätte ich denn, weil die meisten meiner Mitbürger nicht reisen konnten, wohin sie wollten, meinerseits auf eine internationale Karriere verzichten sollen?

Es war eine ungerechte Regelung – zweifellos. Am deutlichsten sagte mir das meine eigene Frau, als sie nach der Wende ihren neuen Pass in den Händen hielt. Das sei für sie einer der schönsten Augenblicke gewesen. Denn nun konnte sie ihre eigenen Vorstellungen verwirklichen, sie konnte reisen, wann und wohin sie wollte, und musste nicht warten, ob und wie lange ich irgendwo gastierte, ob und wann die zuständigen Behörden wie das Zentralkomitee der SED oder das Ministerium für Kultur ihr die Mitreise erlaubten.

Dass Neid bei einigen Mitbürgern zuweilen auch negative Meinungen hervorrief, kann ich noch nachvollziehen. Bedenklich aber stimmte mich der Umstand, dass ein Printmedium wie der „Spiegel" Anfang 1990 in einem Beitrag über Künstler der DDR zu dem Schluss kam, bei einigen so genannten Prominenten sei der künstlerische Wert wohl stark überschätzt worden, maßgebend für ihr Auftreten im westlichen Ausland seien vornehmlich politische Gründe gewesen. Auf der Liste der solcherart Diffamierten standen unter anderem der Dirigent Kurt Masur, der Trompeter Ludwig Güttler und Sänger wie Theo Adam und ich. Natürlich war das ein blanker Unsinn. Die Salzburger Festspiele hatten mich doch nicht aus politischen Gründen als Mozart-Sänger engagiert; Karl Böhm und Herbert von Karajan wollten mich für ihre Produktionen haben. Das gilt auch für meine Künstlerkollegen.

Heute – mit dem gehörigen zeitlichen Abstand – kann ich ohne Groll auf manche dieser Vorkommnisse aus der Nach-DDR-Zeit zurückblicken. Damals habe ich mich über ganz persönliche Affronts doch ziemlich erregt. Da hieß es beispielsweise in einer Veröffentlichung des „Spiegel", die Dresdner würden, wenn sie heute den Peter Schreier träfen, vor ihm ausspucken oder die Scheiben seines Autos zerschlagen. Das war eine glatte Erfindung.

Ich erinnere mich, dass mich die Lektüre des so unsachlichen Artikels gewaltig aufbrachte, und ich beschloss, mich dagegen zu wehren. Und zwar umgehend. Nun besaß ich damals noch kein Faxgerät, und so ging ich zu meinem Freund Manfred von Ardenne, der über einen Telex-Anschluss verfügte. In einem Brief an die Herausgeber des „Spiegel" forderte ich, die unzutreffenden Behauptungen zurückzunehmen. Anderenfalls würde ich juristisch dagegen vorgehen. Die Antwort lautete, es stünde mir frei, meinen Widerspruch in Form eines Leserbriefes zu äußern, oder ich könnte mich an einen Hamburger Rechtsanwalt wenden, der die Belange des „Spiegel" vertrete. Das Magazin sähe jedenfalls keinen Anlass, etwas von den Behauptungen zurückzunehmen. Das waren natürlich simple Ablenkungsmanöver.

Ich konsultierte einen Dresdener Anwalt, der mir erläuterte, wie gegen die Haltung der Redaktion vorzugehen sei, der mir aber auch sagte, die Sache könne teuer werden.

Er hatte Recht. Ich als fälschlich Beschuldigter musste zahlen, um persönliche Beleidigungen und eine unkorrekte Berichterstattung zurückzuweisen. Es kostete mich rund 3000 Mark, um dieser Verleumdung entgegenzutreten und die unwahren Darstellungen zu korrigieren. Die Zeitschrift sah sich schließlich veranlasst, in einer Gegendarstellung, die in winziger Schrift an einer leicht überlesbaren Stelle gedruckt wurde, zu erklären, dass in dem fraglichen Beitrag Lügen über Peter Schreier verbreitet worden waren. Damals war mein Vertrauen in die freie Presse und in die demokratische Rechtsprechung einigermaßen erschüttert.

Menschen wie ich, denen es im DDR-Staat vergleichsweise gut gegangen war, sahen sich in der Wendezeit sehr schnell einmal Missverständnissen oder auch Diffamierungen ausgesetzt. Im Herbst 1989 wurde ich zusammen mit einigen anderen Künstlern – unter ihnen der damalige Schauspieldirektor Görne, Ludwig Güttler und der Sänger Gunther Emmerlich – aufgefordert, bei der Demonstration auf dem Dresdener Theaterplatz zu sprechen. Nun weilte ich damals gerade in Falkenstein im Erzgebirge zu einer Kur, die für meine Gesundheit sehr wichtig war. Also wurde ich

Gegendarstellung

In der Ausgabe der Zeitschrift DER SPIEGEL 6/1990 werden unter der Überschrift „DDR-Künstler – katzbuckeln vorm Goldesel" Aussagen über mein Verhältnis zur politischen Entwicklung in der DDR gemacht.

Unwahr ist zunächst die Behauptung, daß ich in einem in Dresden verlesenen Schreiben aufmüpfige Mitbürger durch die Aufforderung wieder auf Parteilinie pfeifen wollte, mit den Aufmärschen aufzuhören und gefälligst staatstragend zu arbeiten. Richtig ist, daß ich die Straße zum Ort aller Menschen mit wiedergefundenem Selbstvertrauen erklärt habe, bis die Forderungen nach Selbstbestimmung durch freie geheime Wahlen erfüllt sein würden. Ich habe ferner erklärt, daß ich eine Aussicht auf dem Weg zur Demokratie und auf ein besseres Leben in wirtschaftlicher Hinsicht nur dann sehe, wenn jeder bereit ist, zu diskutieren, zu kritisieren und hart zu arbeiten, um im freien Leistungswettbewerb bestehen zu können.

Unwahr ist weiter die Behauptung, daß rachedurstige Volksgenossen die beiden Wagen des Ehepaars Schreier in Dresden und Ost-Berlin demoliert hätten und der Sänger selbst auf offener Straße angespuckt worden sei. In Wahrheit sind beide Wagen des Ehepaares Schreier nicht demoliert worden; auch bin ich weder auf offener Straße noch sonstwo von einem Menschen angespuckt worden.

Dresden, den 19. Februar 1990
Peter Schreier

Peter Schreier hat recht. —Red.

Verleumdungen Anno 1990:
„Der Spiegel" muss durch eine Gegendarstellung seine falsche Berichterstattung korrigieren.

aufgefordert, einen Brief zu schreiben, der auf der Kundgebung verlesen werden könnte.

So geschah es. Doch schon bei der einleitenden Mitteilung, dass ich zur Kur weilte und darum nicht selbst kommen könne, gab es Pfiffe. Später erfuhr ich, dass irgendwer verbreitet hatte, der Schreier halte sich natürlich in der Schweiz auf. Das stimmte zwar nicht, aber die Behauptung stand im Raum. Meine dezenten Hinweise, nicht nur mit Jubel die kommenden Veränderungen zu begrüßen, da sie schließlich mancherlei Belastungen mit sich bringen würden, wurden mit Pfiffen quittiert. So etwas wollten die Leute einfach nicht hören und nicht glauben. Im Nachhinein mag mancher erkennen, dass ich in vielem Recht hatte, doch zu diesem Zeitpunkt war eine vorsichtig differenzierende Haltung unerwünscht.

Abstieg ans Pult?

Warum greift ein Sänger mitten in seiner beruflichen Praxis zum Dirigentenstab? Diese Frage wurde mir öfter gestellt, und es ist nicht leicht, darauf eindeutig zu antworten. Zweifellos sind die Möglichkeiten des Dirigenten bei der Wiedergabe eines Musikwerkes eigene künstlerische Intentionen zu verwirklichen, ungleich größer als etwa die eines Opern- oder Oratoriensängers – der letztlich nur Teil eines großen Aufführungsapparates ist. Es lockte mich schon immer, vom Pult aus ein Musikstück nach meinen Absichten zu formen.

Die Neigung dazu keimte wohl schon in meiner Kreuzchorzeit. Rudolf Mauersberger selbst, der erfahrene Musiker und Pädagoge, hatte mich zeitweilig in die Kapellmeisterrichtung gewiesen, indem er mich – ein Jahr vor dem Abitur – zum Chorpräfekten bestimmte, also zum Stellvertreter des Kreuzkantors. Er übertrug mir damit eine beträchtliche Verantwortung. Zugleich kam ein gehöriges Pensum Arbeit auf mich zu. Da hieß es, sich vor den anderen Kruzianern zu bewähren, das Partiturspiel zu meistern. Und es bedeutete vor allem: Musik eigenständig zu interpretieren, nicht mehr bloß Weisungen eines anderen umsetzen zu helfen, sondern selbst künstlerisch etwas auszusagen.

Dass Professor Mauersberger mich zum Präfekten bestimmte, bewies sein Vertrauen in mich und meine Fähigkeiten. Später empfahl er mir aufgrund meiner stimmlichen Anlagen, die Sängerlaufbahn einzuschlagen, und ich bin ihm dankbar für diesen Rat, der meinen Lebensweg so entscheidend prägen sollte. Die zeitweilige Tätigkeit als Chorpräfekt aber hat schon früh meine Lust zum Dirigieren geweckt. An der Hochschule habe ich neben Gesang bei Professor Flämig Chor- und Ensembleleitung und bei Professor Hintze Orchester- und Operndirigieren studiert. Damals war mein Weg als Sänger im Grunde schon vorgezeichnet, und dennoch – oder vielleicht gerade deshalb – habe ich das Dirigieren nebenher mit wirklicher Freude betrieben. Es stand für mich nicht der Zwang dahinter, es hierin um jeden

Debüt am Dirigentenpult mit der Berliner Staatskapelle 1970. Aus dem Hobby wird ein zweiter Berufsweg.

Preis zu großer Leistung zu bringen. Es war mir einfach ein liebgewordenes Nebenfach. Nach dem Staatsexamen als Chor- und Ensembleleiter konnte ich diese Richtung vorerst nicht weiterverfolgen, es blieb nicht genügend Zeit. Das Singen forderte meine volle Kraft und Aufmerksamkeit.

Ich war schon einige Jahre lang als Solist an der Berliner Staatsoper tätig, als dort ein Almanach mit Fotos und Lebensdaten der Ensemblemitglieder neu herauskam. In der Rubrik „Hobbys" stand bei mir: Dirigieren und Fußball. Daraufhin trat eines Tages der Orchestervorstand der Staatskapelle mit der Frage an mich heran, ob ich ein Konzert leiten wollte. Zunächst war ich überrascht, weil ich nicht ernsthaft mit einem solchen Angebot gerechnet hatte. Aber dann sagte ich erfreut zu. Und so kam es zu meinem ersten Dirigat. Ich stellte ein Programm zusammen, das mir besonders lag: Schuberts kleine B-Dur-Sinfonie, die Fünfte, Bachs Brandenburgisches Konzert Nr. 4 und eine Sinfonie von Carl Philipp Emanuel Bach.

Die Presse berichtete über mein Debüt am Dirigentenpult, und daraufhin verpflichtete mich das Salzburger Mozarteum-Orchester. Ein zweites Konzert mit der Berliner Staatskapelle war für ein Gastspiel in Paris vorgesehen. Natürlich war mir klar, wie ich diese Angebote einzuschätzen hatte: Es ging den Veranstaltern vor allem um die Attraktion, den international schon bekannten Sänger Peter Schreier nun auch mit dem Taktstock in der Hand zu präsentieren.

Vor dem Konzert in Paris hatte ich in Salzburg „Rheingold"-Proben mit Herbert von Karajan. Dieser wusste, dass ich während der Probenzeit für ein paar Tage nach Paris musste, um das besagte Konzert zu dirigieren. Eines Tages fragte er mich, ob ich Lust hätte, die 2. Sinfonie von Brahms, die auf meinem Programm für Paris stand, mit ihm zusammen zu studieren. Dass ich freudig auf das Angebot einging, versteht sich. So trafen wir uns einige Male mittags nach den „Rheingold"-Proben, Karajan setzte sich ans Klavier, spielte auswendig (!) die ganze Sinfonie und ließ mich dirigieren.

Dabei gab er mir manchen wertvollen Hinweis. Als unerfahrener Dirigent ist man zum Beispiel leicht geneigt, Klippen und rhythmische Schwierigkeiten eines Werkes dirigiertechnisch besonders zu betonen, man gibt übergenaue Zeichen oder verkrampft sich ein wenig. Karajan nahm mir die Unruhe vor solch heiklen Stellen, er empfahl mir, gerade dort ganz selbstverständlich zu bleiben, nicht an eine spieltechnische Schwierigkeit zu denken. Das war ein sehr nützlicher und wichtiger Rat – einer von vielen, die ich von ihm erhielt.

Ein Ergebnis unserer so schönen Zusammenarbeit bestand auch darin, dass er mich als Dirigenten für ein Konzert der Berliner Philharmoniker empfahl. Ich kannte das Orchester sehr gut, weil ich schon mehrfach als Sänger mit ihm gearbeitet hatte. Dieses Konzert gehört in meiner Erinnerung zu den schönsten künstlerischen Erlebnissen. Das Musizieren mit den Philharmonikern ist überaus angenehm, weil diese Musiker – gleich, wer am Pult steht – immer bestrebt sind, ihr Bestes zu geben. Das glauben sie sich selbst und ihrem Ruf einfach schuldig zu sein.

Wenn es mich zum Dirigieren hinzieht, so gewiss nicht, weil mich ein falscher Ehrgeiz treibt. Ich sehe darin einfach eine weitere Form des musikalischen Ausdrucks und des gemeinschaftlichen Musizierens. Mein Bestreben ist es, eine Partitur durch die Mitwirkung aller in bestmöglicher Qualität lebendig werden zu lassen.

Eine Gemeinschaft, wie es Orchester oder Chor darstellen, ist natürlich nicht ohne ein gewisses Maß an autoritärer Entschiedenheit zu leiten. Als Sänger habe ich in vielen Ländern mit bedeutenden Dirigenten zusammengearbeitet. Dabei empfängt man wertvolle Anregungen – und lernt auch, wie man es nicht machen sollte. Ich denke an die nicht immer taktvolle, fast zynische Art, in der manche Orchesterchefs mit den Musikern umgehen.

Es gibt eine interessante historische Bruno-Walter-Schallplatte. Sie enthält Mozarts Jupitersinfonie, und auf der anderen Plattenseite ist ein Mitschnitt von Arbeitsproben für die Aufnahme zu hören – ein überaus aufschlussreiches Tondokument. Wenn Bruno Walter den Musikern seine Vorstellungen erläuterte, sang er gern eine bestimmte Phrasierung vor und redete in einem so ruhigen Ton, als spräche ein Großvater zu seinen Enkelkindern. Es zeigte sich, dass die Orchestermitglieder mit großer Aufmerksamkeit und Aufnahmebereitschaft folgten und sensibel auf die Intentionen Bruno Walters eingingen.

Natürlich kommt es darauf an – und diese Erfahrung macht jeder Dirigent –, dass man die Musiker überzeugt, dass man eine klare Auffassung besitzt und diese auch mitzuteilen versteht. Erst im Arbeitsprozess gewinne ich die nötige Erfahrung, wie ich meine Absichten mit dem jeweiligen Orchester möglichst verlustlos umsetzen kann. Was muss das Orchester wissen? Wie mache ich den Musikern verständlich, was ich erreichen will? Vor diese Frage bin ich immer aufs Neue gestellt, wenn ich eine bestimmte Spielweise anstrebe: ein Pizzikato bei den Streichern, ein Stakkato bei den Bläsern, eine ausdrucksvolle Phrasierung.

Gewiss: Die Noten stehen auf dem Papier, auch Vortragszeichen sind vorhanden, häufig sogar detaillierte Spielhinweise. Aber das alles bietet nur ein Gerüst für den nachschöpferischen Prozess und muss überhaupt erst mit Leben erfüllt werden.

Als Liedersänger bin ich mein eigener Interpret, da kann ich meine Auffassung unmittelbar umsetzen. Bei einem großen Ensemble ist es weitaus schwieriger, den gewünschten Ausdruck zu erzielen, ein hohes Maß an Übereinstimmung, einen gewissen Grad von Vollkommenheit zu erreichen. Hinzu kommen bei Opernaufführungen die leidigen Probleme des Repertoirebetriebes. Wenn ich beispielsweise Händels „Caesar" in der Berliner Staatsoper dirigierte, hatte das Werk mitunter monatelang geruht, und im Orchester saßen einige Leute, die das Stück bisher nur in einer Probe gespielt hatten. Im günstigsten Fall wird alles sauber musiziert, aber wichtige Ausdrucksnuancen gehen verloren, feine Differenzierungen sind nicht möglich, man ist froh, wenn das Werk ohne „Schmiss" über die Bühne geht.

Je größer der Kreis von Mitwirkenden ist, um so klarer und überzeugender muss ich als Dirigent meine Konzeption vortragen und begründen, auf die Ausführenden übertragen können. Das beeindruckte mich stets bei starken Dirigentenpersönlichkeiten. Sie machten mitunter Dinge, die scheinbar anfechtbar waren – meiner Auffassung nach oder aus der Sicht dieser oder jener Orchesterstimme. Aber jeder respektierte und akzeptierte die Weisungen, weil Souveränität und künstlerische Potenz dahinter standen. Bei Dirigenten von diesem Rang ist solche Disziplin begreiflich.

Im Prinzip sollte sich der Dirigent den Musikern nicht mit dem Mund, sondern mit der Hand verständlich machen. Doch sind dieser Verständigung natürlich Grenzen gesetzt, es bedarf schon des Wortes. Aber auch dann wird stets ein Rest unausgesprochen bleiben, und es wird wohl auch unter günstigsten Bedingungen nie eine Aufführung zustande kommen, die hundertprozentig befriedigt – sofern man höchste Maßstäbe anlegt. Vielleicht sollte man sich darüber verständigen, einer Idealvorstellung so nahe wie möglich zu kommen. Wobei überhaupt zu fragen bliebe, ob die makellose Leistung, die absolute Perfektion selig machende Ziele des lebendigen Musizierens sein können. Überdies wird die Wirkung einer Darbietung stets von subjektivem Empfinden mitbestimmt und relativ zu werten sein. In meiner Sängerlaufbahn habe ich gerade in dieser Hinsicht interessante Beobachtungen gemacht. Es gab Tage, an denen ich mich blendend in Form fühlte und sicher war, eine besonders gute Leistung geboten zu haben. Aber meine verlässlichste Kritikerin, meine Frau, musste diese Meinung ein bisschen korrigieren. Bei anderer Gelegenheit empfand ich das Singen als ziemlich strapaziös: Ich war nicht „voll bei Stimme", etwas unkonzentriert vielleicht, hatte mit Problemen zu kämpfen. Nach diesem Abend fühlte ich mich unzufrieden. Aber dann sagte mir meine Frau, welche Spannung heute im Saal herrschte, wie großartig die Lieder beim Publikum „ankamen".

Sicher gibt es auch hierfür Erklärungen. Wenn ich an einem Abend nicht so souverän mit meiner Stimme umgehen kann, weil sich vielleicht eine Erkältung ankündigt, brauche ich erhöhte Spannung und Konzentration. Dieser größere Aufwand kann bis zu einem gewissen Grad die Wirkung auf die Zuhörer steigern. So bleibt wohl bei jeder künstlerischen Leistung und ihrer Resonanz ein unerklärbarer Rest.

Als Sänger werde ich manchmal mit Werkvorstellungen eines Dirigenten konfrontiert, die ich nicht teile. Ich habe eine andere Einstellung zu dieser Musik, und da reizt es mich natürlich, meine Ansichten in der Praxis zu erproben. Ist meine Auffassung dem Werk gemäß? Lässt sie sich verwirklichen? Wie kann ich das, was ich empfinde, dem Hörer vermitteln?

Ich habe beispielsweise jahrelang bei den Händel-Festspielen in Halle mitgewirkt und in nahezu allen dort aufgeführten Oratorien gesungen. Dabei gewann ich allmählich eine kritische Distanz zu der Händel-Pflege, wie sie dort praktiziert wird. Ich bin der Meinung, dass Händels Musik lebendig und spannungsvoll interpretiert und heutigem Lebensgefühl gemäß umgesetzt werden muss. Es gilt eine Form zu finden, Händel dynamisch und von der Phrasierung her einem Publikum, das von hervorragenden Rundfunk- und Schallplattenaufnahmen verwöhnt ist, attraktiv zu gestalten. Zu Händels Zeit war die Konstitution, die nervliche Verfassung der Menschen, die seine Musik hörten, anders als heute. Man gönnte sich viel mehr Zeit und Ruhe für den Kunstgenuss, als das in unserer schnelllebigen Zeit möglich ist.

Durch eine Schallplattenproduktion unter dem englischen Dirigenten Charles Mackerras lernte ich Mozarts Bearbeitung von Händels „Messias" kennen. Ich war beeindruckt von den Klangwirkungen dieser Fassung des Oratoriums. Als mir einige Zeit darauf Herbert Kegel anbot, ein Konzert mit dem damals von ihm geleiteten Leipziger Rundfunksinfonieorchester zu dirigieren, schlug ich ihm diese Mozart-Bearbeitung vor. Inzwischen hatte ich mich in der Fachliteratur umgeschaut und festgestellt, dass die Sachwalter des Händelschen Erbes solche Bearbeitungen nicht sehr schätzen und das Original allemal vorziehen. Dennoch blieb ich dabei, diese Fassung zur Diskussion zu stellen.

Sicher gibt es berechtigte Einwände gegen solche Bearbeitungen, und ohne Frage erscheint Händels Musik mit Klarinetten unserem Ohr einigermaßen fremd. Andererseits kommt gerade durch die Holzbläser, die Mozart teilweise auch solistisch einsetzt, viel Farbigkeit in die Partitur. Auch im Ablauf des Werkes hat Mozart einige Veränderungen vorgenommen, die für mein Gefühl das musikalische Bild beleben.

Der Verzicht auf die hohen d-Trompeten macht sich freilich ungünstig bemerkbar, durch den strahlenden Glanz ebendieses Instruments erhalten Händels Kompositionen erst die charakteristische Note und die festliche Krönung. Aber als Mozart seine Bearbeitung schuf, gab es schon keine Spezialisten mehr für die hohe Trompete, die Blütezeit der Clarino-Bläser war vorüber, und der Komponist musste das berücksichtigen, er konnte nur noch die gewöhnliche c-Trompete einsetzen und musste den Clarinopart anderen Blasinstrumenten übertragen. Es ist unverkennbar, dass Mozart einer neuen Musizierepoche angehörte. Und er war eine so starke künstlerische Persönlichkeit, dass er der Bearbeitung deutlich seinen Stempel aufprägte.

Aber ich will hier nicht die Vorzüge von Händel und Mozart gegeneinander aufrechnen. Beide Komponisten liegen mir am Herzen. Ich habe mich nie auf Musik einer einzigen Epoche oder Stilrichtung festgelegt, und ich bin nicht auf bestimmte Komponisten eingeschworen oder spezialisiert. Gewiss gibt es Musik, die ich als Sänger bevorzuge, weil sie meinen stimmlichen Anlagen entgegenkommt. Dazu gehören Bach und Schütz, mit denen ich groß geworden bin, sowohl in meinem Elternhaus, das von dem etwas konservativen Musikverständnis der sächsischen Kantorentradition bestimmt war, als auch in meiner Kreuzchorzeit. Und ein besonders inniges Verhältnis habe ich natürlich zu Mozart – gehören doch dessen Opernpartien zu meinen hauptsächlichsten Bühnenaufgaben. Bei den Liedkomponisten hingegen bin ich aufgeschlossen für viele Stilepochen und musikalische Ausdrucksformen.

Als ich die Aufgabe übernahm, die weltlichen Kantaten von Bach für die Schallplatte einzuspielen, leitete mich das Bestreben, von einem traditionellen, von mir etwas langweilig empfundenen Bach wegzukommen und möglichst viel Lebendigkeit in das Musizieren einzubringen – vergleichbar den Impulsen, die in unserer Zeit durch Regisseure bei der szenischen Umsetzung von Werken des Musiktheaters inspirierend wirksam werden. Was ich erreichen wollte, war ein von der ersten bis zur letzten Note intensives Musizieren. Dazu brauchte ich Musiker, die bereit waren, sich voll für ein solches Tun zu engagieren. Für manchen Instrumentalisten bedeutete das ein Sich-frei-Machen von herkömmlichen Spielweisen, ein Verlassen eingefahrener Gleise, es bedeutete, die Spielweise durch werkgerechte Phrasierung und Artikulation neu zu überdenken.

Es ist schwer, ein Ensemble von Orchestermitgliedern so zu motivieren, dass sie mit äußerstem Einsatz ihre Aufgabe erfüllen.

Das ist keineswegs selbstverständlich, das muss erarbeitet, ja geradezu erkämpft werden. Der brillante Feuilletonist Alfred Polgar beschrieb einmal originell seinen Eindruck von einem Geiger im Orchester: „Eben während er dem Instrument etwas Süßes entschmeichelte, musste er gähnen. Seine Seele war im Handgelenk beschäftigt; der verlassene Rest langweilte sich." Eine solche Beobachtung, hier vom Autor satirisch überhöht, kann im Grunde jeder Konzertbesucher machen.

Das aber ist genau jener Typ des Musikers, der für meine Absicht nicht zu brauchen war. Ich habe bei den Aufnahmen der Bach-Kantaten erlebt, wie schwer es ist, einen Kreis von Instrumentalisten zu finden, die die erforderliche Bereitschaft und Einsatzfreude mitbringen, um eine solche Aufgabe optimal zu bewältigen und eine künstlerisch geschlossene Darbietung zu erarbeiten. Einige Musiker habe ich – in durchaus gutem Einvernehmen – ausgewechselt, weil sie die Anforderungen nicht erfüllten, sei es wegen anderer künstlerischer Auffassung oder auch nur aus Bequemlichkeit.

Wenn ich am Dirigentenpult stehe, fühle ich mich keineswegs als Diktator, der gebieterisch seinen Willen durchsetzen möchte, sondern eher als spiritus rector, besser noch: als primus inter pares. Und wenn ich das Engagement, das ich für die Arbeit mitbringe, auch von den anderen Mitwirkenden erwarte, so geschieht das nicht aus Eitelkeit, sondern ist vom Interesse an der Sache bestimmt. Haben alle diese Einstellung, durch ihren vollen Einsatz zum besten Gelingen einer Aufführung und zu einer spannungsvollen Interpretation beizutragen, dann kann von wirklichem Ensemblegeist gesprochen werden. Solchem Idealfall möglichst nahe zu kommen, war mein Ziel auch bei der Aufnahme der Bach-Kantaten. Wenn am Schluss eines solchen Arbeitstages nicht alle erschöpft nach Hause gehen, kann nicht das Bestmögliche geleistet worden sein. Mit dem Blick auf die Uhr und dem Warten auf die nächste Pause ist da nichts auszurichten.

Bei der Aufführung von Werken der Vorklassik wird häufig stilgerechtes Musizieren mit der Darbietung auf alten Instrumenten in einem Atem genannt, als garantiere nur der Einsatz historischer Instrumente mit ihren klanglichen Möglichkeiten und den Eigentümlichkeiten der Phrasierung eine authentische Wiedergabe. Mir erscheint die Verwendung alter Instrumente als durchaus sekundäre Frage. Natürlich hatte Bach nur eine bestimmte Art von Instrumenten zur Verfügung und komponierte danach. Aber ich könnte mir denken, dass er glücklich gewesen wäre, hätte er seine Musik mit den Klangfarben des modernen Instrumentariums erleben können. Bach hat ganz sicher gespürt, dass die technischen und klanglichen Möglichkeiten in der Zukunft reicher sein werden. Hören wir heute im Konzert oder von der Schallplatte seine Werke auf alten Instrumenten, so ist das zunächst durchaus von besonderem Klangreiz, der sich für mein Gefühl aber sehr schnell abnutzt und an Wirkung einbüßt.

Mit den modernen Instrumenten – eben weil sie nicht so heikel sind (etwa die hohen Trompeten) und technisch besser beherrscht werden – haben wir sicher mehr Möglichkeiten, den Klang farbig zu beleben. Viele Instrumente von heute klingen für meinen Geschmack auch schöner. Ausnahmen bilden vielleicht die Holzblasinstrumente, die in ihrer alten Gestalt einen wärmeren und fülligeren Ton geben. Bei den Streichern ist es die Gambe, die ihren besonderen Charakter bewahrt und in einigen Kompositionen durch kein anderes Instrument zulänglich ersetzt werden kann.

Die Verwendung alter Instrumente erzielt wohl vor allem darum so starke Wirkung und regt die Auseinandersetzung um stilgerechte Interpretationen an, weil da zumeist Musiker am Werke sind, die mit höchstem Engagement, mit dynamischem Einsatz ihrer Persönlichkeit, mit einer eminenten Begeisterung ihre Sache vertreten, so dass der Hörer von ihren Darbietungen gefesselt ist. Wenn aber engagiert und mit größtmöglicher Intensität musiziert wird, lässt sich das Ziel mit neuen Instrumenten zumindest gleichwertig – wenn nicht gar besser – erreichen. Indem ich mich bemühe, Werke von Bach und seinen Zeitgenossen mit den Möglichkeiten des heutigen Orchesters so lebendig und klangintensiv wie nur möglich wiederzugeben, dokumentiere ich zugleich, dass die Verwendung historischer Instrumente nicht die primäre Voraussetzung dafür ist, dass der Zuhörer gepackt wird, sondern dass es vielmehr auf die innere Beteiligung der Ausführenden ankommt. Mit Routine ist da nichts zu leisten.

Vor einiger Zeit habe ich beispielsweise Telemann für mich neu entdeckt, eine Musik, die ich früher ein bisschen als „Kantorenzwirn" betrachtet hatte, die aber kraftvolle Konturen und eine geradezu plastische Bildhaftigkeit gewinnt, wenn man sie von der Artikulation, von der Phrasierung und Dynamik ganz konsequent durcharbeitet und die Darbietung darauf gründet. Es kommt stets auf die Interpretation an, ob Musik einer vergangenen Epoche zum lebendigen Hörerlebnis wird.

Meine besondere Liebe als Dirigent gehört der Chorsinfonik. Für mich ist die menschliche Stimme einfach das lebendigste, auch wandlungsfähigste Instrument. Als Sänger bin ich gewohnt, Musik so zu phrasieren, wie es dem Atem entspricht. Solchen Atemrhythmus versuche ich als Dirigent auf Orchester, Chor und Solisten zu übertragen. Die meisten Dirigenten kommen vom Instrument her, und manchmal fehlt ihnen die nötige Einfühlung für den Sänger, das Verständnis für die Eigenart der menschlichen Stimme.

Die Bereitschaft des Sängers aber ist eine völlig andere als die des Instrumentalisten. Der Geiger legt den Finger und den Bogen auf die Saite, und wenn der Einsatz kommt, gibt er entsprechend Druck, und der Ton erklingt. Der Körper jedoch, der mit seinem Stimmapparat einen Ton hervorbringen soll, bedarf einer ganz anderen Vorbereitung. Da spielen viele Faktoren mit. Es bedarf zum Beispiel auch einer gewissen Anlaufzeit für die sängerische Bereitschaft, und diese kann größer sein, als es das musikalische Tempo verlangt. Dadurch kommt es zu Unstimmigkeiten mit dem Orchester. Sängerisch vorgebildete Dirigenten wissen und beachten das.

Als ich vor einiger Zeit zusammen mit der Dresdner Staatskapelle Konzertarien von Mozart aufnahm, sagten mir Orchestermusiker, sie würden ihren Instrumentalschülern gern am Beispiel meines Gesanges die musikalische Gestaltung und Phrasierung erläutern: So wie ich singe, wollten sie Mozart beispielsweise auf der Geige hören. Von sehr bedeutenden Instrumentalisten ist bekannt, dass sie ihren Schülern häufig Passagen vorsingen, um zu demonstrieren, wie sie gespielt werden sollen.

Ähnlich ergeht es mir beim Dirigieren. Wenn ich mit einem Orchester ein Werk erarbeite, mache ich zuweilen meine Absicht verständlich, indem ich eine Stelle so vorsinge, wie ich sie vom Orchester zu hören wünsche. Nun kann nicht jeder Dirigent singen, aber sehr viele gehen von der sängerischen Gestaltung aus. Wolfgang Sawallisch, Herbert Blomstedt und andere tragen dem Orchester ihre Auffassung singend vor.

Das alles sagt sich so leicht hin und mag auch plausibel klingen. Doch ich bin mir bewusst: Zwischen Wollen und Verwirklichen liegt oft ein Riesenschritt. Mit jeder Aufgabe gewinne ich als Dirigent weiter Erfahrung. 1977 schrieb ein Kritiker: „Er dirigierte mit äußerst lebhaftem körperlichem Einsatz, gab davon sicher mehr, als ein routinierter Dirigent nötig hat. Maßgebend ist jedoch das Resultat, die erreichte Ausstrahlung. Und die war stark."

Als Künstler schöpferisch zu sein, das bedeutet, immer aufs Neue zu lernen, Routine zu meiden, gleichsam ständig unterwegs zu sein und Entdeckungen zu machen. Für mich als Dirigent heißt das Ziel, eine Komposition in ihrem Wesen zu erfassen und meine Vorstellungen mit einem Aufführungsapparat so zu verwirklichen, dass die Musik den Hörer erreicht und zu fesseln vermag.

Wenn Tamino in die Jahre kommt

In jedem Sängerleben kommt einmal der Zeitpunkt, da man sich überlegen sollte, ob es noch sinnvoll und vertretbar ist, weiterhin zu singen. Ganz besonders das Singen auf der Opernbühne hat seine Grenzen. Man kann eben nicht als Sechzig- oder Fünfundsechzigjähriger – selbst wenn die Stimme gepflegt und noch zulänglich klingt – auf der Szene einen jugendlichen Liebhaber oder einen Prinzen wie den Tamino darstellen, das wirkt dann unangemessen oder einfach lächerlich.

Mein eigener Entschluss aufzuhören wurde mir noch bekräftigt durch einen amüsanten kleinen Vorfall. Ich sang in der Berliner Staatsoper mit Anfang Sechzig den Tamino, meine Frau saß im 1. Rang, neben ihr eine Dame mit ihrer Enkelin. Da hörte meine Frau, wie das Mädchen ihre Großmutter flüsternd fragte: „Du, Oma, muss eigentlich der Tamino so alt sein?" Über diesen Ausspruch habe ich herzlich gelacht. Aber die hübsche kleine Anekdote war mir zugleich ein Zeichen, dass ich solche Partien fortan nicht mehr singen sollte.

Der Entschluss, von der Oper Abschied zu nehmen, ist mir aber nicht sehr schwer gefallen, weil ich ja wei-terhin singen konnte, nur nicht mehr auf der Bühne. Eine dort gespielte Rolle sollte doch in etwa dem Alter angemessen sein. Man kann heute zwar schon viel kaschieren durch Maske und Frisur, auch ju-

In Zukunft auf das Dirigieren konzentriert

gendliche Ausstrahlung lässt sich bis zu gewissem Grade herstellen, aber es gibt da gewisse Grenzen, die nicht überschritten werden sollten. Da müssen zum Beispiel in der Berliner „Zauberflöte" bei der Feuer- und Wasserprobe etwas gefährliche Wege gegangen werden, zuerst in der Höhe, danach an der Seite, und da fühlte ich mich schon nicht mehr so richtig sicher beim Besteigen der hohen Treppen und Balancieren ohne einen sicheren Halt. Oder meine letzte Staatsopern-Inszenierung in Berlin, die „Hochzeit des Figaro", in der ich den Basilio sang: Da gehen in der Schlussszene alle auf die Knie. Davor habe ich mich den ganzen Abend gefürchtet – weniger vor dem Hinuntergehen, vielmehr vor dem Aufstehen danach; da habe ich dann zuweilen den neben mir knienden Sängerkollegen instruiert, dass ich mich im Bedarfsfall an ihm festhalten würde. Angesichts solcher Probleme wächst die Einsicht, dass man sich so etwas eigentlich nicht mehr antun muss.

Im Sommer 1992, als ich 57 Jahre alt war, lief in der Staatsoper Berlin mein Vertrag aus. Nun war ich zwar, da ich so viele Jahre hindurch zum Ensemble gehörte, „nicht kündbar", wie das juristisch heißt. Aber ich wollte eigentlich gern frei sein für meine vielen anderen Aufgaben, und ich wollte es auch der Oper nicht länger zumuten, bei ihren Planungen auf meinen Terminkalender Rücksicht zu nehmen, wie das jahrelang geschehen war. Bei dem Gespräch mit Herrn Quander, dem damaligen Intendanten, habe ich also meinen Wunsch kundgetan, den Vertrag zu lösen. Aber da erhob er energisch Einspruch – aus mehreren Gründen. Vor allem wollte er natürlich gegenüber der Öffentlichkeit den Eindruck vermeiden, er setze alle „Ossis" vor die Tür. Er bat mich also, nach meinen Möglichkeiten bis zur Vollendung des 65. Lebensjahres der Staatsoper verbunden zu bleiben. Er fand einen Weg, mir vertraglich zuzusichern, dass meine auswärtigen Termine berücksichtigt und die von mir zu singenden und zu dirigierenden Vorstellungen entsprechend geplant würden. Das war sehr großzügig von der Oper. Ich konnte mich also vergleichsweise frei fühlen und dennoch meinen Vertrag bis zum 65. Geburtstag erfüllen.

Als dann der Termin herankam, beschlich mich kein Gefühl der Wehmut. Ich empfand das eher als eine Art Befreiung – nicht nur, weil ich die physischen Probleme nicht mehr zu fürchten brauchte, sondern vor allem, weil ich keine Rücksicht auf den Opernspielplan mehr nehmen musste. Im Mittelpunkt meiner künstlerischen Arbeit stand längst das Konzert, der Liederabend, das Dirigieren. Und schließlich: zur Oper gehört ja nicht nur, dass man abends mal eine Vorstellung singt, da wird für eine Neuinszenierung meist wochenlang probiert. Dass ich zuletzt noch den Basilio gesungen habe, empfand ich als schönen Abschluss meiner Opernarbeit, nicht zuletzt wegen der Zusammenarbeit mit Daniel Barenboim.

Ich habe alle Höhen einer Opernkarriere genießen dürfen. Und ich hoffe, es war auch zum Schluss noch akzeptabel, was ich gesungen habe, dass keiner meiner Zuhörer denken musste: hätte er nur schon eher aufgehört. Meine letzte „Zauberflöte" war von meiner stimmlichen Leistung her sicher zu vertreten; aber ich war mir bewusst, dass ich aus Altersgründen so etwas auf der Opernszene nicht mehr darstellen sollte.

In meinen frühen Sängerjahren, als ich noch zum Studio der Dresdner Oper gehörte, habe ich häufig gemeinsam mit jungen Kollegen wie Siegfried Vogel an der Bühnenseite gestanden und Vorstellungen verfolgt. Ich erinnere mich noch gut an eine Aufführung des „Don Giovanni" im Großen Haus, da sang ein von den Dresdnern einst zu Recht hoch verehrter Künstler die Titelpartie. Damals mochte er längst die Sechzig überschritten haben, sängerisch war sein Giovanni schon nicht mehr akzeptabel, aber auch von der Erscheinung war er in dieser Rolle des großen Verführers einfach nur noch peinlich. Damals haben wir Jungen uns betroffen angesehen und gelobt, so etwas sollte uns später einmal nicht passieren. Das ist natürlich leicht gesagt, wenn man jung ist. Aber hat jeder Sänger, wenn er dann in ein kritisches Alter kommt und vielleicht sehr an diesem Beruf hängt, auch die Standfestigkeit und die kritische Haltung, um rechtzeitig aufzuhören?

Mehrfach haben mich Begegnungen mit einst bedeutenden Sängern in ihren späten Jahren tief erschüttert. Für mich brach geradezu eine Welt zusammen, als ich in der Münchner Oper das erste Mal auf der Bühne stand. Da war für mich eine geradezu sagenhafte sängerische Erscheinung, mit einer Stimme von erstaunlicher Durchschlagskraft und Bravour – insbesondere im italienischen Fach. Und nun war dieser Sänger der Sprecher in der „Zauberflöte", und nicht einmal ein schwacher Abglanz von der einstigen Stimme wurde hörbar. Das war ein Schock für mich.

Da steht man dann als Tamino betroffen neben einem einst so Berühmten und fragt sich: Muss das wirklich sein? Das Tragische an der Sache war allerdings, wie ich danach erfuhr, dass er es wirklich nötig hatte und für jeden Verdienst dankbar war.

Es gilt ganz allgemein – und keineswegs nur für den Sängerberuf – sich auf das Alter einzustellen, damit in rechter Weise umzugehen und zu wissen, wann man loslassen sollte. Ich hätte wohl gern noch einmal den „Palestrina" gesungen. Diese Partie ist ja auf Altersreife zugeschnitten, sie handelt von Schaffensproblemen eines Künstlers in seiner späten Lebensphase, auch wenn sie nicht leicht zu singen ist.

Von der Oper als spektakulärem Kunstgebilde hatte ich mich ja schon früher distanziert. Aber es ist nun einmal so, dass man als Sänger eine wirkliche Karriere nur über die Oper machen kann. Vielleicht ist es in England ein bisschen anders, wo auch der reine Konzertsänger etwas gilt und zu Ansehen gelangt. Bei uns hingegen ist man auch auf dem Konzertpodium stets der Solist der Münchner oder der Berliner Oper, das vor allem macht die Bedeutung eines Sängers aus.

Was mir immer wieder einmal die Opernarbeit regelrecht verleidete, war die Unentschlossenheit oder auch Unkonzentriertheit gewisser Regisseure bei der Probenarbeit. Dieses häufig konzeptlose Ausprobieren von Details, das Zerreden einer Probe, stundenlanges zielloses Meditieren über Stück und Rollen oder die von unklaren Vorstellungen meist diktierte Aufforderung: „Bieten Sie mir doch mal was an" – das alles kann einem schon gehörig auf die Nerven gehen. Man muss sich ja als Sänger auch körperlich einstellen auf eine Rolle, auf das Spiel. Und wenn da Regisseure etwas ratlos herumdiskutieren, ist mir das ein Gräuel; schließlich lässt auch die Konzentration nach.

Aber es gibt natürlich auch sehr erfreuliche Begegnungen mit Leuten wie Ponnelle, Rennert oder Kupfer beispielsweise; die wussten immer genau, was sie wollten, sie besaßen eine klare Vorstellung davon, was ein Sänger wo zu tun hatte, sie hatten schon in der Probenphase die spätere Wirkung einer Szene vor Augen. Sicher hängt das in starkem Maße auch davon ab, welche Beziehung ein Regisseur zur Musik hat. Ich habe Regisseure erlebt, die erschienen mit einem Textbuch zur Probe. Wenn einer eine Mozart-Oper nach dem Textbuch einstudiert, dann signalisiert mir das: Dem Mann fehlen die entscheidenden Ansatzpunkte in der Musik. Das kann einfach nicht gelingen, weil die Musik so dominierend ist bei Mozart, dass man nur mit der Musik im Hinterkopf schlüssig inszenieren kann. Kleine Anekdote: Von einem sehr namhaften Regisseur wird erzählt, er sei – immerhin mit dem Klavierauszug – in Berlin zu einer „Carmen"-Probe erschienen und habe eine Szene arrangiert mit den Worten: „Also, die Mercedes kommt von links, der Escamillo tritt durch die hintere Tür, und der Tranquillo – ja, wo lassen wir denn den auftreten?" Da hatte er doch glatt die Tempobezeichnung für eine handelnde Person gehalten. Ich weiß nicht, ob die Geschichte stimmt, ich will zu seinen Gunsten hoffen, dass sie nur gut erfunden ist.

Wenn ich heute ein Konzert singe oder dirigiere, dann gehe ich ganz gezielt dabei vor. Am Freitag ist das Konzert, am Dienstag beginnen die

Juni 2000: Abschied von der Bühne nach einer Aufführung der „Zauberflöte"

Proben, nach einem genauen Plan, und am Freitag ist das Stück fertig einstudiert. Das liebe ich an der Musik, dass die Arbeit aufgeht, dass ein Ziel gesetzt ist und erreicht wird. Und das nicht etwa durch viel Reden und Erklären. Da sind Orchester – zu Recht – sehr empfindlich, die wollen einen Dirigenten, der ihnen nicht durch Geschwätz, sondern durch klare Zeichengebung seine Absichten deutlich macht.

Nachdem ich mich nun von der aktiven Opernarbeit verabschiedet habe, beobachte ich an mir, dass ich heute gar nicht mehr so gern als Zuhörer in die Oper gehe, weil ich naturgemäß mit sehr kritischen Augen und Ohren an eine Aufführung herangehe. Vielleicht bin ich übertrieben kritisch, weil ich die Materie zu gut kenne. Außerdem möchte ich mir wohl auch die guten Erinnerungen an die Oper nicht kaputtmachen lassen. Schließlich bin ich ganz sicher gesättigt, was Oper anbetrifft, weil ich in meinem Sängerleben sehr viel Kraft in der Oper gelassen und manchmal auch zuviel Repertoire gesungen habe. In der Rückschau halte ich gerade das für nicht so gut, weil das Ursprüngliche durch allzu viel Wiederholung verloren geht. Die Kreativität verliert sich, weil man eine Rolle nicht jeden Abend so reproduzieren kann, als würde ein Vorgang spontan entstehen und damit frisch und überzeugend wirken. Da kommt dann leicht Routine ins Spiel.

Ich habe sechzig Jahre meines Lebens auf der Bühne gestanden, – wenn ich meine Kreuzchorjahre hinzurechne. Und wenn man Jahrzehnte hindurch mit vollem Terminkalender und ohne wirkliche Erholungspause einem so anstrengenden, hohe Konzentration erfordernden Beruf nachgeht, kann man leicht vergessen, dass das Leben noch aus anderen Dingen besteht. Als Künstler wird man stets an seinen besten Leistungen gemessen. Darum steht man eigentlich immer unter Spannung und Erfolgsdruck. Das wiederum erzeugt Stress. Das Familienleben, die zwischenmenschlichen Beziehungen leiden darunter. Jetzt, da ich auf die Siebzig zugehe, wird mir deutlich bewusst, dass ich vieles versäumt habe, wofür meine stets so eng terminierte Karriere mir keine Zeit ließ.

Ich möchte den 70. Geburtstag zum Anlass nehmen, auch das Konzertpodium zu verlassen – jedenfalls als Sänger. Für die Stimme ist es wegen der körperlichen Kondition ohnehin geboten, rechtzeitig zurückzuschalten, bevor sängerische Defizite auftreten und hörbar werden. Ein allmählicher Abschied aber – auf Raten gewissermaßen – ist im Gesangsfach einfach nicht möglich. Wer sich da zurücknimmt, größere Pausen einlegt, kann keine optimale Leistung bringen, so etwas lässt die Stimme nicht zu. Ich habe in der Oper und im Konzertsaal so ziemlich alles gesungen, was meinem Stimmfach gemäß war und meinen Intentionen und auch Vorlieben entsprach. Das meiste davon ist auf Schallplatten beziehungsweise auf CD dokumentiert. Könnte ich meinem Publikum noch entscheidend Neues sagen? Und ist es nicht auch geboten, das Konzertpodium einer anderen Generation von Sängern zu überlassen, die mit ihren Auffassungen und stimmlichen Möglichkeiten das Musikleben durch neue Farben bereichern? Und wie ist das mit dem Dirigieren? Diese Funktion wird ja von den Meistern des Pultes bis ins sehr hohe Alter ausgeübt? Ich fühle mich den Anforderungen, die das Dirigieren mit sich bringt, körperlich und geistig noch gewachsen, doch man muss um seine Grenzen wissen und nicht warten, bis Auge und Ohr oder die körperliche Mobilität Einhalt gebieten. Es gibt immer wieder Künstler – und das sind nicht wenige – die einfach nicht loslassen können, die offensichtlich den Applaus brauchen wie die Luft zum Atmen. Zu meinem Glück gehöre ich nicht dazu. Ich habe das Publikum in den Musikzentren der Welt mit meiner Kunst erfreuen dürfen, das war und ist der Sinn meines Lebens. Nun überlasse ich es der Zukunft, wie sich meine Dirigiertätigkeit gestalten wird.

Diskographie

Abkürzung der Labels

AH	–	Arthaus
AL	–	Allegro Corp., USA
AR	–	Ariola
ARS	–	Ars vivendi
BMG	–	BMG Deutschland GmbH
BR	–	Bayer Records
CAM	–	Campion
CAP	–	Capriccio
CNT	–	Canterino
CPO	–	CPO (JPC Schallplatten Prod.)
DEC	–	Decca
DEN	–	Denon, Japan
DG	–	Deutsche Grammophon
EDEL	–	edel records GmbH
EMI	–	EMI Music Germany GmbH & Co. KG
EX	–	Exclusive
FOR	–	Forlane, Frankreich
HV	–	Hänssler Classic
INT	–	Intercord
JSV	–	Johannes Stauda Verlag
KC	–	Klassik Center Kassel
LB	–	Lucky Ball
LUN	–	lunar-cd
MAR	–	Marai
MC	–	MusiCom
N	–	Nova
NOV	–	Novalis
NYP	–	New York Philharmonic Special Editions
ODE	–	Ondine, Finnland
ORF	–	ORFEO International Music GmbH
PH	–	Philips
PO	–	Polygram, Japan
POL	–	Polydor
RM	–	Rare Moth
ROP	–	Rondeau
SO	–	Sony Music International GmbH
TEL	–	Teldec
TES	–	Testament, England
TK	–	Tokuma, Japan
VIC	–	Victor
WALL	–	Wall
WER	–	Wergo
WSM	–	Warner Special Marketing

Anmerkungen:

Diese Diskographie erhebt trotz umfangreicher, sorgfältiger Recherche nicht den Anspruch der Vollständigkeit. Viele, insbesondere ausländische Ausgaben konnten nicht erfasst werden. Vergriffene Titel wurden nach Möglichkeit hier aufgelistet, da sie einen tieferen Einblick in das Schaffen von Herrn Kammersänger Peter Schreier gewähren. Aus demselben Grund findet sich am Ende der Diskographie auch eine Liste der Schallplatten (Vinyl-LPs), die nicht auf CD wiederveröffentlicht worden sind.

Titel, bei denen Peter Schreier sowohl singt als auch dirigiert, sind in folgender Aufstellung doppelt, nämlich jeweils unter der entsprechenden Rubrik, aufgeführt.

Hier nicht aufgenommen wurden hingegen Sammelalben, deren Stücke, soweit sie mit Peter Schreier in Verbindung stehen, auf anderen, bei Drucklegung noch erhältlichen Alben enthalten sind.

Als vielleicht hilfreiche Zusatzinformation wurden die Bestellnummern der Bild- und Tonträger angegeben, soweit zu ermitteln. Allerdings ändert sich der Tonträgermarkt so rasant, dass viele der angegebenen Nummern bei Drucklegung schon wieder vergriffen sein werden. Das bedeutet nicht, dass es die Aufnahme dann nicht mehr gibt. Oft wird sie unter einem anderen Label oder unter neuer Bestellnummer wiederveröffentlicht. In Fällen, in denen das bei Drucklegung bekannt war, wurden mehrere Bestellnummern für einen Titel angegeben.

Die Bestellnummern folgen mit Ausnahme derjenigen der EMI Music Germany GmbH & Co (der dreistellige Preiscode wurde weggelassen, da er sich oft ändert) der Systematik des „Bielefelder Katalogs". Auch die Schreibweise der Komponisten- und Künstlernamen entspricht überwiegend der, die im „Bielefelder Katalog" angewendet wird.

Der Sänger Peter Schreier

GEISTLICHE MUSIK UND KONZERT

BACH, CARL PHILIPP EMANUEL

Magnificat, Sinfonien Wq 173 und 180
Bär, Bornemann, Hruba-Freiberger, Schreier;
Rundfunkchor Berlin, Kammerorchester CPE Bach Berlin;
Ltg: Hartmut Haenchen
EDEL BC 1870-2
EDEL BC 1011-2
Auch enthalten auf:
EDEL BC 1869-2 (6 CD)

Markus-Passion
Kunz, Laki, A. Schmidt, Schreier;
Gächinger Kantorei Stuttgart, Bach-Collegium Stuttgart;
Ltg: Helmuth Rilling
SO (CBS) MZK 42 511 (2 CD)

BACH, JOHANN SEBASTIAN

Bach
(Der Streit zwischen Phoebus und Pan BWV 201 / Cembalokonzert Nr. 4 BWV 1055 A-Dur [f. Oboe])
Jochens, Mathis, Ruß, Schreier, Stämpfli, Wenk;
Figuralchor der Gedächtniskirche Stuttgart, Bach-Collegium Stuttgart;
Ltg: Helmuth Rilling
KC Mus 51 352

Gelobet seist du, Jesu Christ –
Die schönsten Choräle von Martin Luther, in Sätzen von J. S. Bach
Fuhs, Gerihsen, Götting, Hofmann, Kraus, Nielsen, Pohl, Prégardien, Schreier, Watts;
Diverse Orchester und Dirigenten
HV CD 98 101 (2 CD)

Hohe Messe h-moll BWV 232
Janowitz, Kerns, Chr. Ludwig, Ridderbusch, Schreier;
Wiener Singverein, Berliner Philharmoniker;
Ltg: Herbert von Karajan
(Gesamtaufnahme)
DG 459 460-2 (2 CD)

Hohe Messe h-moll
(Live-Aufnahme 11/1990 – nicht autorisierte Raubkopie)
Bonney, Danila, Scharinger, Schreier, Windmiller, Wulkopf;
Bachchor der Johann-Gutenberg-Universität Mainz, Münchener Philharmoniker;
Ltg: Sergiu Celibidache
EISEN 45 641-2
EX 92 T 33/34
RM 437/438 S

Johannespassion
Junghanns, Nold, Schäfer, Scheibner, Schreier, Wilke;
Coro i Orchestro del Teatro Lirico di Cagliari;
Ltg: Peter Schreier
(Gesamtaufnahme)
KC Dyn 500 410 (2 CD)

Johannespassion
Adam, Augér, Lorenz, Rieß, Schreier, Ude;
Thomanerchor Leipzig, Gewandhausorchester Leipzig;
Ltg: Hans-Joachim Rotzsch
(Gesamtaufnahme)
BMG 74321 49 181-2 (2 CD)

Johannespassion
Augér, Hamari, Schreier;
Gächinger Kantorei Stuttgart, Bach-Collegium Stuttgart;
Ltg: Helmuth Rilling
(Gesamtaufnahme)
SO CD 39 694 (2 CD)

Bach 2000 – Cantatas BWV 36c, 200, 63 App. & 182 App.
Schreier;
Berliner Solisten;
WSM 8573 81 444-2
Auch enthalten auf:
WSM 398 425 710-2 (11 CD)

Berühmte Kantaten
(Christ lag in Todesbanden BWV 4 / Herz und Mund BWV 147 / Jauchzet Gott BWV 51 / Wachet auf BWV 140 / Weichet nur, betrübte Schatten BWV 202)
Buckel, Engen, Fischer-Dieskau, Mathis, Schreier, Stader, Töpper, van Kesteren;
Bachchor und -orchester München;
Ltg: Karl Richter
DG 453 094-2 (2 CD)

Cantatas – Kantaten BWV 4-6
Augér, Baldin, Heldwein, Kraus, Schöne, Schreier, Watkinson, Wiens;
Gächinger Kantorei Stuttgart, Bach-Collegium Stuttgart;
Ltg: Helmuth Rilling
HV CD 92 002

Cantatas – Kantaten BWV 14, 16-18
Augér, Baldin, Csapò, Heldwein, Huttenlocher, Kraus, Laki, Schnaut, Schöne, Schreckenbach, Schreier;
Gächinger Kantorei Stuttgart, Bach-Collegium Stuttgart;
Ltg: Helmuth Rilling
HV CD 92 005

Cantatas – Kantaten BWV 35-37
Augér, Baldin, Hamari, Heldwein, Huttenlocher, Kraus, Schöne, Schreckenbach, Schreier, Watkinson;
Gächinger Kantorei Stuttgart, Bach-Collegium Stuttgart;
Ltg: Helmuth Rilling
HV CD 92 012

Cantatas – Kantaten BWV 103-105
Augér, Heldwein, Kraus, Schöne, Schreckenbach, Schreier, Soffel, Watts;
Gächinger Kantorei Stuttgart, Bach-Collegium Stuttgart;
Ltg: Helmuth Rilling
HV CD 92 033

Cantatas – Kantaten BWV 106-108
Augér, Baldin, Bröcheler, Csapò, Huttenlocher, Kraus, Schöne, Schreier, Schwarz, Watkinson;
Gächinger Kantorei Stuttgart, Bach-Collegium Stuttgart;

Ltg: Helmuth Rilling
HV CD 92 034

Cantatas – Kantaten BWV 172-175
Beckmann, Baldin, Csapò, Hamari, Huttenlocher, Kraus, Schöne, Schreier, Soffel, Tüller; Watkinson, Watts;
Frankfurter Kantorei, Gächinger Kantorei Stuttgart, Bach-Collegium Stuttgart, Württembergisches Kammerorchester Heilbronn;
Ltg: Helmuth Rilling
HV CD 92 052

Cantatas – Kantaten BWV 176-178
Augér, Baldin, Equiluz, Hamari, Heldwein, Nielsen, Schöne, Schreckenbach, Schreier, Watkinson;
Gächinger Kantorei Stuttgart, Bach-Collegium Stuttgart;
Ltg: Helmuth Rilling
HV CD 92 053

Cantatas – Kantaten BWV 182-184
Augér, Baldin, Hamari, Heldwein, Huttenlocher, Kraus, Schnaut, Schreier, Soffel, Tüller;
Gächinger Kantorei Stuttgart, Bach-Collegium Stuttgart;
Ltg: Helmuth Rilling
HV CD 92 055

Christmas Cantatas – Kantaten zum Weihnachtsfestkreis
(BWV 1, 36, 61, 63, 65, 91, 110, 121, 122, 132, 133, 153, 190)
Augér, Baldin, Donath, Equiluz, Hamari, Heldwein, Huttenlocher, Kraus, Nielsen, Schreckenbach, Schöne, Schreier, Soffel, Tüller, Watts;
Gächinger Kantorei Stuttgart, Frankfurter Kantorei, Kammerorchester Heilbronn, Bach-Collegium Stuttgart;
Ltg: Helmuth Rilling
HV CD 94 026 (4 CD)

Easter Cantatas – Kantaten zum Osterfestkreis
(BWV 6, 31, 34, 42, 43, 108, 128, 172, 175, 182,184, 249)
Augér, Baldin, Csapò, Equiluz, Hamari, Heldwein, Huttenlocher, Kraus, Schreckenbach, Schöne, Schreier, Watkinson, Watts, Wiens;
Gächinger Kantorei Stuttgart, Indiana University Chamber Singers, Frankfurter Kantorei,
Bach-Collegium Stuttgart
Ltg: Helmuth Rilling
HV CD 94 027 (4 CDs)

Kantaten
(Aus der Tiefe BWV 131 / Lobe den Herrn BWV 137 / Singet dem Herrn / BWV 190)
Crass, Ruß, Schreier, Zylis-Gara;
Windsbacher Knabenchor, Deutsche Kammervirtuosen Berlin;
Ltg: Hans Thamm
ROP 1 021

Kantaten
(Herz und Mund BWV 147 / Wachet auf BWV 140)
Buckel, Engen, Fischer-Dieskau, Mathis, Schreier, Töpper, van Kesteren;
Bachchor und -orchester München;
Ltg: Karl Richter
DG 471 152-2

Kantaten
(Ach wie flüchtig BWV 26 / Ein feste Burg BWV 80 / Lobe den Herren BWV 137)
Adam, Augér, Lang, Polster, Schreier, Wenkel, Werner;
Thomanerchor Leipzig, Gewandhausorchester Leipzig, Neues Bachisches Collegium Musicum Leipzig;
Ltg: Hans-Joachim Rotzsch
EDEL CCC 0114-2

Kantaten
(Ich armer Mensch BWV 55 / Ich bin vergnügt BWV 84 / Mein Herze schwimmt BWV 199)
Hruba-Freiberger, Schreier;
Universitätschor Leipzig, Neues Bachisches Collegium Musicum Leipzig;
Ltg: Max Pommer
EDEL BC 1066-2

Kantaten
(Ach wie flüchtig BWV 26 / Du Friedefürst BWV 116 / Ein feste Burg BWV 80)
Fischer-Dieskau, Mathis, T. Schmidt, Schreier;
Bachchor und -orchester München;
Ltg: Karl Richter
DG 427 130-2

Kantaten
(Lobe den Herrn BWV 137 / Singet dem Herrn BWV 190 / Aus der Tiefe BWV 131)
Crass, Russ, Schreier, Zylis-Gara;
Windsbacher Knabenchor, Consortium Musicum;
Ltg: Hans Thamm
EMI 252 204-2

Kantaten (1)
(Gleich wie der Regen BWV 18 / Jesu, der du meine Seele BWV 78 / Nun komm der Heiden Heiland BWV 62)
Adam, Burmeister, Schreier, Schriever, Stolte;
Thomanerchor Leipzig, Gewandhausorchester Leipzig;
Ltg: Erhard Mauersberger
EDEL BC 1820-2

Kantaten (1)
(Magnificat BWV 243 / Meine Seel erhebet den Herrn BWV 10)
Polster, Schreier, Shirai, Soffel;
Thomanerchor Leipzig, Neues Bachisches Collegium Musicum Leipzig;
Ltg: Hans-Joachim Rotzsch
EDEL BC 1824-2
EDEL BC 9164-2

Kantaten (1) – Advent und Weihnachten
(Ach Gott, wie manches Herzeleid BWV 58 / Bereitet die Wege BWV 132 / Christen, ätzet diesen Tag BWV 63 / Christum wir sollen loben BWV 121 / Gott, wie dein Name BWV 171 / Gottlob, nun geht das Jahr BWV 28 / Ich habe genug BWV 82 / Jesus schläft BWV 81 / Meine Seufzer BWV 13 / Meinen Jesum lass ich nicht BWV 124 / Nun komm der Heiden Heiland BWV 61 / Sehet, welch eine Liebe BWV 64 / Sie werden aus Saba BWV 65 / Was mein Gott will BWV 111)
Adam, Armstrong, Fischer-Dieskau, Haefliger, Mathis, Reynolds, Schädle, Schreier, Töpper;
Bachchor und -Orchester München;
Ltg: Karl Richter
DG 439 369-2 (4 CD)
Auch enthalten auf:
DG 439 368-2 (26 CD)

Kantaten (2)
(Eine feste Burg BWV 80 / Ich armer Mensch BWV 55 / Wachet auf BWV 140)
Adam, Giebel, Schreier, Töpper;
Thomanerchor Leipzig, Gewandhausorchester Leipzig;
Ltg: Erhard Mauersberger
EDEL BC 1821-2

Kantaten (2)
(Also hat Gott die Welt geliebt BWV 68 / Erschallet ihr Lieder BWV 172 / Wie schön leuchtet BWV 1)
Adam, Augér, Lorenz, Schreier, Wenkel;
Thomanerchor Leipzig, Neues Bachisches Collegium Musicum Leipzig;
Ltg: Hans-Joachim Rotzsch
EDEL BC 1825-2
EDEL BC 2150-2

Kantaten (2) – Ostern
(Bisher habt ihr nichts gebeten BWV 87 / Bleib bei uns BWV 6 / Christ lag in Todesbanden BWV 4 / Du Hirte Israel BWV 104 / Du wahrer Gott BWV 23 / Erhalt uns, Herr BWV 126 / Es ist euch gut BWV 108 / Der Friede sei mit dir BWV 158 / Halt im Gedächtnis BWV 67 / Himmelskönig, sei willkommen BWVB 182 / Ich hab in Gottes Herz BWV 92 / Weinen, Klagen, Sorgen, Zagen BWV 12 / Wie schön leuchtet BWV 1)
Adam, Fischer-Dieskau, Haefliger, Mathis, Reynolds, Schreier, Töpper;
Bachchor und -Orchester München;
Ltg: Karl Richter
DG 439 374-2 (5 CD)
Auch enthalten auf:
DG 439 368-2 (26 CD)

Kantaten (3)
(Christ lag in Todesbanden BWV 4 / Ein
Herz, das seinen Jesum lebend weiß BWV
134 / Wär Gott nicht mit uns BWV 14)
Büchner, Frimmer, Scheibner, Schreier,
Wenkel;
Thomanerchor Leipzig, Neues Bachisches
Collegium Musicum Leipzig;
Ltg: Hans-Joachim Rotzsch
EDEL BC 1826-2

**Kantaten (3) – Himmelfahrt, Pfingsten,
Trinitatis**
(Ach Herr, mich armen Sünder BWV 135 /
Also hat Gott die Welt geliebt BWV 68 /
Brich dem Hungrigen dein Brot BWV 39 /
Ein ungefärbt Gemüte BWV 24 / Er rufet
seinen Schafen BWV 175 / Freue dich, er-
löste Schar BWV 30 / Gelobt sei der Herr
BWV 129 / Herz und Mund BWV 147 / Die
Himmel erzählen die Ehre Gottes BWV 76 /
Ich hatte viel Bekümmernis BWV 21 / Lo-
bet Gott in seinen Reichen BWV 11 /
Meine Seel erhebet den Herrn BWV 10 / O
ewiges Feuer BWV 34 / Sie werden euch
BWV 44 / Wer nur den lieben Gott lässt
walten BWV 93)
Buckel, Engen, Fischer-Dieskau,
Haefliger, Mathis, Moll, Reynolds,
Schreier, Töpper, van Kesteren;
Bachchor und -Orchester München;
Ltg: Karl Richter
DG 439 380-2 (6 CD)
Auch enthalten auf:
DG 439 368-2 (26 CD)

Kantaten (4)
(Ich hatte viel Bekümmernis BWV 21 /
Lobe den Herrn BWV 137)
Adam, Augér, Lorenz, Schreier, Wenkel;
Thomanerchor Leipzig, Neues Bachisches
Collegium Musicum Leipzig;
Ltg: Hans-Joachim Rotzsch
EDEL BC 1827-2
EDEL BC 2175-2

Kantaten (4) – Sonntage nach Triniatis (1)
(Allein zu dir BWV 33 / Bringet dem Herrn
Ehre BWV 148 / Es ist dir gesagt BWV 45 /
Es ist das Heil BWV 9 / Es wartet alles
BWV 187 / Herr, deine Augen BWV 102 /
Herr, gehe nicht ins Gericht BWV 105 /
Jauchzet Gott BWV 51 / Jesu, der du
meine Seele BWV 78 / Liebster Gott, wann
werd ich sterben BWV 8 / Lobe den Herren
BWV 137 / Mein Herze schwimmt BWV
199 / Siehe zu, dass deine Gottesfurcht
BWV 179 / Was Gott tut BWV 100 / Wer
Dank opfert BWV 17 / Wer weiß, wie nahe
BWV 27 / Wo Gott, der Herr, nicht bei uns
hält BWV 178)
Buckel, Fischer-Dieskau, Haefliger, Hamari,
Mathis, Schreier, Stader, Töpper,
van Kesteren;
Bachchor und -orchester München;
Ltg: Karl Richter
DG 439 387-2 (6 CD)
Auch enthalten auf:
DG 439 368-2 (26 CD)

Kantaten (5)
(Ach wie flüchtig BWV 26 /
Durchlaucht'ster Leopold BWV 173a /
Erhöhtes Fleisch und Blut BWV 173)
Lang, Lorenz, Polster, Rieß, Rotzsch,
Schreier, Werner;
Thomanerchor Leipzig, Neues Bachisches
Collegium Musicum Leipzig;
Ltg: Hans-Joachim Rotzsch
EDEL BC 1828-2
EDEL BC 9036-2

Kantaten (5) – Sonntage nach Trinitatis (2)
(Ach wie flüchtig BWV 26 / Actus
tragicus BWV 106 / Aus tiefer Not BWV 38
/ Du Friedefürst BWV 116 / Ein feste Burg
BWV 80 / Herr Christ, der einge Gottes-
sohn BWV 96 / Herr Gott, dich loben alle
wir BWV 130 / Ich armer Mensch BWV 55
/ Ich will den Kreuzstab BWV 56 / Mache
dich, mein Geist, bereit BWV 115 /
O Ewigkeit, du Donnerwort BWV 60 /
Schmücke dich, o liebe Seele BWV 180 /
Wachet! Betet! BWV 70 / Wachet auf BWV
140 / Wo soll ich fliehen hin BWV 5 /
Wohl dem BWV 139)
Adam, Buckel, Engen, Fischer-Dieskau,
Haefliger, Mathis, T. Schmidt, Schreier,
Töpper;
Bachchor und -Orchester München;

Ltg: Karl Richter
DG 439 394-2 (5 CD)
Auch enthalten auf:
DG 439 368-2 (26 CD)

Kantaten (8)
(Nun komm, der Heiden Heiland BWV 61 /
Schwingt freudig BWV 36 / Wachet auf
BWV 140)
Adam, Augér, Lorenz, Schreier, Wenkel;
Thomanerchor Leipzig, Neues Bachisches
Collegium Musicum Leipzig;
Ltg: Hans-Joachim Rotzsch
EDEL BC 1831-2
EDEL BC 2099-2

Kantaten (9)
(Dazu ist erschienen BWV 40 / Gott ist
mein König BWV 71 / Unser Mund sei
voller Lachens BWV 110)
Augér, Lorenz, Schreier, Wenkel;
Thomanerchor Leipzig, Neues Bachisches
Collegium Musicum Leipzig;
Ltg: Hans-Joachim Rotzsch
EDEL BC 1832-2
EDEL BC 2100-2

Kantaten (10)
(Ein feste Burg BWV 80 / Gott, der Herr, ist
Sonn und Schild BWV 79 / Nun danket
alle Gott BWV 192 / Nun ist das Heil
BWV 50)
Adam, Augér, Schreier, Wenkel;
Thomanerchor Leipzig, Neues Bachisches
Collegium Musicum Leipzig;
Ltg: Hans-Joachim Rotzsch
EDEL BC 1833-2
EDEL BC 2176-2

Kantaten zur Weihnachtszeit
(Christum wir sollen loben BWV 121 /
Gott, wie dein Name BWV 171 / Nun
komm der Heiden Heiland BWV 61 / Sie
werden aus Saba BWV 65)
Adam, Fischer-Dieskau, Haefliger,
Mathis, Reynolds, Schreier, Töpper;
Bachchor und -Orchester München;
Ltg: Karl Richter
DG 431 533-2

Osterkantaten
(Christ lag in Todesbanden BWV 4 / Ein
Herz, das seinen Jesum lebend weiß BWV
134 / Der Himmel lacht BWV 31)
Büchner, Polster, Schreier, Termer, Wenkel;
Thomanerchor Leipzig, Neues Bachisches
Collegium Musicum Leipzig, Gewand-
hausorchester Leipzig;
Ltg: Hans-Joachim Rotzsch
EDEL BC 2067-2

Weihnachtskantaten
(Dazu ist erschienen BWV 40 / Nun komm
der Heiden Heiland BWV 61 / Wie schön
leuchtet BWV 1)
Augér, Lorenz, Schreier, Wenkel;
Thomanerchor Leipzig, Neues Bachisches
Collegium Musicum Leipzig;
Ltg: Hans-Joachim Rotzsch
EDEL CCC 0140-2

Weltliche Kantaten
(Amore traditore / No sa che BWV 209 /
Weichet nur, betrübte Schatten BWV 202)
Lorenz, Mathis, Schreier;
Kammerorchester Berlin;
Ltg: Peter Schreier
EDEL CCC 0131-2

Weltliche Kantaten (1)
(Amore traditore / No sa che BWV 209 /
Schwingt freudig BWV 36c)
Lorenz, Mathis, Schreier;
Berliner Solisten, Kammerorchester Berlin;
Ltg: Peter Schreier
EDEL CCC 0235-2
EDEL BC 1857-2

Weltliche Kantaten (2)
(Der Streit zwischen Phoebus und
Pan BWV 201)
Adam, Büchner, Lorenz, Mathis, Schreier,
Watkinson;
Kammerorchester Berlin;
Ltg: Peter Schreier
EDEL CCC 0236-2
EDEL BC 1858-2

Weltliche Kantaten (4)
(Ich bin in mir vergnügt BWV 204 /

Was mir behagt BWV 208)
Adam, Augér, Mathis, Schreier;
Berliner Solisten, Kammerorchester Berlin;
Ltg: Peter Schreier
EDEL BC 1860-2
EDEL CCC 0238-2

Weltliche Kantaten (5)
(Vereinigte Zwietracht BWV 207 /
Der zufrieden gestellte Aeolus)
Hamari, Lorenz, Mathis, Schreier,
Watkinson;
Berliner Solisten, Kammerorchester Berlin;
Ltg: Peter Schreier
EDEL BC 1861-2
EDEL CCC 0239-2

Weltliche Kantaten (6)
(Preise dein Glück BWV 210 / Schleicht,
spielende Wellen BWV 206)
Lorenz, Mathis, Schreier, Watkinson;
Berliner Solisten, Kammerorchester Berlin;
Ltg: Peter Schreier
EDEL BC 1862-2
EDEL CCC 0240-2

Weltliche Kantaten (7)
(Mer han en neue Oberkeet BWV 212
[Bauernkantate] / Schweigt stille, plaudert
nicht BWV 211 [Kaffeekantate])
Adam, Mathis, Schreier;
Kammerorchester Berlin;
Ltg: Peter Schreier
EDEL BC 1863-2
EDEL CCC 0241-2

Weltliche Kantaten (8)
(Hercules auf dem Scheidewege BWV 213 /
Tönet ihr Pauken BWV 214)
Adam, Hamari, Lorenz, Mathis, Pilzecker,
Schreier, Watkinson;
Berliner Solisten, Kammerorchester Berlin;
Ltg: Peter Schreier
EDEL BC 1864-2
EDEL CCC 0242-2

Magnificat BWV 243 / Wachet auf BWV 140
Fischer-Dieskau, Haefliger, Mathis,
Schreier, Stader, Töpper;
Bachchor und -Orchester München;

Ltg: Karl Richter
DG 419 466-2

Markus-Passion
Lang, Oelze, Schreier; Wolf Euba (Sprecher);
Favorit- und Capellchor Leipzig, Neues
Bachisches Collegium Musicum Leipzig;
Ltg: Peter Schreier
PH 456 424-2

Matthäus-Passion
Adam, Burmeister, Haßbecker, Künzel,
Leib, Nau, Polster, Rotzsch, Schreier,
Schriever, Stolte, Vogel, Wustmann;
Thomanerchor Leipzig, Dresdner Kreuz-
chor, Gewandhausorchester Leipzig;
Ltg: Erhard und Rudolf Mauersberger
(Gesamtaufnahme)
EDEL BC 1822-2 (3 CD)
EDEL BC 2144-2 (3 CD)
(Ausschnitte)
EDEL BC 9460-2
Auch enthalten auf:
EDEL CCC 0231-2 (10 CD)

Matthäus-Passion
Berry, Diakov, Fischer-Dieskau, Janowitz,
Laubenthal, Chr. Ludwig, Schreier;
Knaben des Domchors Berlin, Chor der
Deutschen Oper Berlin, Wiener Singverein,
Berliner Philharmoniker;
Ltg: Herbert von Karajan
(Gesamtaufnahme)
DG 419 789-2 (3 CD)

Matthäus-Passion
Baker, Fischer-Dieskau, Mathis, Salminen,
Schreier;
Regensburger Domspatzen, Bachorchester
München;
Ltg: Karl Richter
(Gesamtaufnahme)
DG 427 704-2 (3 CD)
(Ausschnitte)
DG 445 111-2

Matthäus-Passion
Keenlyside, Mattei, Schäfer, Schmidt,
Schreier, von Otter;
Tölzer Knabenchor, Schwedischer Rund-

funkchor, Berliner Philharmoniker;
Ltg: Claudio Abbado
MC 9817-19

Matthäus-Passion
Miles, A. Schmidt, Schreier, Watkinson, Wiens;
New Yorker Philharmoniker;
Ltg: Kurt Masur
NYP 0104A/B/C (3 CD)
Auch enthalten auf:
NYP 0103 (10 CD)

Matthäus-Passion
Lilowa, Prey, Schreier, van Egmond, Zylis-Gara;
Orchestra Sinfonica e Coro di Milano della RAI;
Ltg: Claudio Abbado
(Gesamtaufnahme)
MAR HR 4137/39 (2 CD)

Meisterwerke (5) – Kantaten
(Christ lag in Todesbanden BWV 4 / Jauchzet Gott BWV 51 / Wachet auf BWV 140)
Fischer-Dieskau, Mathis, Schreier;
Bachchor und -orchester München;
Ltg: Karl Richter
DG 463 007-2

Meisterwerke (8) – Magnificat BWV 243 / Motetten BWV 225-227
Baltsa, Luxon, Schreier, Tomowa-Sintow;
Chor der Deutschen Oper Berlin, Regensburger Domspatzen, Capella Academica Wien, Berliner Philharmoniker;
Ltg: Herbert von Karajan, Hanns-Martin Schneid
DG 463 010-2

Messen BWV 233-236
Adam, Burmeister, Krahmer, Schreier;
Dresdner Kreuzchor, Dresdner Philharmonie;
Ltg: Martin Flämig
EDEL BC 9130-2 (2 CD)

Passionen / Osteroratorium
(Mitwirkung Peter Schreier bei: Bleib bei uns BWV 6 / Christ lag in Todesbanden BWV 4 / Johannespassion BWV 245 [Ltg.] / Markuspassion BWV 247 [Ltg.] / Matthäuspassion [Ltg.] / Weinen, Klagen, Sorgen, Zagen BWV 12)
Div. Interpreten, Chöre und Orchester;
DEC 476 170-8 (3 CD)

Solokantaten und Arien
Schreier;
Kammerorchester CPE Bach Berlin;
Ltg: Peter Schreier
PH 442 786-2

Weihnachtsoratorium
Büchner, Donath, Holl, Lipovšek, Schreier;
Rundfunkchor Leipzig, Staatskapelle Dresden;
Ltg: Peter Schreier
(Gesamtaufnahme)
PH 420 204-2 (3 CD)
(Ausschnitte)
PH 426 183-2

Weihnachtsoratorium
Augér, Hamari, Muckenheim, Schöne, Schreier;
Gächinger Kantorei Stuttgart, Bach-Collegium Stuttgart;
Ltg: Helmuth Rilling
(Gesamtaufnahme)
SO CD 39 229 (3 CD)
HV CD 92 076 (3 CD)
HV CD 94 010 (3 CD)
(Auszug)
SO CD 60 232

Weihnachtsoratorium
Adam, Augér, Burmeister, Schreier;
Dresdner Kreuzchor, Dresdner Philharmonie;
Ltg: Martin Flämig
(Gesamtaufnahme)
EDEL BC 2065-2 (3 CD)

Weihnachtsoratorium
Dawson, Lipovšek, A. Schmidt, Schreier;
St.- Michaelis-Chor und -Orchester Hamburg;
Ltg: Günter Jena
(Gesamtaufnahme)
WSM 0630 19 559-2 (2 CD)

Made in Germany – Bach (7) –
Peter Schreier
Adam, Augér, Büchner, Hamari, Lorenz,
Mathis, Pilzecker, Popp, Schreier,
Watkinson;
Berliner Solisten, Rundfunkchor Leipzig,
Kammerorchester Berlin, Neues Bachisches
Collegium Musicum Leipzig
Ltg: Peter Schreier
EDEL BC 1856-2 (10 CD)

Peter Schreier – Arien aus Kantaten
von Johann Sebastian Bach
Schreier;
Gewandhausorchester Leipzig;
Ltg: Erhard Mauersberger
TK CC-30 405

Peter Schreier singt Bach – Kantaten BWV
4, 56, 67, 79, 110 und 140
Schreier;
Gächinger Kantorei Stuttgart, Bach-Collegium Stuttgart;
Ltg: Helmuth Rilling
HV CD 94 034

Peter Schreier singt Bach –
Tenorarien aus Kantaten BWV 36, 248, 16,
4, 103, 108, 183, 175, 177
Schreier;
Bach-Collegium Stuttgart;
Ltg: Helmuth Rilling
HV CD 98 957

Sämtliche Oratorienwerke
Augér, Cuccaro, Georg, Hamari, Heldwein,
Huttenlocher, Kraus, Muckenheim,
A. Schmidt, Schöne, Schreier, Watkinson,
Wiens;
Gächinger Kantorei Stuttgart, Württembergisches Kammerorchester Heilbronn, Bach-Collegium Stuttgart
Ltg: Helmuth Rilling
HV CD 98 976 (5 CD)

BEETHOVEN, LUDWIG VAN

Messe C-Dur
Adam, Burmeister, Kuhse, Schreier;
Rundfunkchor Leipzig, Gewandhausorchester Leipzig;
Ltg: Herbert Kegel
TEL 841 286

Masur-Edition: Missa solemnis
Burmeister, Polster, Schreier, Tomowa-Sintow;
Rundfunkchor Leipzig, Gewandhausorchester Leipzig;
Ltg: Kurt Masur
EDEL BC 9160-2
EDEL BC 1312-2
Auch enthalten auf:
EDEL BC 9150-2 (10 CD)
EDEL CCC 0245-2 (13 CD)

Missa solemnis
(+ 3. Sinfonie, op.55 „Eroica")
Deroubaix, Kirschstein, Morbach, Schreier;
Gürzenich-Chor und -orchester;
Ltg: Günter Wand
TES SBT2 1283 (2 CD)

Missa solemnis
Baltsa, Janowitz, Schreier, van Dam;
Wiener Singverein, Berliner Philharmoniker;
Ltg: Herbert von Karajan
EMI 769 246-2

Missa solemnis
(Live-Mitschnitt München 3/1977)
Donath, Fassbaender, Schreier, Shirley-Quirk;
Chor des Bayerischen Rundfunks München, Sinfonieorchester des Bayerischen Rundfunks;
Ltg: Rafael Kubelik
ORF C 370 942 (2 CD)

Sinfonie Nr. 9
Baltsa, Schreier, Tomowa-Sintow, van Dam;
Wiener Singverein, Berliner Philharmoniker;
Ltg: Herbert von Karajan
DG 415 832-2
DG 471 640-2 (SuperAudio CD)
Auch enthalten auf:
DG 474 260-2 (2 CD)
DG 429 089-2 (6 CD)
DG 474 290-2 (20 CD)

Sinfonie 9
Adam, Burmeister, Schreier, Tomowa-Sintow;
Kinderchor des Philharmonischen Chors Dresden, Rundfunkchor Berlin, Rundfunkchor Leipzig, Gewandhausorchester Leipzig;
Ltg: Kurt Masur
PH 462 454-2
auch enthalten auf:
PH 426 772-3 (3 CD)

Sinfonie Nr. 9
Adam, Doese, Schiml, Schreier;
Rundfunkchor Leipzig, Chor der Staatskapelle Dresden, Staatskapelle Dresden;
Ltg: Herbert Blomstedt
EDEL BC 2199-2
Auch erhältlich als Video-DVD:
EDEL BC 1403-8

Sinfonie Nr. 9
Holl, Popp, Schreier, Watkinson;
Radiochor Niederlande, Concertgebouw Orchester Amsterdam;
Ltg: Bernard Haitink
PH 420 542-2

Sinfonie Nr. 9
Lang, Schreier, Tarres, Vogel;
RSO Leipzig;
Ltg: Wolf-Dieter Hauschild
LB 0069

BERLIOZ, HECTOR

Requiem
Schreier;
Chor des Bayerischen Rundfunks, Sinfonieorchester des Bayerischen Rundfunks;
Ltg: Charles Münch
DG 447 588-2

BRITTEN, BENJAMIN

Les Illuminations op. 18 / Serenade op. 31
Peter Schreier; Günther Opitz (Horn);
RSO Leipzig;
Ltg: Herbert Kegel
EDEL BC 9035-2

Serenade für Tenor, Horn und Streicher op. 31
Peter Schreier; Peter Damm (Horn);
Slowakisches Kammerorchester;
Ltg: Bohdan Warchal
CAM RR CD 1313

BRUCKNER, ANTON

Te Deum
Baltsa, Cossutta, Freni, Ghiaurov, Chr. Ludwig, Schreier, Tomowa-Sintow, van Dam;
Wiener Singverein, Berliner Philharmoniker;
Ltg: Herbert von Karajan
DG 453 091-2 (2 CD)

DVOŘÁK, ANTONIN

Requiem
Adam, Prenzlow, Rose, Schreier;
Rundfunkchor Berlin, RSO Berlin;
Ltg: Karel Ancerl
FOR UCD 16636

FASCH, JOHANN FRIEDRICH

Concerti
(Mitwirkung Peter Schreier bei: Beständigkeit bleibt mein Vergnügen)
Schreier;
Virtuosi Saxoniae;
Ltg: Ludwig Güttler
CAP 10 218 (2 CD)

HÄNDEL, GEORG FRIEDRICH

Belsazar
Beyer, Frank-Reinecke, Pohl, Polster, Schreier, Trekel-Burghardt, Vogt;
Berliner Singakademie, Kammerorchester Berlin;
Ltg: Dietrich Knothe
(Gesamtaufnahme in deutscher Sprache)

EDEL BC 9003-2 (3 CD)

Judas Maccabäus
Adam, Haefliger, Janowitz, Schreier, Töpper, Vogel;
Rundfunkchor Berlin, RSO Berlin;
Ltg: Helmut Koch
(Gesamtaufnahme in deutscher Sprache)
EDEL BC 9112-2
(Chorszenen)
EDEL CCC 0126-2

Messiah HV 56
(Originalfassung)
Adam, Rieß, Schreier, Werner;
Rundfunkchor Berlin, RSO Berlin;
Ltg: Helmut Koch
(Gesamtaufnahme in deutscher Sprache)
EDEL BC 2124-2 (2 CD)
(Querschnitt)
EDEL BC 9381-2

Messiah
(bearbeitet von W.A. Mozart KV 572)
Adam, Finnilä, Mathis, Schreier;
Chor des Österreichischen Rundfunks, ORF-Symphonieorchester;
Ltg: Sir Charles Mackerras
(Gesamtaufnahme in deutscher Sprache)
DG 427 173-2 (2 CD)

HAYDN, JOSEPH

Die Jahreszeiten
Janowitz, Schreier, Talvela;
Wiener Singverein, Wiener Symphoniker;
Ltg: Karl Böhm
(Gesamtaufnahme)
DG 457 713-2 (2 CD)

Die Jahreszeiten
Adam, Schreier, Stolte;
Rundfunkchor Leipzig, RSO Leipzig;
Ltg: Herbert Kegel
(Gesamtaufnahme)
FOR UCD 16661/62 (2 CD)

Die Schöpfung
Adam, Rieß, Schreier, Werner;
Rundfunkchor Berlin, RSO Berlin;
Ltg: Helmut Koch
(Gesamtaufnahme)
EDEL BC 9115-2 (2 CD)
(Ausschnitte)
EDEL CCC 0204-2

Die Schöpfung
Augér, Berry, R. Hermann, Schreier, Sima;
Armold-Schönberg-Chor Wien, Collegium Aureum;
Ltg: Gustav Kuhn
(Ausschnitte)
BMG 05472 77 465-2

Die Schöpfung
Adam, Schreier, van Dijck;
Gürzenich-Chor und -orchester;
Ltg: Günther Wand
(Gesamtaufnahme)
TES SBT2 1363 (2 CD)

MENDELSSOHN BARTHOLDY, FELIX

Elias
Adam, Ameling, Burmeister, Krahmer, Polster, Rotzsch, Schreier, Schröther;
Rundfunkchor Leipzig, Gewandhausorchester Leipzig;
Ltg: Wolfgang Sawallisch
(Gesamtaufnahme in deutscher Sprache)
PH 438 598-2 (2 CD – für Deutschland)
PH 438 368-2 (2 CD – internat. Ausgabe)

Sinfonie Nr. 2
Bonney, Schreier, Wiens;
Rundfunkchor Leipzig, Gewandhausorchester Leipzig;
Ltg: Kurt Masur
WSM 0630 17 234-2
WSM 2564 60 156-2
Auch enthalten auf:
WSM 3984 21 341-2 (2 CD)

Sinfonien 1–5
Casapietra, Schreier, Stolte;
Rundfunkchor Leipzig, Gewandhaus-orchester Leipzig;
Ltg: Kurt Masur
BMG 74321 20 286-2 (3 CD)

MOZART, WOLFGANG AMADEUS

Der heitere Mozart
Berry, Köth, Prey, Schreier;
Akademie-Kammerchor Wien, Convivium Musicum München, Steinhoffer Kammerorchester München;
Ltg: Erich Keller, Xaver Mayer
EMI 769 813-2

Große Messe KV 427
Hendricks, Luxon, Perry, Schreier;
Wiener Singverein, Berliner Philharmoniker;
Ltg: Herbert von Karajan
DG 439 012-2

Requiem
Crass, Dominguez, Schreier, Zylis-Gara;
Süddeutscher Madrigalchor Stuttgart, Consortium Musicum;
Ltg: Wolfgang Gönnenwein
EMI 252 123-2

Mozart Edition (10) – Messen, Requiem, Orgelsonaten und Solos
(Mitwirkung Peter Schreier bei: Requiem [Ltg.] / Messe KV 139 [Waisenhausmesse] / Messe KV 192 [Missa brevis Nr. 6] / Messe KV 259 [Orgelsolo-Messe])
Div. Interpreten, Chöre und Orchester;
PH 464 860-2 (11 CDs)

Mozart Edition (11) – Litaneien, Vespern, Kantaten, Oratorien, Freimaurer-Musik, Apollo et Hyacinthus
(Mitwirkung Peter Schreier bei: La betulia liberata KV 118 / Dir, Seele des Weltalls KV 429 [auch Ltg.] / Ihr, unsre neuen Leiter KV 484 / Kleine deutsche Kantate KV 619 / Laut verkünde unsre Freude KV 623 [auch Ltg.] / Die Maurerfreude KV 471 [Ltg.] / Maurerische Trauermusik [Ltg.] / Zerfließet heut, geliebte Brüder KV 483)
Div. Interpreten, Chöre und Orchester;
PH 464 870-2 (13 CDs)

Mozart Edition (12) – Vokalwerke
(Mitwirkung Peter Schreier bei: Caro mio Druck und Schluck KV 471a / Principessa, a'tuoi sguardi ... Spiegarti no possio KV 489 / Venga la morte ... Non temer, amato bene KV 490)
Div. Interpreten, Chöre und Orchester;
PH 464 880-2 (10 CDs)

ORFF, CARL

De temporum fine comoedia
Boysen, Greindl, Chr. Ludwig, Schreier;
Kölner Rundfunkchor, RIAS Kammerchor, Tölzer Knabenchor, Kölner RSO;
Ltg: Herbert von Karajan
DG 429 859-2

ROSSINI, GIOACHINO

Petite Messe solennelle
(ohne Preludio religioso)
Fassbaender, Fischer-Dieskau, Lövaas, Schreier; Hans Ludwig Hirsch (Klavier), Reinhard Raffelt (Harmonium), Wolfgang Sawallisch (Klavier);
Münchner Vokalsolisten;
Ltg: Wolfgang Sawallisch
BMG 74321 40 499-2

Petite Messe solennelle
Donath, Schmidt, Schreier, van Nes;
Kölner Rundfunkchor;
Ltg: Helmuth Froschauer
CNT 1045

SCHMIDT, FRANZ

Das Buch mit sieben Siegeln –
aus der Offenbarung des Johannes
Greenberg, Holl, Moser, Rydl, Schreier, Watkinson;
Chor der Wiener Staatsoper, ORF-Sinfonieorchester;
Ltg: Lothar Zagrosek
ORF C 143 862 (2 CD)
ORF H 143 862 (2 LP)

SCHUBERT, FRANZ

Geistliche Chorwerke
(Kyrie D45, D49 / Messe D105, D167,

D324, D678, D452, D950 / Salve
Regina D379, D386 / Stabat Mater D383 /
Tantum Ergo D962 / Offertorium D963)
Araiza, Dallapozza, Donath, Fassbaender,
Fischer-Dieskau, Popp, Protschka, Schreier;
Elmar Schloter (Orgel);
Sinfonieorchester des Bayerischen Rundfunks;
Ltg: Wolfgang Sawallisch
EMI 764 778-2 (4 CD)

Hymnen
Peter Schreier;
Rundfunkchor Berlin, Berliner Solisten, RSO Berlin;
Ltg: Dietrich Knothe
CAP 10096

Messe Nr. 4 D452, Stabat Mater
Mathis, Moll, Schreier;
Bruckner Orchester Linz;
Ltg: Theodor Guschlbauer
LB 0072

Messe Nr. 5, D 678 „Missa solemnis" / Stabat Mater D 175 / Salve Regina D 106
Groop, Isokosi, Kotilainen, Schreier (nur Salve Regina), Ullmann;
Peter Schreier Chor, Tapiola Sinfonietta;
Ltg: Peter Schreier
ODE 917-2

Messe Nr. 6, D 950
Berry, Krenn, Schreier;
Orchester der Wiener Hofkapelle;
Ltg: Karl Böhm
WALL 7019

The great masses
(Messe D678 / Messe D950)
Adam, Donath, Rotzsch, Schreier, Springer;
Rundfunkchor Leipzig, Staatskapelle Dresden;
Ltg: Wolfgang Sawallisch
PH 473 892-2 (2 CD)
Nur Messe D 950:
PH 470 169-2

Schubert
(Messe D 950 / Tantum Ergo D 962 / Offertorium Nr. 3 D 963)
Araiza, Dallapozza, Donath, Fassbaender,
Fischer-Dieskau, Popp, Schreier;
Sinfonieorchester des Bayerischen Rundfunks;
Ltg: Wolfgang Sawallisch
EMI 769 223-2
Auch enthalten auf:
EMI 573 365-2 (2 CD)
EMI 764 778-2 (4 CD)

Schubert
(Messen D452, D678, D950 / Tantum Ergo D962 / Offertorium Nr. 3 D963)
Araiza, Dallapozza, Donath, Fassbaender,
Fischer-Dieskau, Popp, Schreier;
Sinfonieorchester des Bayerischen Rundfunks;
Ltg: Wolfgang Sawallisch
EMI 573 365-2 (2 CD)
Auch enthalten auf:
EMI 764 778-2 (4 CD)

Schubert – Deutsche Messe D 872 / Messen D 105, D 324, D 678
Araiza, Dallapozza, Donath, Fassbaender,
Fischer-Dieskau, Popp, Schreier;
Chor des Bayerischen Rundfunks, Sinfonieorchester des Bayerischen Rundfunks München;
Ltg: Wolfgang Sawallisch
EMI 252 927-2 (2 CD)

Schubert – Komponistenportrait
(Mitwirkung Peter Schreier bei: Lieder, Sinfonie Nr. 7 [Unvollendete])
Schreier; Walter Olbertz (Klavier);
Staatskapelle Dresden;
Ltg: Peter Schreier
EDEL ART 3639-2 (3 CD)

SCHÜTZ, HEINRICH

Historia der Auferstehung Jesu Christi SWV 50
Büchner, Leib, Schreier, Stier, Ude, Wachsmuth;
Dresdner Kreuzchor, Capella Fidicinia Leipzig;

Ltg: Martin Flämig
EDEL BC 9205-2

Johannespassion / Psalmen Davids SWV 40 und 42-44
Maiwald, Rotzsch, Schreier, Springborn, Stier, Wachsmuth;
Dresdner Kreuzchor, Capella Fidiciana Leipzig;
Ltg: Martin Flämig
EDEL BC 9009-2

Lukas-Passion SWV 480
Adam, Apreck, Leib, Rotzsch, Schreier, Vogel;
Dresdner Kreuzchor;
Ltg: Rudolf Mauersberger
EDEL BC 9207-2

Matthäuspassion SWV 479
Lorenz, Polster, Rotzsch, Schreier, Springborn, Stier, Ude, Wachsmuth;
Dresdner Kreuzchor;
Ltg: Martin Flämig
EDEL BC 9010-2
Auch enthalten auf:
EDEL BC 9449-2 (10 CD)

Musikalische Exequien / Die sieben Worte Jesu am Kreuz
Adam, Apreck, Cramer, Dittrich, Göhler, Jäckel, Oelsner, Polster, Rotzsch, Schreier, Vogel;
Dresdner Kreuzchor, Instrumental-Ensemble;
Ltg: Rudolf Mauersberger
(Querschnitt)
EDEL BC 2037-2

Symphoniae sacrae SWV 257-276
Büchner, Diedrich, Ginzel, Kleinschmidt, Lepetit, Marschall, Nitschke, Polster, G. Schmidt, Schreier, Stier, Wagner;
Capella Fidicinia Leipzig;
Ltg: Hans Grüß
(Gesamtaufnahme)
EDEL BC 9250 (2 CD)

Weihnachtliche Chormusik, Kleine geistliche Gesänge, Machet die Tore weit, Magnificat, Der Schwanengesang
Peter Schreier; Hans Otto (Orgel);
Dresdner Kreuzchor, Capella Fidicinia Leipzig, Dresdner Philharmonie;
Ltg: Rudolf Mauersberger
EDEL BC 2066-2

TELEMANN, GEORG PHILIPP

Moralische Kantaten
Peter Schreier; Dietrich Knothe (Cembalo), Matthias Pfaender (Violoncello)
EDEL BC 9327-2

WEILL, KURT

Die sieben Todsünden der Kleinbürger/ Songs
Leib, May, Polster, Rotzsch, Schreier;
RSO Leipzig, Studio-Orchester
Ltg: Herbert Kegel
EDEL BC 2069-2

ZELENKA, JOHANN DISMAS

Capricci, Confitebor tibi, Laudate pueri
Bär, Schreier;
Virtuosi Saxoniae;
Ltg: Ludwig Güttler
EDEL BC 1149-2

VERSCHIEDENE KOMPONISTEN

Arien aus Kantaten und Oratorien
Peter Schreier;
Neues Bachisches Collegium Musicum Leipzig, Dresdner Philharmonie;
Ltg: Herbert Kegel u.a.
EDEL BC 1328-2

Ein neues Lied wir heben an – Musik der Reformation
Peter Schreier; Walter Heinz Bernstein (Positiv);
Vokalsolisten der Capella Fidicinia, Capella Fidicinia Leipzig;
Ltg: Hans Grüß
EDEL 9120-2

Kursächsische Kirchenmusik
(Werke von Zelenka, Ariosti, Scarlatti,
Heinichen, Fux)
Peter Schreier;
Virtuosi Saxoniae;
Ltg: Ludwig Güttler
CAP 10221

Laudate pueri
Kantaten von Ariosti, Fux, Heinichen,
Scarlatti und Zelenka;
Peter Schreier; Ludwig Güttler (Trompete);
Virtuosi Saxoniae;
Ltg: Ludwig Güttler
EDEL BC 1077-2

Ludwig Güttler, Virtuosi Saxoniae
Bär, Ginzel, Ihle, Schreier, Wilke;
Hallenser Madrigalisten, Virtuosi Saxoniae;
Ltg: Ludwig Güttler
CAP 10183

Schostakowitsch: Aus jüdischer Volkspoesie /
Jüdische Chronik
Barova, Bauer, Burmeister, Croonen,
Schall, Schreier;
Rundfunkchor Leipzig, Berliner Sinfonieorchester, RSO Leipzig;
Ltg: Herbert Kegel, Kurt Sanderling
EDEL BC 0032802
EDEL BC 9016-2

Wolfgang Fortner und Werner Egk
dirigieren eigene Werke
Rönisch, Schreier;
RSO Berlin;
Ltg: Wolfgang Fortner, Werner Egk
EDEL BC 9209-2

Peter Schreier – Knabenalt des Dresdner
Kreuzchores (Aufn. 1948-1951)
Hiemann, Schreier;
Dresdner Kreuzchor, Dresdner Philharmonie;
Ltg: Rudolf Mauersberger
EDEL BC 9137-2

Peter Schreier – Vom Knabenalt des Dresdner Kreuzchores zum lyrischen Tenor
Diverse Orchester und Dirigenten
EDEL BC 9141-2 (4 CD)

Auszüge daraus:
EDEL BC 9140-2

Weihnachtsmusik im alten Sachsen
(Fux: Alma redemptoris Mater / Jacobi:
Der Himmel steht uns wieder offen /
Schmelzer: Venite ocius / Zelenka: Pro
quos criminis)
Büchner, Schreier; Ludwig Güttler
(Trompete), Kurt Sandau (Trompete);
Cappella Sagittariana Dresden;
Ltg: Dietrich Knothe
EDEL BC 1085-2

OPER

D'ALBERT, EUGÈNE

Die Abreise
Moser, Prey, Schreier (Trott);
Philharmonia Hungarica;
Ltg: János Kulka
CPO 999 558-2

BEETHOVEN, LUDWIG VAN

Fidelio
Adam, Büchner, Crass, Jones, King, Leib,
Mathis, Schreier (*Jaquino*), Talvela;
Chor der Staatsoper Dresden, Staatskapelle Dresden;
Ltg: Karl Böhm
(Gesamtaufnahme)
DG 445 675-2 (2 CD)
(Querschnitt)
DG 469 488-2

DESSAU, PAUL

Die Verurteilung des Lukullus
Anders, Apreck, Bauer, Breul, Burmeister,
Carmeli, Ebert, Glahn, Krahmer, Lüdeke,
Melchert, Pawlik, Rotzsch, Schob-Lipka,
Schreier (*Koch Lasus/1. Offizier*), Teschler,
Wenglor, Wroblewski;
Kinderchor und Rundfunkchor Leipzig,

RSO Leipzig;
Ltg: Herbert Kegel
(Gesamtaufnahme)
EDEL BC 1073-2 (2 CD)
Auch enthalten auf:
EDEL BC 9060-2 (4 CD)

Einstein
Adam, Burmeister, Garduhn, Leib,
Neukirch, Olesch, Prenzlow, Reeh,
Ritzmann, Schreier (*junger Physiker*),
Springer, Süß, Vulpius;
Chor der Deutschen Staatsoper Berlin,
Mitglieder der Staatskapelle Berlin;
Ltg: Otmar Suitner
(Gesamtaufnahme)
EDEL BC 9109-2 (2 CD)

DONIZETTI, GAETANO

Don Pasquale
Leib, Rothenberger, Schreier (*Ernesto*), Süß;
Rundfunkchor Leipzig, Staatskapelle
Dresden;
Ltg: Siegfried Kurz
(Querschnitt in deutscher Sprache)
EDEL BC 2031-2

GLUCK, CHRISTOPH WILLIBALD

Die Hochzeit von Herkules und Hebe
Prenzlow, Rönisch, Schreier (*Herkules*),
Vulpius;
Kammerorchester Berlin;
Ltg: Helmut Koch
(Gesamtaufnahme)
EDEL BC 9155-2

GOUNOD, CHARLES

Faust (Margarethe)
Casapietra, Glahn, Rotzsch, Schaal,
Schreier (Faust), Vogel;
Rundfunkchor Leipzig, RSO Leipzig;
Ltg: Herbert Kegel
(Querschnitt in deutscher Sprache)
EDEL BC 2034-2

HUMPERDINCK, ENGELBERT

Hänsel und Gretel
Adam, Hoff, Krahmer, Schreier
(*Knusperhexe*), Schröter, Springer;
Dresdner Kreuzchor, Staatskapelle Dresden;
Ltg: Otmar Suitner
(Gesamtaufnahme)
EDEL BC 2007-2 (2 CD)
(Querschnitt)
EDEL BC 9293-2
Querschnitt auch enthalten auf:
EDEL CCC 0244-2 (11 CD)

KRENEK, ERNST

Karl V.
(Live-Aufnahme von den Salzburger Festspielen 1980)
Adam, Ciesinski, Hiestermann, Jurinac,
Mayr, Melchert, Moser, Schreier (*Franz von Frankreich*), Schwarz, Sima, Sramek,
Vance, Vogel;
Chor des ORF, ORF-Sinfonieorchester;
Ltg: Gerd Albrecht
(Gesamtaufnahme)
ORF 527 002 (2 CD)

LORTZING, ALBERT

Der Wildschütz
Hornik, Mathis, Ottenthal, Resick, Riedel,
Schreier (*Baron Kronthal*), Soffel, Sotin, Süß;
Rundfunk- und Kinderchor Berlin, Staatskapelle Berlin;
Ltg: Bernhard Klee
(Gesamtaufnahme)
EDEL BC 1143-2 (2 CD)
(Querschnitt)
EDEL BC 3267-2

Undine
Frick, Gedda, Grimm, Prey, Pütz, Rothenberg, Schreier (*Veit*), Wagner;
RIAS Kammerchor, RSO Berlin;
Ltg: Robert Heger
(Gesamtaufnahme)
EMI 763 208-2 (2 CD)

Zar und Zimmermann
Apel, Burmeister, Frick, Gedda, Köth, Prey, Schreier (*Peter Iwanow*), Teschler, Vogel;
Rundfunkchor Leipzig, Staatskapelle Dresden;
Ltg: Robert Heger
(Gesamtaufnahme)
EMI 565 754-2 (2 CD)
(Querschnitt)
EMI 769 091-2

Mendelssohn Bartholdy, Felix

Die Heimkehr aus der Fremde
Donath, Fischer-Dieskau, Kusche, Schreier (*Hermann*), Schwarz;
Chor des Bayerischen Rundfunks, Münchner Rundfunk-Orchester;
Ltg: Heinz Wallberg
CPO 999 555-2

Mozart, Wolfgang Amadeus

Ascanio in Alba
Augér, Baltsa, Mathis, Schreier (*Aceste*), Sukis;
Salzburger Kammerchor, Mozarteum-Orchester Salzburg;
Ltg: Leopold Hager
(Gesamtaufnahme)
PH 422 530-2 (3 CD)

Bastien und Bastienne
+ Konzertarien
(Per pietà / Misero! O sogno)
Adam, Schreier (*Bastien*), Stolte;
Kammerorchester Berlin;
Ltg: Helmut Koch
(Gesamtaufnahme)
EDEL BC 9129-2

Così fan tutte
Adam, Burmeister, Casapietra, Geszty, Leib, Schreier (*Ferrando*);
Staatskapelle Berlin;
Ltg: Otmar Suitner
(Gesamtaufnahme in italienischer Sprache)
EDEL BC 9444-2 (2 CD)

(Querschnitt in deutscher [!] Sprache)
EDEL BC 2045-2
EDEL BC 3266-2

Così fan tutte
(Salzburger Festspiele 1974)
Fassbaender, Grist, Janowitz, Panerai, Prey, Schreier (*Ferrando*);
Chor der Wiener Staatsoper, Wiener Philharmoniker;
Ltg: Karl Böhm
(Gesamtaufnahme in italienischer Sprache)
DG 429 874-2 (2 CD)
(Querschnitt)
DG 445 630-2

Der Schauspieldirektor
Geszty, Polster, Rönisch, Schreier (*Monsieur Vogelsang*);
Kammerorchester Berlin;
Ltg: Helmut Koch
(Gesamtaufnahme)
EDEL BC 3260-2
EDEL BC 9136-2

Der Schauspieldirektor (+ Zauberflöte)
Augér, Grist, Moll, Schreier (*Monsieur Vogelsang*);
Staatskapelle Dresden;
Ltg: Karl Böhm
DG 419 566-2 (3 CD)

Die Entführung aus dem Serail
Gahmlich, Kenny, Salminen, Schreier (*Belmonte*), Watson;
Mozart-Orchester der Oper Zürich;
Ltg: Nikolaus Harnoncourt
(Gesamtaufnahme)
WSM 2292 42 643-2 ZA (2 CD)
WSM 0630 10 025-2 (2 CD)
(Querschnitt)
WSM 2292 42 407-2 ZS
WSM 0630 13 811-2

Die Entführung aus dem Serail
Augér, Grist, Moll, Neukirch, Schreier (*Belmonte*);
Rundfunkchor Leipzig, Staatskapelle Dresden;
Ltg: Karl Böhm

(Gesamtaufnahme)
DG 429 868-2 (2 CD)

Die Hochzeit des Figaro
Apelt, Ambros, Berry, Burmeister, Förster, Güden, Mathis, Ollendorff, Prey, Rönisch, Rothenberger, Schreier (*Basilio*), Vogel;
Chor der Staatsoper Dresden, Staatskapelle Dresden;
Ltg: Otmar Suitner
(Gesamtaufnahme in deutscher Sprache)
EDEL BC 2096-2 (3 CD)
(Querschnitt)
EDEL BC 9079-2

Die Zauberflöte
Adam, Goldberg, McLaughlin, Malbye, Moll, Murray, M. Price, Reeh, Schreier (*Tamino*), Schwarz, Serra, Tear, Ude, Venuti;
Knaben des Dresdner Kreuzchors, Rundfunkchor Leipzig, Staatskapelle Dresden;
Ltg: Sir Colin Davis
(Gesamtaufnahme ohne gesprochene Dialoge)
PH 442 568-2 (2 CD)
PH 462 828-2 (2 CD)

Die Zauberflöte
Adam, Burmeister, Donath, Geszty, Hoff, Kuhse, Leib, Schreier (*Tamino*), Schröter, Vogel;
Rundfunkchor Leipzig, Staatskapelle Dresden;
Ltg: Otmar Suitner
(Gesamtaufnahme)
BMG 74321 32 240-2 (2 CD)

Die Zauberflöte
Adam, Badorek, Berry, Brokmeier, Fassbaender, Gampert, Gramatzki, Hinterreiter, Kirschstein, Miljakovic, Moll, Moser, Rothenberger, Schreier (*Tamino*), Stein, Wewel;
Chor und Orchester der Staatsoper München;
Ltg: Wolfgang Sawallisch
(Gesamtaufnahme)
EMI 747 827-8 (2 CD)

Don Giovanni
Arroyo, Fischer-Dieskau, Flagello, Grist, Mariotti, Nilsson, Schreier (*Don Ottavio*), Talvela;
Tschechischer Sängerchor Prag, Orchester des Nationaltheaters Prag;
Ltg: Karl Böhm
(Gesamtaufnahme in italienischer Sprache)
DG 429 870-2 (3 CD)

Don Giovanni
(Salzburger Festspiele 1977)
Berry, Duesing, Macurdy, Mathis, Milnes, Schreier (*Don Ottavio*), Tomowa-Sintow, Zylis-Gara;
Chor der Wiener Staatsoper, Wiener Philharmoniker;
Ltg: Karl Böhm
(Gesamtaufnahme in italienischer Sprache)
DG 469 743-2 (3 CD)

Idomeneo
Büchner, Hellmich, Mathis, Ochmann, Rieß, Schreier (*Idamante*), Termer, Ude, Varady, Vogel, Winkler;
Rundfunkchor Leipzig, Staatskapelle Dresden;
Ltg: Karl Böhm
(Gesamtaufnahme in italienischer Sprache)
DG 429 864-2 (3 CD)

Idomeneo
Adam, Büchner, Dallapozza, Gedda, Leib, Moser, Rothenberger, Schreier (Arbace);
Rundfunkchor Leipzig, Staatskapelle Dresden;
Ltg: Hans Schmidt-Isserstedt
(Gesamtaufnahme)
EMI 763 990-2

Lucio Silla
Bartoli, Gruberova, Kenny, Schreier (*Lucio Silla*), Upshaw;
Arnold-Schönberg-Chor Wien, Concentus musicus Wien;
Ltg: Nikolaus Harnoncourt
(Gesamtaufnahme in italienischer Sprache)
WSM 2292 44 928-2 ZA (2 CD)

Mitridate, Re di Ponto
Augér, Moser, Schreier (*Mitridate*);
Mozarteum-Orchester Salzburg;

Ltg: Leopold Hager
(Gesamtaufnahme)
AL OPD 1361 (2 CD)

Titus (La clemenza di Tito)
Adam, Berganza, Mathis, Schiml, Schreier (*Titus*), Varady;
Rundfunkchor Leipzig, Staatskapelle Dresden;
Ltg: Karl Böhm
(Gesamtaufnahme in italienischer Sprache)
DG 429 878-2 (2 CD)

Große Mozart-Sänger (3)
(Opernarien)
Div. Interpreten, Orchester und Dirigenten
ORF C 394 301
Auch enthalten auf:
ORF C 408 955 (5 CD)

Große Mozart-Sänger (4)
(Konzertarien)
Div. Interpreten, Orchester und Dirigenten
ORF C 394 401
Auch enthalten auf:
ORF C 408 955 (5 CD)

Mozart Edition (13) – Frühe italienische Opern
(Mitwirkung Peter Schreier bei: Il sogno di Scipione KV 126 / Lucio Silla KV 135 / La Finta semplice KV 51 [Ltg.] / Ascanio in Alba KV 111)
Div. Interpreten, Chöre und Orchester;
PH 464 890-2 (13 CDs)

Mozart Edition (16) – Deutsche Opern
(Mitwirkung Peter Schreier bei: Zaide KV 344 / Die Zauberflöte KV 620)
Div. Interpreten, Chöre und Orchester;
PH 464 930-2 (11 CDs)

Mozart – Die schönsten Opernarien
Prey, Schreier
Div. Chöre und Orchester;
Ltg: Max Pommer, Otmar Suitner
EDEL ART 3627-2 (2 CD)

Peter Schreier singt Opernarien von Mozart
Peter Schreier, Walter Olbertz (Cembalo);
Staatskapelle Dresden;
Ltg: Otmar Suitner
EDEL BC (1)8369-2

MUSSORGSKY, MODEST PETER

Boris Godunow
Adam, Hölzke, Kuhse, Ritzmann, Schaal, Schreier (*Ein Einfältiger*), Trexler, Vogel;
Kinderchor des Philharmonischen Chors Dresden, Rundfunkchor Leipzig, Staatskapelle Dresden;
Ltg: Herbert Kegel
(Querschnitt in deutscher Sprache)
EDEL BC 2032-2
EDEL BC 3262-2

PFITZNER, HANS

Palestrina
Arndt, Bindzus, Dressen, Garduhn, Gebhardt, Heidan, Hübner, Ketelsen, Kurth, Lang, Leib, Lorenz, Naveau, Nossek, Polster, Reeh, P.-J. Schmidt, Schreier (*Palestrina*), Süß, Trekel, Wlaschiha, Wolf, Zettisch;
Chor der deutschen Staatsoper Berlin, Staatskapelle Berlin;
Ltg: Otmar Suitner
(Gesamtaufnahme)
EDEL BC 1001-2 (3 CD)

RIMSKY-KORSSAKOFF, NIKOLAI

Mozart und Salieri
Adam, Schreier (Mozart);
Rundfunkchor Leipzig, Staatskapelle Dresden;
Ltg: Marek Janowski
(Gesamtaufnahme in deutscher Sprache)
EDEL BC 2089-2

ROSSINI, GIOACHINO

Der Barbier von Sevilla
Burmeister, Crass, Kühne, Neukirch, Ollen-

dorff, Pütz, Prey, Schreier (*Graf Almaviva*);
Rundfunkchor Berlin, Staatskapelle Berlin;
Ltg: Otmar Suitner
(Gesamtaufnahme in deutscher Sprache)
EDEL BC 9021-2 (2 CD)
(Querschnitt)
EDEL BC 2041-2

Schubert, Franz

Alfonso und Estrella
Adam, Büchner, Gebhardt, Falewicz, Fischer-Dieskau, Graswurm, Mathis, Prey, Schreier (*Alfonso*), Vogt;
Rundfunkchor Berlin, Staatskapelle Berlin;
Ltg: Otmar Suitner
(Gesamtaufnahme)
EDEL BC 2156-2 (3 CD)

Der vierjährige Posten
Brokmeier, Donath, Fischer-Dieskau, Lenz, Rauschkolb, Schreier (*Duval*);
Chor des Bayerischen Rundfunks, Münchner Rundfunkorchester;
Ltg: Heinz Wallberg
(Gesamtaufnahme)
CPO 999 553-2

Schumann, Robert

Genoveva
Fischer-Dieskau, Hellmich, Lorenz, Moser, Schreier (*Golo*), Schröter, Stryczek, Vogel;
Rundfunkchor Berlin, Gewandhausorchester Leipzig;
Ltg: Kurt Masur
(Gesamtaufnahme)
EDEL BC 2056-2 (2 CD)
Auch enthalten auf:
EDEL CCC 0245-2 (13 CD)

Strauss, Richard

Ariadne auf Naxos
Adam, Büchner, Burmeister, Dressler, Geszty, Janowitz, King, Prey, Rotzsch, Schaal, Schreier (*Ein Tanzmeister / Scaramuccio*), Stolte, Vogel, Winds, Wustmann, Zylis-Gara;
Staatskapelle Dresden;
Ltg: Rudolf Kempe
(Gesamtaufnahme)
EMI 764 159-2 (2 CD)

Capriccio
Augér, de Ridder, Fischer-Dieskau, Janowitz, Kohn, Prey, Ridderbusch, Schreier (*Flamand*), Thaw, Trojanos;
Sinfonieorchester des Bayerischen Rundfunks München;
Ltg: Karl Böhm
(Gesamtaufnahme)
DG 445 347-2 (2 CD)

Daphne
Baumann, Flake, Goldberg, Hölle, Moll, Popp, Schreier (*Leukippos*), Senger, Vater, Wenkel, Wirtz;
Sinfonieorchester des Bayerischen Rundfunks;
Ltg: Bernard Haitink
(Gesamtaufnahme)
EMI 749 309-2 (2 CD)

Die ägyptische Helena
(Live aus der Wiener Staatsoper, 12/1970)
Boesch, Coertse, Dutoit, Felbermayer, Glossop, Gruberova, D. Hermann, Jones, Lilowa, Maikl, Schreier (*Da-ud*), Sjöstedt, Thomas;
Chor und Orchester der Wiener Staatsoper;
Ltg: Josef Krips
(Gesamtaufnahme)
BMG 74321 46 429-2 (2 CD)
Auch enthalten auf:
BMG 74321 46 248-2 (9 CD)

Strawinsky, Igor

Oedipus Rex
Norman, Peeters, Schreier (*Oedipus*), Swensen, Tatara, Terfel, Wilson;
Shinyukai Männerchor, Saito Kinen Orchester;
Ltg: Seiji Ozawa

(Gesamtaufnahme)
PH 438 865-2

WAGNER, RICHARD

Das Rheingold
Adam, Büchner, Bracht, Minton, Napier,
Nimsgern, Popp, Priew, Salminen, Schreier
(*Loge*), Schwarz, Stryczek, Vogel, Wenkel;
Staatskapelle Dresden;
Ltg: Marek Janowski
(Gesamtaufnahme)
BMG 74321 45 418-2 (2 CD)
Auch enthalten auf:
BMG 74321 45 417-2 (14 CD - Ring)

Das Rheingold
Begley, Hale, Schwarz, Rootering, Schreier
(*Mime*) u.a.;
The Cleveland Orchestra;
Ltg: Christoph von Dohnányi
(Gesamtaufnahme)
DEC 443 690-2 (2 CD)

Die Meistersinger von Nürnberg
Adam, Bindszus, Büchner, Donath, Evans,
Hesse, Hiestermann, Kélémen, Kollo,
Lunow, Moll, Polster, Reeh, Ridderbusch,
Rotzsch, Schreier (*David*), Vogel;
Rundfunkchor Leipzig, Chor der Staatsoper
Dresden, Staatskapelle Dresden;
Ltg: Herbert von Karajan
(Gesamtaufnahme)
EMI 567 086-2 (4 CD)

Rienzi
Adam, Hillebrand, Kollo, Leib, Martin,
Schreier (*Baroncelli*), Springer, Vogel,
Wennberg;
Rundfunkchor Leipzig, Chor der Staatsoper
Dresden, Staatskapelle Dresden;
Ltg: Heinrich Hollreiser
(Gesamtaufnahme)
EMI 763 980-2 (3 CD)
EMI 567 131-2 (3 CD)

Siegfried
Adam, Altmeyer, Kollo, Nimsgern,
Salminen, Schreier (*Mime*), Sharp, Wenkel;
Staatskapelle Dresden;
Ltg: Marek Janowski
(Gesamtaufnahme)
BMG 74321 45 420-2 (4 CD)
Auch enthalten auf:
BMG 74321 45 417-2 (14 CD - Ring)

Tristan und Isolde
Berry, Dernesch, Chr. Ludwig, Ridderbusch,
Schreier (Hirt / *Seemann*), Vantin, Vickers,
Weikl;
Chor der Deutschen Oper Berlin, Berliner
Philharmoniker;
Ltg: Herbert von Karajan
(Gesamtaufnahme)
EMI 769 319-2 (4 CD)

Tristan und Isolde
(Bayreuther Festspiele 1966)
Heather, Chr. Ludwig, Nienstedt, Nilsson,
Schreier (*Ein junger Seemann*), Wächter,
Windgassen, Wohlfahrt;
Chor und Orchester der Bayreuther
Festspiele;
Ltg: Karl Böhm
DG 449 772-2 (3 CD)

WEBER, CARL MARIA VON

Abu Hassan
Adam, Hallstein, Schreier (*Abu Hassan*);
Chor der Staatsoper Dresden; Staatskapelle
Dresden;
Ltg: Heinz Rögner
(Gesamtaufnahme)
BMG 74321 40 577-2

Der Freischütz
Adam, Crass, Janowitz, Leib, Mathis,
Schreier (*Max*), Vogel, Weikl;
Rundfunkchor Leipzig, Staatskapelle
Dresden;
Ltg: Carlos Kleiber
(Gesamtaufnahme)
DG 457 7362 (2 CD)

Verschiedene Komponisten

Berühmte Opernduette
Theo Adam, Peter Schreier;
Staatskapelle Dresden;
Ltg: Otmar Suitner
EDEL BC 2043-2

Festival der deutschen Tenöre – Gedda, Schock, Schreier, Wunderlich
Div. Interpreten, Orchester und Dirigenten
EMI 252 945-2
Auch enthalten auf:
EMI 478 276-2 (3 CD)

Große Tenöre unseres Jahrhunderts
Div. Interpreten, Orchester und Dirigenten
WSM 3984 29 403-2

Peter Schreier – Arien
Diverse Orchester und Dirigenten
EDEL BC 9139-2

Peter Schreier – Belcanto-Arien aus italienischen Opern
Kammerorchester Berlin;
Ltg: Helmut Koch
EDEL BC 9185-2

Peter Schreier singt berühmte Arien
Peter Schreier;
Staatskapelle Dresden;
Ltg: Siegfried Kurz
TK CC-70108

The Tenors of the Century
Div. Interpreten, Orchester und Dirigenten
DG 459 362-2 (2 CD)

OPERETTE – UNTERHALTUNGSMUSIK

Nicolai, Otto

Die lustigen Weiber von Windsor
Donath, Dormoy, K. Ludwig, Mathis, Mercker, Moll, Schreier (*Fenton*), Schwarz, Vogel, Weikl;
Chor der deutschen Staatsoper Berlin, Staatskapelle Berlin;
Ltg: Bernhard Klee
(Gesamtaufnahme)
EDEL BC 2115-2 (2 CD)
(Querschnitt)
EDEL BC 2046-2
EDEL BC 3265-2

Offenbach, Jacques

Orpheus in der Unterwelt
Apelt, Enders, Fischer, Hellmich, Hölzke, Katterfeld, Polster, Schob-Libka, Schreier (Orpheus), Vulpius;
Rundfunkchor Leipzig, Dresdner Philharmonie;
Ltg: Robert Hanell
(Querschnitt)
EDEL CCC 0034-2
PH 420 666-2

Verschiedene Komponisten

Benatzky: Im weißen Rössl / Millöcker: Der Bettelstudent
Apelt, Brauner, Equiluz, Hellmich, Hölzke, Lohr, Schreier, Terkal, Trexler, Vogel, Wenglor;
Rundfunkchor Leipzig, Orchester der Wiener Volksoper, RSO Leipzig;
Ltg: Josef Leo Gruber, Günther Herbig
(Querschnitte)
EDEL CCC 0073-2

Eine Nacht in Venedig – beliebte Operettenmelodien
Div. Interpreten, Orchester und Dirigenten
EDEL ART 3923-2 (2 CD)

Frühling in Wien
Geszty, Schreier;
Bamberger Symphoniker, Dresdner Philharmonie, Staatskapelle Dresden;
Ltg: Carl von Garaguly, Robert Hanell, Manfred Honeck, Rudolf Kempe, Heinz Rögner, Otmar Suitner
EDEL BC 9075-2 (2 CD)

O sole mio – Musik von Liebesfreud und Liebesleid
Div. Interpreten, Orchester und Dirigenten
DG 445 293-2
DG 459 386-2

Peter Schreier – In mir klingt ein Lied
J.-Erbe-Chor, RSO Berlin;
Ltg: Robert Hanell
EDEL BC 9013-2

Peter Schreier – O sole mio
J.-Erbe-Chor, RSO Berlin;
Ltg: Robert Hanell
EDEL CCC 0144-2

Peter Schreier – Vergiß mein nicht
Peter Schreier;
Großes Tanzorchester des Deutschlandsenders;
Ltg: Jürgen Hermann
MUSICANDO 21 60 013
TK CC-30 405

Zwei Herzen im Dreivierteltakt
Geszty, Schreier;
Dresdner Philharmonie;
Ltg: Heinz Rögner
EDEL BC 2092-2

LIED

BACH, JOHANN SEBASTIAN

Geistliche Lieder aus Schemellis musikalischem Gesangbuch
Peter Schreier; Ton Koopmann (Orgel, Cembalo), Jaap ter Linden (Violoncello)
PH 434 083-2

Geistliche Lieder
Peter Schreier, Elisabeth Speiser (Sopran); Hedwig Bilgram (Orgel)
PO CA-3063

Kammermusik
Burkhardt, Marschall, G. Schmidt, Schreier, Wagner; Isolde Ahlgrimm (Cembalo), Monika und Hans Rost (Gitarre);
Capella Fidicinia Leipzig
Ltg: Hans Grüß
CAP 51 069 (2 CD)

Schemelli-Liederbuch
Augér, Schreier; Hans-Joachim Erhard (Orgel), Martha Schuster (Cembalo);
Gächinger Kantorei Stuttgart, Bach-Collegium Stuttgart;
Ltg: Helmuth Rilling
SO CD 38 972 (2 CD)

20 Lieder aus Schemellis Gesangsbuch
Peter Schreier; Karl Richter (Orgel)
DG 427 131-2

BEETHOVEN, LUDWIG VAN

An die ferne Geliebte
Peter Schreier; András Schiff (Klavier)
PO CC-1645

Beethoven-Recital
(Live von den Salzburger Festspielen 1977)
Peter Schreier; Jörg Demus (Klavier)
DEN CO 3862-63

Lieder
Peter Schreier; András Schiff (Klavier)
DG 444 817-2

Lieder
Peter Schreier; Walter Olbertz (Klavier)
EDEL BC 2082-2
Auch enthalten auf:
EDEL BC 9067-2 (3 CD)
EDEL BC 2085-2 (8 CD Schreier-Collection)

Lieder
Peter Schreier; Norman Shetler (Klavier)
INT 830 851

Liebeslieder
Peter Schreier; Gisela Franke (Klavier), Walter Olbertz (Klavier)
EDEL BC 2083-2
Auch enthalten auf:
EDEL BC 9067-2 (3 CD)

EDEL BC 2085-2 (8 CD Schreier-Collection)

Lieder
Schreier, Stolte; Walter Olbertz (Klavier)
EDEL BC 2084-2
Auch enthalten auf:
EDEL BC 9067-2 (3 CD)
EDEL BC 2085-2 (8 CD Schreier-Collection)

Peter Schreier singt Ludwig van Beethoven
Peter Schreier, Jörg Demus (Klavier)
BMG GD 69 115

Brahms, Johannes

Deutsche Volkslieder Nr. 1-49 /
Volkskinderlieder Nr. 1-14
Mathis, Schreier; Karl Engel (Klavier),
Gernot Kahl (Klavier);
Chor des NDR Hamburg;
Ltg: Günther Jena
DG 449 087-2 (2 CD)

Die schöne Magelone
Peter Schreier; Wolfgang Heinz (Sprecher),
Peter Rösel (Klavier)
EDEL BC 9409-2 (2 CD)

Liebeslieder-Walzer op. 52 & op. 65
Fassbaender, Fischer-Dieskau, Mathis,
Schreier; Karl Engel (Klavier), Wolfgang
Sawallisch (Klavier)
DG 423 133-2

Lieder
Peter Schreier; Peter Rösel (Klavier)
DEN 28 CO-1865

Vokal-Ensembles
Fischer-Dieskau, Fassbaender, Mathis,
Schreier; Karl Engel (Klavier), Gernot Kahl
(Klavier), Wolfgang Sawallisch (Klavier);
NDR-Chor;
Ltg: Günter Jena
DG 449 641-2 (4 CD)

Dessau, Paul

Songs
Bauer, Burmeister, Geszty, Kehler, Schreier,
Trexler, Vogel; Siegfried Hermann (Flöte),
Jutta Czapski (Klavier), Walter Olbertz
(Klavier), Thomas Heyn (Gitarre);
Gruppe Neue Musik H. Eisler Leipzig,
Leipziger Kammermusikvereinigung,
Instrumentalgruppe H. Jung;
Ltg: Max Pommer
EDEL BC 9059-2
Auch enthalten auf:
EDEL BC 9060-2 (4 CD)

Dvořák, Anton

Lieder
Peter Schreier; Marian Lapsansky (Klavier)
EDEL BC 1080-2
EDEL BC 3249-2

Haydn, Joseph

Lieder H 26a
Peter Schreier; Jörg Demus (Klavier)
EDEL BC 9338-2

Killmayer, Wilhelm

Hölderlin-Lieder
Jungebluth, Peter Schreier;
Radio-Philharmonie des NDR Hannover;
Ltg: Bernhard Klee
WER CD 6245-2

Kreutzer, Conradin

Lieder
Peter Schreier; Thomas Hans (Klavier)
ORF C 374 951

Mahler, Gustav

Das Lied von der Erde
Schreier, van Nes;
RSO Frankfurt/Main;

Ltg: Eliahu Inbal
DEN CO-72 605

Das Lied von der Erde
Finnilä, Schreier;
Berliner Symphoniker;
Ltg: Kurt Sanderling
EDEL BC 9402-2
Auch enthalten auf:
EDEL CCC 0234-2 (16 CD)

MENDELSSOHN BARTHOLDY, FELIX

Lieder
Peter Schreier; Karl Engel (Klavier)
EDEL BC 1107-2

Lieder
Peter Schreier; Walter Olbertz (Klavier)
EDEL BC 9218-2

MEYER, ERNST HERMANN

Lieder
Peter Schreier; Walter Olbertz (Klavier)
EDEL BC 3227-2

MOZART, WOLFGANG AMADEUS

Peter Schreier singt Mozart
Peter Schreier; Jörg Demus (Klavier)
BMG GD 69 115

PROKOFIEFF, SERGE

Lieder
Peter Schreier; Walter Olbertz (Klavier)
EDEL BC 3275-2
Auch enthalten auf:
EDEL BC 2086-2, BC 2085-2 (8 CD)

SCHUBERT, FRANZ

Die schöne Müllerin
Peter Schreier; Norman Shetler (Klavier)
KC Mus 51 928

Die schöne Müllerin
Peter Schreier; Walter Olbertz (Klavier)
EDEL BC 9284-2

Die schöne Müllerin
Peter Schreier; Konrad Ragossnig (Gitarre)
EDEL BC 0032822
EDEL BC 1123-2

Die schöne Müllerin
Peter Schreier; András Schiff (Klavier)
DEC 430 414-2
Auch enthalten auf:
DEC 475 268-2 (3 CD)

Die schöne Müllerin
Peter Schreier; Steven Zehr (Hammerklavier)
INT 820 711

Die schöne Müllerin D 795, Winterreise D 911
(Am Fenster, Bei dir allein, Der Wanderer
an den Mond, Die schöne Müllerin,
Schwanengesang, Winterreise)
Peter Schreier; András Schiff (Klavier)
DEC 475 268-2 (3 CD)

Duette, Terzette, Quartette
Ameling, Baker, Fischer-Dieskau, Janowitz,
Laubenthal, Chr. Ludwig, Schreier; Irwin
Gage (Klavier), Gerald Moore (Klavier)
DG POCG-9022/9 (8 CD)

Schwanengesang
Peter Schreier; Walter Olbertz (Klavier)
VIC VDC-5537

Winterreise
Peter Schreier; András Schiff (Klavier)
DEC 436 122-2
Auch enthalten auf:
DEC 475 268-2 (3 CD)

Winterreise
Peter Schreier; Swjatoslaw Richter (Klavier)
PH 432 174-2
Auch enthalten auf:
PH 416 289-2 (2 CD)
PH 442 464-2 (22 CD)

Complete Songs (18)
Peter Schreier; Graham Johnson (Klavier)
HYPERION CDJ 33 018

Lieder
Peter Schreier; Walter Olbertz (Klavier)
TK 32 TC-91

Lieder
Peter Schreier; Peter Damm (Horn), Walter Olbertz (Klavier)
TK 32 TC-99

Peter Schreier – My Favourite Schubert Lieder
Peter Schreier; Walter Olbertz (Klavier)
VIC C-174

Schumann, Robert

Dichterliebe op. 48 / Liederkreis op. 49
Peter Schreier; Norman Shetler (Klavier)
EDEL CCC 0138-2

Duette
Schreier, Varady; Christoph Eschenbach (Klavier)
DG 457 915-2

Lieder Vol. I
(Dichterliebe op. 48 / Liederkreis op. 24 / Lieder nach Heine)
Peter Schreier; Norman Shetler (Klavier)
EDEL BC 2110-2

Lieder Vol. II
(Liederkreis op. 39, Lieder nach Christern, Eichendorff, Geibel, Reinick, Zimmermann)
Peter Schreier; Norman Shetler (Klavier)
EDEL BC 2111-2

Lieder Vol. III
(Lieder nach Rückert, Goethe und Andersen, Byron, Fallersleben, Moore)
Peter Schreier; Norman Shetler (Klavier)
EDEL BC 2112-2

Lieder Vol. IV
(Lieder nach Kerner und Lenau und Requiem op. 90)
Peter Schreier; Norman Shetler (Klavier)
EDEL BC 2113-2

Lieder
(Liederkreis op. 39 / Dichterliebe op. 48 / Myrten op. 25 / u.a.)
Peter Schreier; Christoph Eschenbach
WSM 229 246 154-2 (3 CD)

Lieder
(Dichterliebe op. 48 / Liederkreis op. 24 / Lieder op. 142 Nr.2 / op. 127 Nr.2 / op. 53 Nr.3a-c)
Peter Schreier; Christoph Eschenbach
WSM 450 997 960-2

Dichterliebe op. 48 / Lieder op. 24 / Lieder op. 53, Nr. 3a-c / Lieder op. 127, Nr.2 / Lieder op. 142
Peter Schreier; Christoph Eschenbach (Klavier)
WSM 4509 97 960-2 ZK

Strauss, Richard

Ausgewählte Lieder
Peter Schreier; Norman Shetler (Klavier)
DENON COCO 7756

Krämerspiegel op. 66 / Lieder
Peter Schreier; Norman Shetler (Klavier)
EDEL BC 3222-2

Telemann, Georg Philipp

Generalbasslieder
Peter Schreier; Werner Jaroslawski (Violoncello), Robert Köbler (Cembalo)
EDEL BC 9347-2

Wolf, Hugo

Goethe-Lieder
Peter Schreier; Wolfgang Sawallisch (Klavier)
DEN CO-3864

Italienisches Liederbuch
Lott, Schreier; Graham Johnson (Klavier)
HYPERION CDA 66 760 S

Mörike-Lieder
Peter Schreier; Karl Engel (Klavier)
ORF C 142 981

Verschiedene Komponisten

All mein Gedanken – Peter Schreier singt unvergängliche alte deutsche Lieder
Peter Schreier;
Capella Fidicinia Leipzig;
Ltg: Hans Grüß
DENON CO-3867

Antonin Dvořák: Zigeunermelodien op. 55 /
Johannes Brahms: Deutsche Volkslieder
Peter Schreier; Rudolf Dunkel (Klavier)
TK 32 TC-212

Janáček: Tagebuch eines Verschollenen /
Dvorák: Lieder op. 55
Lahusen-Oertel, Schreier; Marian Lapsansky (Klavier);
Berliner Solisten;
Ltg: Dietrich Knothe
EDEL BC 9169-2

Klassische und romantische
Lieder zur Gitarre
(Lieder von Beethoven, Haydn, Mozart, Weber, Spohr, Mendelssohn, Brahms und Schubert)
Peter Schreier; Konrad Ragossnig (Gitarre)
NOV 150 039-2

Mondnacht – die schönsten romantischen Liebeslieder
(Lieder von Mendelssohn, Schubert und Schumann)
Peter Schreier; Walter Olbertz (Klavier), Norman Shetler (Klavier)
EDEL ART 3897-2

Peter Schreier – Lieder
(Lieder von Mendelssohn, Beethoven, Schubert und Schumann)
Peter Schreier; Walter Olbertz (Klavier), Norman Shetler (Klavier)
EDEL BC 9138-2

Peter Schreier – Konrad Ragossnig
(Lieder von Dowland, Schütz, Schubert, von Einem u.a.)
Peter Schreier; Konrad Ragossnig (Gitarre)
CAP 10 047

Prokofieff / Hindemith: Lieder
Peter Schreier; Walter Olbertz (Klavier)
EDEL BC 2086-2
Auch enthalten auf:
EDEL BC 2085-2 (8 CD Schreier-Collection)

Salzburger Festspiele 1979 – 5. Liederabend
(Lieder von Beethoven, Dvořák, R. Strauss)
Peter Schreier; Erik Werba (Klavier)
ORF C 399 951

Schumann: Dichterliebe op. 48 /
Prokofieff-Lieder
(Live-Aufnahme)
Peter Schreier; Wolfgang Sawallisch (Klavier)
PH 426 237-2

Wach auf, meins Herzens Schöne
Lieder zur Gitarre aus Romantik und Klassik;
Peter Schreier; Konrad Ragossnig (Gitarre);
EDEL BC 1054-2

Weihnachtslieder
(von Cornelius, Haas, Reger, Wolf)
Peter Schreier; Norman Shetler (Klavier)
BMG 69 013-2 RG

Wolf / R. Strauss / Pfitzner: Lieder
Schreier, Wenglor; Rudolf Dunkel (Klavier), Norman Shetler (Klavier)
EDEL CCC 183-2

VOLKSLIED

Am Brunnen vor dem Tore
Hermann Prey (Bariton), Peter Schreier;
Hans Haider (Gitarre), Leonard Hokanson (Klavier), Peter Horton (Gitarre);
Chor des Bayerischen Rundfunks,

Münchner Chorbuben, Orchester der
Wiener Volksoper u.a.;
Ltg: Emmerich Smola
DG 427 023-2

Es flog ein klein's Waldvögelein
Volkslieder zur Gitarre;
Peter Schreier, Konrad Ragossnig (Gitarre);
EDEL BC 1019-2

Es ist ein Ros' entsprungen
Migenes, Köth, Kollo, Prey, Schreier,
Schock;
BMG 610 119

Im Krug zum grünen Kranze
Adam, Schreier; Ingeborg Friedrich (Cembalo), Ludwig Güttler (Trompete);
Rundfunkchor Leipzig, Berliner Solisten,
Gewandhausorchester Leipzig, Dresdner
Philharmonie;
Ltg: Horst Neumann, Johannes Winkler
LUN 2153 119

Liebe alte Weihnachtslieder
Prey, Schreier, Wunderlich; Karl Richter
(Orgel), Helmut Walcha (Orgel);
Dresdner Kreuzchor, Knabenchor Hannover,
Bläser der Berliner Philharmoniker;
Ltg: Heinz Hennig, Rudolf Mauersberger
DG 449 162-2

Peter Schreier singt die schönsten deutschen Volkslieder
Rundfunkchor Leipzig, Mitglieder des
Thomanerchors Leipzig, Mitglieder des
Gewandhausorchesters Leipzig;
Ltg: Horst Neumann
EDEL CCC 0205-2

Peter Schreier singt Weihnachtslieder
Peter Schreier, Hans Otto (Orgel), Monika
Rost (Gitarre);
Thomanerchor Leipzig, Staatskapelle
Dresden;
Ltg: Hans-Joachim Rotzsch
EDEL BC 2117-2
EDEL BC 2008-2

Der Dirigent Peter Schreier

BACH, JOHANN SEBASTIAN

Bach 2000 Vol. 79
(Johannespassion BWV 245 – Alternativsätze)
Staatskapelle Dresden;
Ltg: Peter Schreier
WSM 857 381 136-2
Auch enthalten auf:
WSM 398 425 711-2 (14 CD)

Höfischer Glanz – Brandenburgische Konzerte 1–3, Orchestersuite BWV 1068
Kammerorchester CPE Bach Berlin;
Ltg: Peter Schreier
PH 454 403-2

Brandenburgische Konzerte 4–6, Orchestersuite BWV 1067
Kammerorchester CPE Bach Berlin;
Ltg: Peter Schreier
PH 454 404-2

Brandenburgische Konzerte, Tripelkonzerte
Kammerorchester CPE Bach Berlin;
Ltg: Peter Schreier
PH 434 918-2 (2 CD)

Hohe Messe h-moll BWV 232
Adam, Büchner, Lorenz, Popp, Watkinson;
Rundfunkchor Leipzig, Neues Bachisches
Collegium Musicum Leipzig;
Ltg: Peter Schreier
(Gesamtaufnahme)
EDEL BC 1865-2 (2 CD)
EDEL BC 2123-2 (2 CD)
(Ausschnitte)
EDEL CCC 0039-2

Johannespassion
Junghanns, Nold, Schäfer, Scheibner,
Schreier, Wilke;
Coro i Orchestro del Teatro Lirico di Cagliari;
Ltg: Peter Schreier
(Gesamtaufnahme)
KC Dyn 500 410 (2 CD)

Kantaten
(Der Friede sei mit dir BWV 158 / Ich habe genug BWV 82 / Ich will den Kreuzstab BWV 56)
Olav Bär (Bariton);
Schottisches Kammerensemble;
Ltg: Peter Schreier
EMI 754 453-2

Kantaten
(Ich habe genug BWV 82 / Jauchzet Gott BWV 51 / Was mir behagt BWV 208: Nr. 9 / Weichet nur, betrübte Schatten BWV 202)
Barbara Hendricks (Sopran);
Kammerorchester CPE Bach Berlin;
Ltg: Peter Schreier
EMI 749 843-2

Weltliche Kantaten
(Amore traditore / No sa che BWV 209 / Weichet nur, betrübte Schatten BWV 202)
Lorenz, Mathis, Schreier;
Kammerorchester Berlin;
Ltg: Peter Schreier
EDEL CCC 0131-2

Weltliche Kantaten (1)
(Amore traditore / No sa che BWV 209 / Schwingt freudig BWV 36c)
Lorenz, Mathis, Schreier;
Berliner Solisten, Kammerorchester Berlin;
Ltg: Peter Schreier
EDEL CCC 0235-2
EDEL BC 1857-2

Weltliche Kantaten (2)
(Der Streit zwischen Phoebus und Pan BWV 201)
Adam, Büchner, Lorenz, Mathis, Schreier, Watkinson;
Kammerorchester Berlin;
Ltg: Peter Schreier
EDEL CCC 0236-2
EDEL BC 1858-2

Weltliche Kantaten (3)
(O holder Tag BWV 210 / Weichet nur, betrübte Schatten BWV 202)
Mathis, Popp;
Kammerorchester Berlin;
Ltg: Peter Schreier
EDEL BC 1859-2
EDEL CCC 0237-2

Weltliche Kantaten (4)
(Ich bin in mir vergnügt BWV 204 / Was mir behagt BWV 208)
Adam, Augér, Mathis, Schreier;
Berliner Solisten, Kammerorchester Berlin;
Ltg: Peter Schreier
EDEL BC 1860-2
EDEL CCC 0238-2

Weltliche Kantaten (5)
(Vereinigte Zwietracht BWV 207 / Der zufrieden gestellte Aeolus)
Hamari, Lorenz, Mathis, Schreier, Watkinson;
Berliner Solisten, Kammerorchester Berlin;
Ltg: Peter Schreier
EDEL BC 1861-2
EDEL CCC 0239-2

Weltliche Kantaten (6)
(Preise dein Glück BWV 210 / Schleicht, spielende Wellen BWV 206)
Lorenz, Mathis, Schreier, Watkinson;
Berliner Solisten, Kammerorchester Berlin;
Ltg: Peter Schreier
EDEL BC 1862-2
EDEL CCC 0240-2

Weltliche Kantaten (7)
(Mer han en neue Oberkeet BWV 212 [Bauernkantate] / Schweigt stille, plaudert nicht BWV 211 [Kaffeekantate])
Adam, Mathis, Schreier;
Kammerorchester Berlin;
Ltg: Peter Schreier
EDEL BC 1863-2
EDEL CCC 0241-2

Weltliche Kantaten (8)
(Hercules auf dem Scheidewege BWV 213 / Tönet ihr Pauken BWV 214)
Adam, Hamari, Lorenz, Mathis, Pilzecker, Schreier, Watkinson;
Berliner Solisten, Kammerorchester Berlin;
Ltg: Peter Schreier
EDEL BC 1864-2
EDEL CCC 0242-2

Markus-Passion
Lang, Oelze, Schreier; Wolf Euba (Sprecher);
Favorit- und Capellchor Leipzig, Neues
Bachisches Collegium Musicum Leipzig;
Ltg: Peter Schreier
PH 456 424-2

Passionen / Osteroratorium
(Mitwirkung Peter Schreier bei: Bleib bei
uns BWV 6 / Christ lag in Todesbanden
BWV 4 / Johannespassion BWV 245 [Ltg.] /
Markuspassion BWV 247 [Ltg.] / Matthäuspassion [Ltg.] / Weinen, Klagen,
Sorgen, Zagen BWV 12)
Div. Interpreten, Chöre und Orchester;
DEC 476 170-8 (3 CD)

Solokantaten und Arien
Schreier;
Kammerorchester CPE Bach Berlin;
Ltg: Peter Schreier
PH 442 786-2

Weihnachtsoratorium
Büchner, Donath, Holl, Lipovček, Schreier;
Rundfunkchor Leipzig, Staatskapelle
Dresden;
Ltg: Peter Schreier
(Gesamtaufnahme)
PH 420 204-2 (3 CD)
(Ausschnitte)
PH 426 183-2

Festliches Barockkonzert
(Mitwirkung Peter Schreiers bei: Brandenburgisches Konzert Nr. 2 BWV 1047 /
Orchestersuiten BWV 1067 und 1068)
Kammerorchester CPE Bach;
Ltg: Peter Schreier
DG 475 403-2 (3 CD)

**Made in Germany – Bach (7) –
Peter Schreier**
Adam, Augér, Büchner, Hamari, Lorenz,
Mathis, Pilzecker, Popp, Schreier, Watkinson;
Berliner Solisten, Rundfunkchor Leipzig,
Kammerorchester Berlin, Neues Bachisches
Collegium Musicum Leipzig
Ltg: Peter Schreier
EDEL BC 1856-2 (10 CD)

**Made in Germany – Bach – Musik zur
Weihnachtszeit**
(Mitwirkung Peter Schreier bei: Messe
BWV 232, Gloria)
Rundfunkchor Leipzig;
Ltg: Peter Schreier
EDEL BC 1877-2

Peter Schreier dirigiert Bach
(Johannespassion / Magnificat BWV 243 /
Matthäus-Passion / Weihnachtsoratorium /
Messen BWV 232 – 236)
Adam, Alexander, Augér, Bär, Bonney,
Büchner, Donath, Henkel, Holl, Ihle, Junghanns, Lipovöek, Murray, Polster, Popp,
Remmert, Scharinger, Scheibner,
Schneiderheinze, Schreier, Termer, Trost,
Wagner, Wilke, Wlaschiha;
Dresdner Kapellknaben, RIAS Kammerchor
Berlin, Rundfunkchor Leipzig, Kammerorchester CPE Bach Berlin, Staatskapelle
Dresden, Blechbläserensemble Ludwig
Güttler;
Ltg: Peter Schreier
PH 446 779-2 (12 CD)

HAYDN, JOSEPH

Die Schöpfung
Mathis, Pape, Prégardien;
Festivalchor Luzern, Schottisches Kammerorchester;
Ltg: Peter Schreier
AH 100 040

MOZART, WOLFGANG AMADEUS

Acis und Galatea KV 566
Gambill, Lloyd, Mathis, Rolfe-Johnson;
Singakademie Wien, ORF Sinfonieorchester;
Ltg: Peter Schreier
ORF C 133 852 (2 CD)
ORF H 133 852 (2 LP)

Mozart-Arias
Soile Isokoski (Sopran);
Tapiola Sinfonietta;

Ltg: Peter Schreier
ODE 1043-2

Große Messe c-moll KV 427
Blochwitz, Coburn, Hendricks, A. Schmidt;
Rundfunkchor Leipzig, Staatskapelle Dresden;
Ltg: Peter Schreier
PH 426 273-2

Krönungsmesse, Vesperae solennes de confessore, Ave verum corpus
Blochwitz, Mathis, Quasthoff, Rappé;
Rundfunkchor Leipzig, Staatskapelle Dresden;
Ltg: Peter Schreier
PH 426 275-2

La Finta semplice
Blochwitz, Hendricks, Johnson, Lind, Lorenz, Murray, A. Schmidt;
Kammerorchester CPE Bach Berlin;
Ltg: Peter Schreier
(Gesamtaufnahme)
PH 422 528-2 (2 CD)

Requiem, Krönungsmesse, Ave verum corpus
Adam, Araiza, Blochwitz, Mathis, M. Price, Quasthoff, Rappé, T. Schmidt;
Rundfunkchor Leipzig, Staatskapelle Dresden;
Ltg: Peter Schreier
PH 464 720-2
Auch enthalten auf:
PH 464 860-2 (11 CDs)

Mozart Edition (10) – Messen, Requiem, Orgelsonaten und Soli
(Mitwirkung Peter Schreier bei: Requiem [Ltg.] / Messe KV 139 [Waisenhausmesse] / Messe KV 192 [Missa brevis Nr. 6] / Messe KV259 [Orgelsolo-Messe])
Div. Interpreten, Chöre und Orchester;
PH 464 860-2 (11 CDs)

Mozart Edition (11) – Litaneien, Vespern, Kantaten, Oratorien, Freimaurer-Musik, Apollo et Hyacinthus
(Mitwirkung Peter Schreier bei: La betulia liberata KV 118 / Dir, Seele des Weltalls KV 429 [auch Ltg.] / Ihr, unsre neuen Leiter KV 484 / Kleine deutsche Kantate KV 619 / Laut verkünde unsre Freude KV 623 [auch Ltg.] / Die Maurerfreude KV 471 [Ltg.] / Maurerische Trauermusik [Ltg.] / Zerfließet heut, geliebte Brüder KV 483)
Div. Interpreten, Chöre und Orchester;
PH 464 870-2 (13 CDs)

Mozart Edition (13) – Frühe italienische Opern
(Mitwirkung Peter Schreier bei: Il sogno di Scipione KV 126 / Lucio Silla KV 135 / La Finta semplice KV 51 [Ltg.] / Ascanio in Alba KV 111)
Div. Interpreten, Chöre und Orchester;
PH 464 890-2 (13 CDs)

Mozart Edition (14) – Mittlere italienische Opern
(Mitwirkung Peter Schreier bei: L'oca de Cairo KV 422)
Div. Interpreten, Chöre und Orchester;
PH 464 910-2 (9 CDs)

Mozart Edition (17) – Raritäten, Ballett- und Schauspielmusik
(Mitwirkung Peter Schreier bei: Tantum Ergo B-Dur KV 142 [Ltg.] / Tantum Ergo D-Dur KV 197 [Ltg.])
Div. Interpreten, Chöre und Orchester;
PH 464 940-2 (9 CDs)

SCHUBERT, FRANZ

Messe Nr. 5, D 678 „Missa solemnis" / Stabat Mater D 175 / Salve Regina D 106
Groop, Isokoski, Kotilainen, Schreier (nur Salve Regina), Ullmann;
Peter Schreier Chor, Tapiola Sinfonietta;
Ltg: Peter Schreier
ODE 917-2

Sinfonien 5 & 7 (Die „Unvollendete")
Staatskapelle Dresden;
Ltg: Peter Schreier
EDEL BC 3031-2
Auch erhältlich als Video-DVD:
EDEL BC 1400-8

Schubert – Komponistenportrait
(Mitwirkung Peter Schreier bei: Lieder,
Sinfonie Nr. 7 [Unvollendete])
Schreier; Walter Olbertz (Klavier);
Staatskapelle Dresden;
Ltg: Peter Schreier
EDEL ART 3639-2 (3 CD)

VIVALDI, ANTONIO

Concerti F12 Nr. 5, 8 und 11 /
Flötenkonzerte Nr. 4, 11,12 und 14
Eckart Haupt (Blockflöte, Flöte);
Dresdner Barocksolisten;
Ltg: Peter Schreier
EDEL BC 1002-2

VERSCHIEDENE KOMPONISTEN

Flötenkonzerte aus Sanssouci
(Flötenkonzerte von CPE Bach, Benda,
Friedrich II., Quantz)
Patrick Gallois (Flöte);
Kammerorchester CPE Bach;
Ltg: Peter Schreier
DG 439 895-2

Uwe Heilmann – Great Sacred Arias
Uwe Heilmann (Tenor);
Gewandhausorchester Leipzig;
Ltg: Peter Schreier
DEC 440 680-2

Videos, Laser Disc und DVDs

BEETHOVEN, LUDWIG VAN

Sinfonie 9
Adam, Doese, Schiml, Schreier;
Chor der Staatsoper Dresden, Rundfunkchor Leipzig, Chorleiter: Hans-Dieter Pflügler;
Staatskapelle Dresden;
Ltg: Herbert Blomstedt
EDEL BC 1403-8 (Video-DVD)

SCHUBERT, FRANZ

Sinfonien 5 & 7 (Die „Unvollendete")
Staatskapelle Dresden;
Ltg: Peter Schreier
EDEL BC 1400-8 (Video-DVD)
Auch erhältlich als CD:
EDEL BC 3031-2

WAGNER, RICHARD

Das Rheingold
Altmeyer, de Kanel (Stimme: Roar), Esser, Fassbaender, Finnilä, Hendriks, Kelemen, Moser, Nienstedt (Stimme: Ridderbusch), Randova, Rebmann, Schreier (Loge), Stewart, Stolze;
Berliner Philharmoniker;
Bühnenbild und Kostüme: Georges Wakhevitch;
Regie und Ltg: Herbert von Karajan
DG 072 412-1 (Laser Disc PAL)
DG 072 512-2 (Laser Disc NTSC)

Schallplatten

Diese Titel wurden nicht auf CD wiederveröffentlicht. Leider konnten nicht alle diskographischen Angaben rekonstruiert werden;

Geistliche Musik und Konzert

BACH, JOHANN SEBASTIAN

Kantaten für Tenor
(Meine Seele rühmt und preist BWV 189 / Ich weiß, dass mein Erlöser lebt BWV 160 [Telemann, irrtümlich Bach zugeschrieben] / Arie: Ach windet euch nicht so BWV 245c)
Festival Strings Lucerne;
Ltg: Peter Schreier (auch Tenor)
AR 89 371

Magnificat
Süddeutscher Madrigalchor, Deutsche Bachsolisten;
Ltg: Wolfgang Gönnenwein
JSV 610 903
JSV 656 007 (Es-Dur-Fassung)
BR 100 081 (Es-Dur-Fassung)

BRITTEN, BENJAMIN

War Requiem, op. 66
Rundfunk- und Kinderchor Leipzig, RSO Leipzig;
Ltg: Herbert Kegel
EMI 825 906/907

CARISSIMI, GIACOMO

Jefte
Großer Chor des Rundfunks Berlin, Berliner Kammerorchester;
Ltg: Helmut Koch
EMI 826 076

HÄNDEL, GEORG FRIEDRICH

Das Alexanderfest – oder Die Macht der Musik (Dryden)
ORF-Chor und Orchester
Ltg: Peter Schreier
Amadeo

L'Allegro, il Pensieroso ed il Moderato
Berliner Solisten, Berliner Kammerorchester;
Ltg: Helmut Koch
EMI 825 539

Jephta
Berliner Solisten, Berliner Kammerorchester;
Ltg: Helmut Koch
EMI 826 189/191
AR 80 541 XG

MOZART, WOLFGANG AMADEUS

Messe C-Dur (Krönungsmesse) KV 317
Wiener Singverein, Berliner Philharmoniker;
Ltg: Herbert von Karajan
DG 2530 704 LP

VERSCHIEDENE KOMPONISTEN

Thiele, Siegfried: Gesänge an die Sonne / Beethoven, Ludwig van: Sinfonie Nr. 9
(Live-Aufnahme des Eröffnungskonzerts des Gewandhauses Leipzig 1981)
Gewandhausorchester Leipzig;
Ltg: Kurt Masur
EMI 827 439/440

Wartburg-Konzert
Berliner Kammerorchester;
Ltg: Heinz Rögner
EMI 827 409

OPER

EGK, WERNER

Die Zaubergeige / 17 Tage und 4 Minuten / Peer Gynt
Großes Rundfunkorchester Berlin und RSO Berlin;
Ltg: Werner Egk
(Ausschnitte)
EMI 826 882

HÄNDEL, GEORG FRIEDRICH

Julius Caesar (Sextus)
Münchner Bach-Orchester;
Ltg: Karl Richter
DG

LORTZING, ALBERT

Der Wildschütz (Baron Kronthal)
Gewandhausorchester Leipzig;
Ltg: Paul Schmitz
(Querschnitt)
EMI 825 688

OPERETTE – UNTERHALTUNGSMUSIK

VERSCHIEDENE KOMPONISTEN

Tausend rote Rosen blühn
(Werke von Leoncavallo, Kattnig, Curtis, Schubert, Liszt, Meisel, Friml u.a.)
Dresdner Philharmoniker;
Ltg: Heinz Rögner
DEC 621 549

LIED

MEYER, ERNST HERMANN

Lieder
Peter Schreier; Dieter Zechlin (Klavier)
N 885 131

Lieder und Gesänge für Solostimmen und Chor mit Orchester
Peter Schreier;
Berliner Sinfonieorchester;
Ltg: Kurt Sanderling
N 885 100

SCHUBERT, FRANZ

Lieder nach Goethe
Peter Schreier; Walter Olbertz (Klavier)
EMI 826 329
AR 88 309

Lieder nach Rückert, Platen, Collin und Heine
Peter Schreier; Walter Olbertz (Klavier)
EMI 826 380
AR 88 308

Lieder nach Klopstock, Pope, Pyrker, Zu, Kosegarten und Hölty
Peter Schreier; Walter Olbertz (Klavier)
EMI 826 532
AR 88 310

Lieder nach Rellstab
Peter Schreier; Walter Olbertz (Klavier)
EMI 827 227

Mehrstimmiges weltliches Vokalwerk
(Trinklied D148 / Trinklied D356 / Mondenschein D875 / Nachthelle D892)
Wolfgang Sawallisch (Klavier);
Capella Bavariae;
EMI 157-43130/34 (5 LP)

Weber, Carl Maria von

Lieder
Peter Schreier; Konrad Ragossnig (Gitarre)
EMI 827 210
DG 2533 381 LP

Weismann, Wilhelm

Lieder
Peter Schreier; Walter Olbertz (Klavier)
EMI 825 919

Wolf, Hugo
Italienisches Liederbuch
Mathis, Schreier; Karl Engel (Klavier)
EMI 826 923/924

VOLKSLIED

Heimat deine Lieder – Rheinland
Fehringer, Hartung, Lagger, Prey,
Schneider; Schreier;
Fischer-Chöre;
POL 819 573-1

Der Mai ist gekommen
Hallstein, Prey, Schreier;
Regensburger Domspatzen, Kinderchor
Klosterspatzen Hördt, Berliner Lehrer-
Gesangverein, Stuttgarter Liederkranz
Robert Stolz;
Ltg: Hans Carste
POL 819 807-4 (MC)

Peter Schreier singt Volkslieder
Peter Schreier;
Sinfonieorchester Graunke;
Ltg: Emmerich Smola
EMI 826 549
DG 2536 036 („Im schönsten Wiesen-
grunde")

Biographische Daten von Peter Schreier

1935:	Geboren am 29. Juli in Meißen. Aufgewachsen in Gauernitz als Sohn eines Lehrers und Kantors.
1945:	Aufnahme in den Dresdner Kreuzchor. Bald mit solistischen Aufgaben betraut, u. a. mit Altpartien in Bachs Oratorien. Mit 18 Jahren Chorpräfekt.
1954–56:	Privates Gesangsstudium bei Fritz Polster in Leipzig.
1956:	In Bremen Debüt als Evangelist in der Matthäus-Passion.
1956–59:	Studium (Gesang und Dirigieren) an der Hochschule „Carl Maria von Weber" in Dresden. Abschluss mit dem Staatsexamen.
1959:	Engagement als lyrischer Tenor an das Studio der Staatsoper Dresden. Am 19. August Bühnendebüt in Dresden als Erster Gefangener in Beethovens „Fidelio".
1961:	Mitglied der Staatsoper Dresden.
1962:	Gastverpflichtung an die Staatsoper Berlin. Debüt als Belmonte in Mozarts „Entführung aus dem Serail".
1963:	Mitglied der Deutschen Staatsoper Berlin.
1965:	Im März erstes Auftreten im Wiener Musikverein unter Karl Richter in der h-Moll-Messe von Bach.
1966:	Debüt bei den Bayreuther Festspielen als Junger Seemann in „Tristan" unter Karl Böhm. Seit diesem Jahr ständiger Gast in Wien an der Staatsoper, bei den Wiener Festwochen und im Musikverein.
1967:	Erstes Auftreten bei den Salzburger Festspielen als Tamino in der „Zauberflöte" unter Wolfgang Sawallisch. Fortan 25 Jahre hindurch ununterbrochen bei den Festspielen in Salzburg engagiert. Im Dezember erstes Auftreten an der New Yorker Metropolitan Opera als Tamino in der „Zauberflöte".
1968:	Erstes Auftreten an der Mailänder Scala in Mozarts „Idomeneo" unter Wolfgang Sawallisch. Debüt am Teatro Colon in Buenos Aires.
1970:	Erstes Auftreten als Dirigent mit der Berliner Staatskapelle. Fortan Dirigate mit bedeutenden Orchestern in Europa und Übersee, u. a. mit den Berliner Philharmonikern, der Sächsischen Staatskapelle Dresden, dem Philharmonischen Staatsorchester Hamburg, den Münchner Philharmonikern und dem Gürzenich-Orchester Köln, im Ausland u. a. mit den Wiener Symphonikern, dem Mozarteum-Orchester Salzburg, dem Orchestre de la Suisse Romande in Genf, dem San Francisco Symphony Orchestra, dem Cleveland Orchestra und dem Israel Philharmonic Orchestra.
1973:	Loge im „Rheingold" unter Herbert von Karajan bei den Osterfestspielen in Salzburg.
2000:	Nach jahrzehntelanger Karriere als Sänger an den führenden Opernhäusern der Welt Abschied von der Bühne in einer Aufführung der „Zauberflöte" am 8. Juni an der Berliner Staatsoper. Weiterhin tätig als Oratoriensänger, Liedgestalter und Dirigent.

Ehrungen und Auszeichnungen:
  Dreimal zum Kammersänger ernannt – von Bayern, Österreich und der DDR. Seit September 1981 Honorar-Professor für Gesang an der Dresdner Hochschule für Musik. Ehrenmitglied der Gesellschaft der Musikfreunde Wien. Mit-

glied der Bayerischen Akademie der Schönen Künste, der Sächsischen Akademie der Künste Dresden, der Akademie der Künste Berlin und der Schwedischen Akademie der Künste Stockholm. Ehrenbürger der Stadt Meißen in Anerkennung der Verdienste um die Restaurierung der Stadt.

Zahlreiche Preise, darunter:
    Nationalpreis 1. Klasse der DDR;
    Bundesverdienstkreuz der Bundesrepublik Deutschland;
    Wiener Flötenuhr;
    Ernst-von-Siemens-Musikpreis;
    Leonie-Sonnings-Musikpreis Kopenhagen;
    Kommandeur des Ordens des Löwen von Finnland;
    Goldenes Ehrenzeichen des Landes Salzburg;
    Silberne Mozart-Medaille der Internationalen Stiftung Mozarteum;
    Georg-Philipp-Telemann-Preis der Stadt Magdeburg;
    Schumann-Preis der Stadt Zwickau;
    Händel-Preis der Stadt Halle;
    Wartburg-Preis;
    Preis der Deutschen Bibel-Gesellschaft;
    Preis der Europäischen Kirchenmusik.

Bildnachweis

Axel Zeininger, Wiener Staatsoper GmbH: Titelfoto
E. Höhne: S. 27
Foto Ellinger: S. 11, 87
Foto Felicitas Timpe: S. 80
Hans Pölkow: S. 89
Loriot: S. 132
Marion Schöne, Staatsoper Unter den Linden, Berlin: S. 68, 188
Nikolaus Walter, Schubertiade GmbH: S. 57
Privatbesitz Peter Schreier: S. 21, 33, 59, 92, 117, 123, 139, 155, 177, 179,
Riccardo Musacchio: S. 197
Siegfried Lauterwasser: S. 94, 109, 114
Silvia Anrather: S. 7, 16
Tanja Niemann: S. 47
Willy Saeger: S. 73

Der Verlag hat sich bemüht, sämtliche Rechteinhaber der Abbildungen ausfindig zu machen. Sollten darüber hinaus Ansprüche bestehen, bitten wir um freundliche Nachricht.